ビジネスモデル 2.0 図鑑

商业模式 2.0 图鉴

全球100家新创企业的成功之道

[日] 近藤哲朗 —— 著

中国青年出版社

图书在版编目（CIP）数据

商业模式2.0图鉴：全球100家新创企业的成功之道 /
（日）近藤哲朗著；李优雅译.
—北京：中国青年出版社，2020.1
ISBN 978-7-5153-5830-7

Ⅰ.①商… Ⅱ.①近…②李… Ⅲ.①企业管理—商业模式—研究 Ⅳ.①F272

中国版本图书馆CIP数据核字（2019）第210436号

BUSINESS MODEL 2.0 ZUKAN © Tetsuro Kondoh 2018.
First published in Japan in 2018 by KADOKAWA CORPORATION, Tokyo.
Simplified Chinese translation rights arranged with KADOKAWA CORPORATION, Tokyo through BARDON-CHINESE MEDIA AGENCY.

商业模式2.0图鉴：
全球100家新创企业的成功之道

作　　者：	［日］近藤哲朗
译　　者：	李优雅
策划编辑：	刘　吉
责任编辑：	胡莉萍
美术编辑：	张燕楠
出　　版：	中国青年出版社
发　　行：	北京中青文文化传媒有限公司
电　　话：	010-65511272/65516873
公司网址：	www.cyb.com.cn
购书网址：	zqwts.tmall.com
印　　刷：	北京博海升彩色印刷有限公司
版　　次：	2020年1月第1版
印　　次：	2024年3月第5次印刷
开　　本：	787mm×1092mm　1/16
字　　数：	150千字
印　　张：	17
京权图字：	01-2019-4292
书　　号：	ISBN 978-7-5153-5830-7
定　　价：	99.00元

版权声明

未经出版人事先书面许可，对本出版物的任何部分不得以任何方式或途径复制或传播，包括但不限于复印、录制、录音，或通过任何数据库、在线信息、数字化产品或可检索的系统。

中青版图书，版权所有，盗版必究

前言

在这本书里，我们选择了100个优秀的商业模式进行图解式的说明。就像曾在儿时读过的图解书那样，让大家对商业模式2.0的框架有所了解，并通过视觉的形式加深理解。

从备受关注的初创企业，到本国内默默无名却享誉海外的独角兽企业，再到大型企业旗下的新创业机制，这本书精心挑选了多个行业中处于不同经营状况的商业案例。

我们对当下既有的商业模式所持的各种经验与常识，都正以惊人的速度发生着变化。这些变化不仅仅停留于"要在昨天的成就上更进一步"，甚至很可能"昨天的成就已不再受用""昨日的优势已成为现在的劣势"，已然"戏剧性地"成为一种"极具破坏力"的产物。

能将这种变化用一种最简单的形式去体现的正是"商业模式"，我们究竟应当以怎样的商业模式存续下去？这才是商业概念中最贴近本质的诉求。换句话说，"原来的商业模式已然行不通"，这是企业和产业所面临的一个生死攸关的重要问题。无论拥有多少优秀人才，具有多大规模的设备投资，一旦"模式"本身不再适用，那就只能面临经营的终结。

■ 商业模式没有效果？

然而，我们发现人们对于"商业模式/体制至上主义"开始显现一些负面的理解。

最常见的批判即是"商业模式容易导致偏见"。在2017年曾出版过《商业模式综合征——为何初创企业会屡遭失败？》的作者和波俊久先生就明确表示，商业模式这种"结构"概念会对想法的形成带来不良的影响。因为思维方式的固化会导致偏见的产生，所以极有可能会影响到商业的成功率。

第二点批判则是"无论想出了多么完美的商业模式，立刻就会被人效仿利用。"事实上，在本书后文中提及的立食法式餐厅"我的法国菜"就因为出色的翻桌率而被另一家立食炭烤牛排店"二话不说！碳烤牛排"复制了商业模式。

■ 世上并没有"永久流传的模式"

①商业模式容易导致思维偏见
②商业模式容易被人轻易效仿

我也同意这两点看法。

那么，应该如何避开这些障碍来建立商业模式呢？简言之，就是"商业模式2.0"。具体定义将放在序论里进行介绍，不过最重要的一点就在于"反论的结构"，即需要具有"颠覆现有行业定律"的要素。

在如今的形势下，想要"从0开创出一种可以流芳百世的事业"，是种一厢情愿的幻想。如果哪天我也能灵机一动就创办出了Mercari（一家日本C2C二手交易平台）这样的企业，那就不用再辛苦操劳了。可与其这样想，不如先摸索着把事业做起来试试。若事业能够顺应发展而成为一种行业"定律",下一步再去考虑"反论"的结构,这种随机应变的价值观正是最为关键的一点("随机应变"这个词最早是源于系统开发时的专业术语Agile,原本表达敏锐、快速的含义。即刚开始不要总想着花时间尽善尽美,而是通过各种尝试慢慢靠近终点的一种手段)。

这本书中所记录的100个"商业模式"案例也并非永远适用,即使在某个阶段它能够"颠覆当时的行业定律",随着时代的发展它也可能会成为新的行业定律。若总是紧抓着它不放,说不好哪一天也会翻船,反而更重要的是一种能在不断变化的形势中看清"定律"和"反论"的眼界力。所以,希望这本书能够成为一本培养"眼界力"的教科书。

■ 人、物、资金和信息——发掘其中的新意

这本书将围绕"在哪个部分做到了创新",对商业模式进行人、物、资金和信息进行四个方面归类。人、物、资金、信息原属于经营资源的四大组成要素,若能将其中任意一项(或多项)实现根本性的改变,就能创造出史无前例的新"模式"。

当我们以这些代表性的经营资源作为原点进行分析时,就不难发现"商业模式中最难被模仿的是哪些部分""应该关注哪些经营资源才能达到那样的商业效果"?

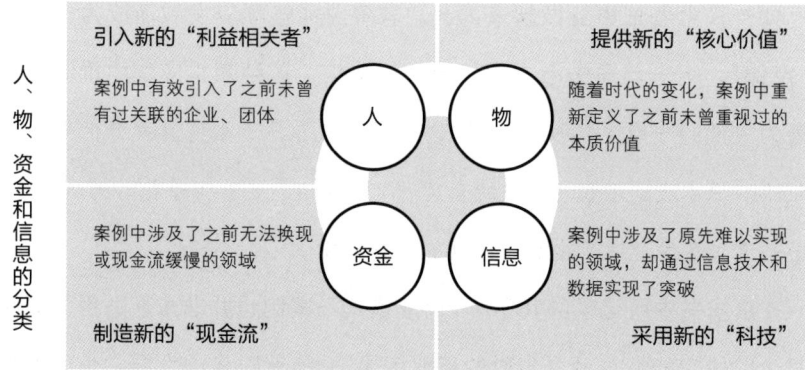

通过四种代表性的经营资源来考虑商业模式

第1章 物——提供新的"核心价值"

随着时代的变化，那些曾被人们忽视过的商品、服务或空间价值，被重新定义出"本质价值"的案例。例如，"Optoro"将电商平台的退货商品转变为价值商品并实现了自动再发货功能，"RIZAP"将理应由客人自律完成的培训形式变成一种面对面为客人提供精神、健康双重指导的培训模式，等等，本书将为大家介绍一些实现了"反论结构"的实际案例。

第2章 资金——制制新的"现金流"

将介绍的案例主要来自未曾实现过现金化的领域或现金流较为缓慢的领域。例如，"Timebank"以原本无法进行买卖的时间作为交易对象建立起市场机制，"CASH"在二手商品发货前就让立刻兑现成为可能等，都是一些前所未闻的罕见商业服务。此外，还有"镰仓投信"，是一家以有益社会的良心企业为唯一投资对象的投资企业，也是一种在过去很难实现盈利的商业模式。

第3章 信息——采用新的"科技"

在一些曾经没有成功过的领域通过信息技术和数据的利用而实现了突破的案例。一说起创新改革,很多人会想到"技术革新",然而实际操作并不简单。例如,"ZOZOSUIT"利用传感技术提供可以测量尺寸的连体泳衣,"Amazon Go"运营的无人便利店,他们之所以能在产品公开发布后也未引起其他公司争相模仿,就在于其高水平的领先技术实力。利用科技来实现创意虽然看似简单,其实相当不易,也正因如此,也才有其存在的价值。

第4章 人——引入新的"利益相关者"

案例中有效引入了未曾有过往来的企业或团体。例如,"Social impact bold"将民间投资者吸引到政府机关对其行政业务进行初期投资,"LifeStraw"则将碳素信用卖给企业从而能为肯尼亚居民提供安全用水,等等,所介绍的案例中很多都是让人意想不到的创意模式。

■ 从图解中可以收获的三点好处

商业模式的图解大致可分为三个阶段的理解水平:

①认知:能够了解更多商业模式;
②学习:能够学习如何用图解来介绍商业模式;
③实践:能够利用图解来介绍自己的工作。

首先是认知。这本书记录了100个具体案例,从中能发现自己感兴趣的领域、与自己工作有关的领域或者一些从未涉及过的行业的商业模式。当你惊觉于"居然还有这样的商业模式"时，也意味着自己的既有常识得到了思维扩展。

也许你会问："光是靠'认知'也能有所受益吗？"其实，在商务世界日益复杂的今天，能够做到这一点反而并非易事。现在的我也正在负责商业模式图解的咨询工作，其中被客户委托最多的业务内容就是"可否将我们公司的商业模式也做成图解进行可视化呢"？尤其是大型的企业，业务领域越多，越是难以清晰把握自己的公司是以怎样的商业模式在运转，在哪些环节存在问题，又在哪些领域潜藏着商机。我还会时常收到来自管理高层的反馈"通过图解整理后，我们总算明白了自身的业务优势和劣势"。一份简单的"可视化"图解说明，差不多就能解决掉大部分的问题。

其次是学习。通过反反复复阅读这些图解内容，慢慢地会让你习惯用图解形式来理解商业模式。这本书的所有案例都是以3×3"形式"来制作图解的（请参考"图解说明书"那一页），因此，除了希望读者在看到个别案例后会深受感动之外，更希望能够拓宽读者的创造性思维，引导读者去联想案例之间的相似性，或是应用于自己所处行业的可行性，等等。

最后是实践。一种通过亲自制作图解来思考新商业模式的阶段。想必会有各行各业的读者看到这本书，只要是在职者就一定会与某些行业、职业的商业领域存在关联。建议读者们先从自己公司的商业模式开始尝试图解的制作，对那些时常需要接触客户的读者，可以将其作为一种介绍性质的材料。将商业模式图解作为一种沟通工具能够让你的洽谈效果更加顺畅。而读者们若能针对心仪的企业进行图解制作，则会加深自己对该企业、行业的背景理解。除此之外，在本书文末还会介绍我在制作商业模式图解过程中实际所用到过的工具包，希望大家能够充分练习使用。

商业模式图解的3种理解水平

1 认知　　2 学习　　3 实践

■ 真心希望还不太了解商业而持有偏见的人们能够多读读这本书。

很希望那些一直以来对商业模式、盈利模式、商业新形态都不太感兴趣因而抱有偏见的人们能够多看看这本书。比如一听到数字或资产负债表就头疼的人、从未思考过商业模式的人、创意人士、刚刚踏入社会还没能产生任何影响力的年轻人……之所以针对这些人，是因为我本身也来自"创意圈"，一开始也完全不了解商业，很长时间都对"商业"抱有一种说不清的抵触情绪。

然而，当我成立了自己的公司，渐渐与各种各样的企业、经营者们频繁打交道后，除了"赚钱"和"盈利"之外，明白了商业也可以是基于理想与志向的各种有趣模式。有时还会有感于一些商业模式的优秀之处，想要分享给更多的人。

所以，在看过这本书之后，希望会有更多的人像当初的那个我一样，觉得"没想到商业还能这么有趣"，非常期待商业模式图解这种形式能够在未来成为人与人之间的一种共通语言。

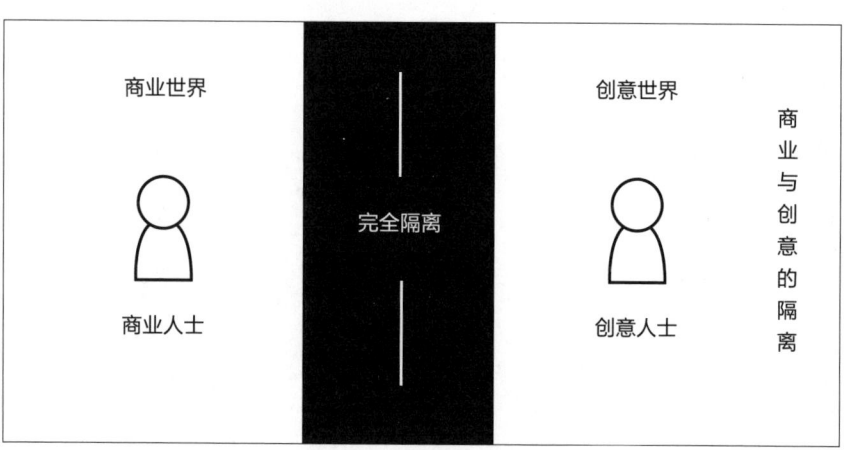

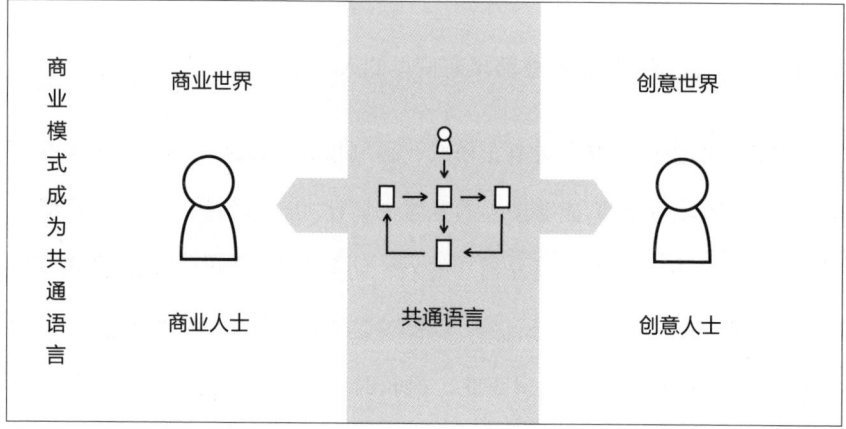

ビジネスモデル
2.0 図鑑

Contents

目录

011

前　言 ——— 003

序　论　什么是"商业模式2.0" ／023
　　——唯有"反论结构"模式才能得以生存的时代

- 那些实现了持续经营的商业模式里都存在着"反论的结构" ／024

　　商业模式1.0与商业模式2.0的不同之处
　　思考"出发点""定律"和"反论"
　　"POP TEAM EPIC"的创新之处在哪呢？——反论的结构，三种案例

- 如何做到"脱离常识" ／030

　　反论效果越强烈越是需要"高水准的模式"
　　"反论的极致形态"即创新

- "社会性""经济合理性""创造性" ／034
　　——具备了所有理想要素的商业模式

　　只有反论的商业模式不一定会打动别人
　　需要考虑"八方受益"
　　"社会性""商业性"与"创造性"

- "未被计入资产负债表的价值"才更重要 ／039

　　为何要追求社会性和创造性
　　未被记入资产负债表的"无形资产"

将无法量化的价值变成资产
为社会做出贡献才可能筹集到资金
一个贴近SBC经营思路的企业案例
我们即将步入"商业模式2.0"时代

第 1 章　物
—— 提供新的"核心价值"

001　Bulletin
　　共享办公之后出现的"共享店铺"概念　　／052

002　Optoro
　　能将退货商品进行自动"再发货"的系统　　／054

003　我的法国菜
　　能以亲民价格享受一流主厨料理的秘密在于"翻桌率"　　／056

004　Sumally Pocket
　　比旧物处置更轻松的"实物版"云储存　　／058

005　PillPack
　　用独立包装避免误服用的新一代在线药房　　／060

006　未来食堂
　　可以结合自己身体状况自由点菜的套餐食堂　　／062

007　Spacious
　　将开业之前的餐厅变成共享办公区　　／064

008　rice-code
　　在销售大米的地方引入"农田艺术",实现地方改造与振兴　　／066

目录

009　Sakana Bacca
直接从港口鱼市进货而不再经过批发商的鲜鱼零售专卖店　／068

010　Seicomart
711都无法超越的地域密集型便利店　／070

011　DUFL
让出差旅行者能够"空手出行"的服务　／072

012　MUD Jeans
荷兰首创的租赁合同制牛仔裤品牌　／074

013　LEAFAGE
既无店面又无厨房的在线餐饮服务　／076

014　RIZAP
彻底贯彻"承诺兑现成果"的商业模式化　／078

015　citizenM
针对"全球移动商务人士"的共享型酒店　／080

016　EVERLANE
敢于公开"成本"的时尚品牌　／082

017　Neighbor
出借闲置空间的"仓库版Airbnb"　／084

018　CARGO
正在出行共享领域扩大中的"车内便利店"　／086

019　BLUE SEED BAG
因熊本地震而诞生的赈灾新业态　／088

013

020 **BONOBOS**
"没有销路的店铺"成为赚钱的男性服饰品牌 ／090

021 **WAmazing**
消除访日外国游客所有不便的专项服务 ／092

022 **Warby Parker**
在自己家里试用后再购买的眼镜 ／094

023 **Phil Company**
在"停车场上"修建大楼，有效利用土地 ／096

024 **日本环境设计**
从"不得不"循环再利用到"自己想要去做"的循环再利用 ／098

025 **FREITAG**
将废弃商品改造为"世界仅此一件的包包" ／100

026 **SAIZERIYA**
地道的食材却能保持低廉的价格的原因 ／102

027 **b8ta**
以产品的"β测试"为目的的零售店铺 ／104

028 **Vacation STAY**
乐天集团所经营的"合理混搭使用房产的网站" ／106

029 **ecbo cloak**
将店内闲置的地方作为"投币机"的用地 ／108

030 **Oisix**
虽然"外观难看"，但看得见生产者容颜而让人放心的蔬菜 ／110

031 **横滨DeNA湾星**
　　更能贴近当地居民生活的棒球场　／112

第2章　资金
　　——制造新的"现金流"

032 **Lemonade**
　　能够将保险余额进行捐赠的APP　／118

033 **POLCA**
　　朋友之间发出"借点钱给我"的APP　／120

034 **时间银行**
　　实现"时间就是金钱",能够买卖时间的市集　／122

035 **CASH**
　　只需拍照就能立刻将持有物品变现　／124

036 **ALIS**
　　让"文章"与"人"都更加值得信赖的媒体平台　／126

037 **摩拜单车**
　　为何中国的共享单车使用礼仪有所改善　／128

038 **Fundbox**
　　用金融技术解决"资金周转的困境"　／130

039 **Cansell**
　　将被取消的酒店房间住宿权进行转卖　／132

040 **Unipos**
　　公司同事之间能够相互赠送成果收入的模式　／134

041　SHOWROOM
能够"直接"应援AKB48等偶像的直播视频服务　／136

042　paymo
可以实现简单"AA制"的无现金APP　／138

043　Medicalchain
患者可自行管理自己医疗数据的医疗平台　／140

044　TransferWise
消除了"看不见的汇兑手续费"的海外汇款服务　／142

045　Global Mobility Services
让"低收入者也能拥有车"变为现实的远程操作技术　／144

046　Crowdcredit
将日本剩余资金与海外资金需求匹配到一起的众筹　／146

047　镰仓投信
重视"良心企业"的投资信托　／148

048　&Biz
为中小企业定制的M&A匹配服务　／150

049　Jump Rookie!
《周刊少年Jump》开创漫画家培养的体制　／152

050　Funderbeam
无论谁都能简单投资"未上市企业"　／154

051　Spotify
4000万首歌曲成为免费享受的音乐流媒体服务　／156

052　WASSHA
在非洲针对"电的计量销售"服务　／158

053　Doreming Pay
将完工的工资以日为单位实现提前发薪的服务　／160

054　PoliPoli
促进市民与政治家交流的APP　／162

第 3 章　信息
——采用新的"科技"

055　Farmers Business Network
"农户+大数据"带来生产的急剧提升　／168

056　Petit Lawson
罗森所发起的"办公室内便利店"　／170

057　ZOZOSUIT
ZOZO开始涉猎"以量尺寸为目的的连体泳衣"　／172

058　Air收银
能够提高商铺魅力与客户匹配度的免费收银APP　／174

059　Amazon Go
Amazon在西雅图推出的"无人便利店"　／176

060　芝麻信用
将人脉与品性等"个人信用"进行点数化设计的模式　／178

061　MUJI passport
为了理解"无印良品"客户的APP　／180

062　Kurashiru
视频数量世界第一！辞典级的食谱视频APP　／182

063　Flexport
在充满各种物理条件的国际物流世界导入统一数据管理　／184

064　Tokyo Prime
能够根据出租车乘客提供相应广告的服务　／186

065　Timescarplus
大型停车场企业"Times24"所经营的共享汽车服务　／188

066　獭祭
利用数据和IT实现"菜鸟酿酒制"　／190

067　Google Home
声控的Google智能家电　／192

068　FASTALERT
改变了取材方式的"无记者通信社"　／194

069　KOMTRAX
建设大型机械企业的小松所开创的IoT事业　／196

070　YAMAP
即使在范围之外也能了解目前所处位置的地图APP　／198

071　旅馆结合
能拯救苦于提高效率的旅馆的经营管理系统　／200

072　COESTATION
将"希望提供声音的人"与"希望使用声音的人"联系到一起　／202

073　**SmartHR**
　　能够减轻麻烦的人事劳务手续的在线服务　／204

074　**PIRIKA**
　　能将"随手扔的数据"进行收集的垃圾回收SNS　／206

075　**Marklines**
　　在买方市场中"重视卖家"的汽车产业信息门户网站　／208

076　**GitHub**
　　为了开发软件而共享源代码　／210

077　**Checkr**
　　能够简化个人身份调查的统一检索引擎　／212

第 4 章　人
　　——引入新的"利益相关者"

078　**Humanium**
　　将违法枪支改变为时尚钟表或自行车　／218

079　**Social impact bond**
　　颠覆了"公共事业耗费资金"固有认知的优秀模式　／220

080　**SCOUTER**
　　灵活利用了"朋友、熟人网络"的跳槽代理商　／222

081　**POP TEAM EPIC**
　　在粉丝当中相当有人气的恶搞漫画　／224

082　**GO-JEK**
　　除了人还能运输物品的"印尼版Uber"　／226

083 BIGISSUE
为了支援无家可归的人重获生活主导权的杂志　／228

084 minimo
由Mixi发起的沙龙员工可以被"直接点名"的APP　／230

085 Mikkeller
每年创造100种新商品却"没有设备"的啤酒制造商　／232

086 Dialog In The Dark
体验完全黑暗的社交娱乐　／234

087 KitchHike
通过烹饪让"希望做的人"与"希望吃的人"走到一起的社区　／236

088 WeLive
跟随"WeWork"(共享办公室)而推出的重视社区的居住方式　／238

089 LifeStraw
能够喝到安全水质的吸管型净水器　／240

090 Studysapuri
为了学生更好地学习和未来的授课视频发送服务　／242

091 Good Job! Center KASHIBA
联系障碍人士与社会的新型工作方式　／244

092 彩
将当地所采集的花草变身为高级餐厅中的装饰菜　／246

093 留职项目
通过新兴国家的志愿活动培养人才的项目　／248

094 共享育儿
与所在地的人一起共享育儿的APP　/250

095 TABLE FOR TWO
仅靠20日元就能解决食物紧缺与肥胖问题的体制　/252

096 nana
用户之间能够投稿歌曲或演奏来制作乐曲的APP　/254

097 拼多多
在中国急速发展的娱乐感满满的团购服务　/256

098 YANKEE INTERN
针对初、高中毕业者的包住型就业支援项目　/258

099 Neighbors
依靠街坊四邻来实现的地区家园安全体系　/260

100 PECO
为消除虐杀行为做出贡献的宠物信息网站　/262

附录1："物"的商业模式汇总　/114

附录2："资金"的商业模式汇总　/164

附录3："信息"的商业模式汇总　/214

附录4："人"的商业模式汇总　/264

附录5：亲自尝试商业模式的图解制作　/265

后　记　/270

> 序论

什么是"商业模式2.0"

唯有"反论结构"模式才能得以生存的时代

那些实现了持续经营的商业模式里都存在着"反论的结构"

■ 商业模式1.0与商业模式2.0的不同之处

在本书所介绍的100个案例中,每个商业模式都有一个共通的特点。

①存在着"反论的结构";

②实现了"八方受益"的价值;

③建立起"可盈利体制";

"共通的特点"通过以上三个要素来体现。

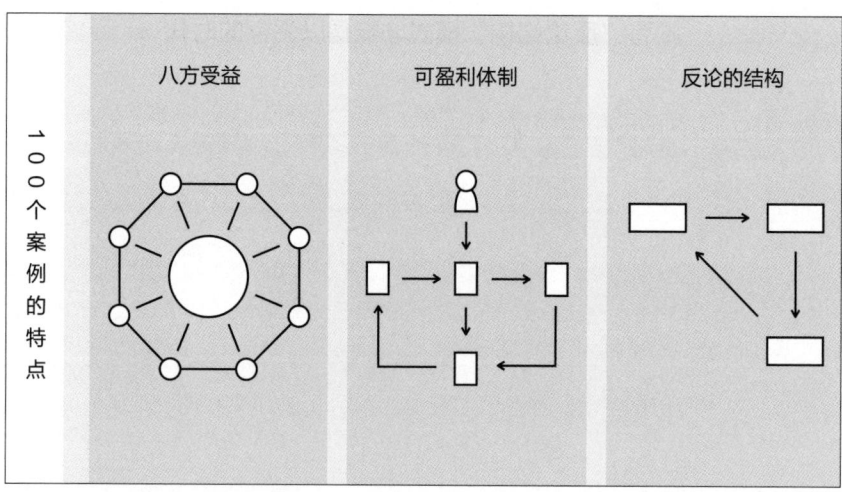

将"商业模式1.0"与"商业模式2.0"进行区分的依据,就是看是否同时具备了这三点要素。

在过去,我们时常将商业模式理解为一种"盈利模式",因而一度专注于经济的合理性。然而，在如今的形势下那些"只要能赚钱什么都可以做"的模式或企业却面临着被淘汰的局面。形成这种趋势的原因，我想在介绍这100个案例之前先谈谈我自己的看法。

■ 思考"出发点""定律"和"反论"

在这三点当中，最重要的一点是"反论的结构"，商业模式是否新颖，即是否具有"创造性"就在于其是否具备了"反论"这种结构。

"反论的结构"只是我想出来的一个新词，这是为了在商业中发掘"怎样才有创造性"而设想的思维框架。该框架包含了：①从出发点引导出普遍定律；②推理与定律相违背的反论；③再将出发点与反论组合起来。

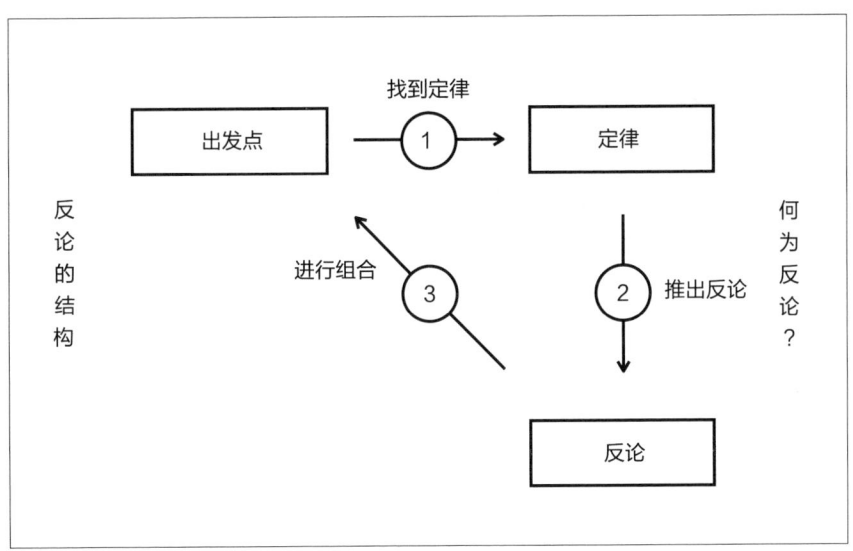

在考虑"反论"的时候，需要先设定"出发点"，而"出发点"，是指"某个商业中普遍提供的商品内容"或"主要的业务领域"。

所谓"定律"，是指上述"出发点"留给大众的普遍印象，例如有哪些惯例和常识。每个人对"定律"的看法各有不同，要找出那些"被视为理所当然"的部分，还需要充分了解该行业的实际情况。

所谓"反论"，是相对于"定律""什么才是与之相反的情况"。只要能找到真正的定律，就能轻松发现"反论"。不过，反论往往不止一个，有时，同一个定律会有多个反论，先考虑反论后，再回头理解其定律也是一种可选途径。

出发点、定律、反论，用文字的形式整理起来会更容易理解。

针对某个"出发点"通常的"定律"是这样的，然而，该商业模式却与之正好相反形成了"反论"。通过这样简单明了的方式进行介绍，会让人更易领会该商业模式的优秀之处。

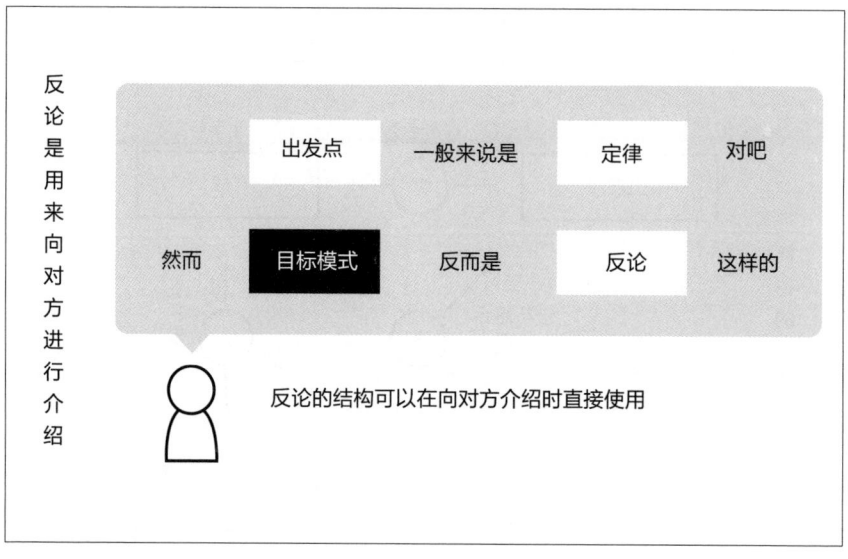

■ "POP TEAM EPIC"的创新之处在哪呢？——反论的结构，三种案例

为了便于理解，我会用以下三个案例分别介绍"反论的结构"：

①我的法国菜；

②POP TEAM EPIC；

③Humanium。

"我的法国菜"是一间立食（站着吃）餐厅，因其以实惠价格就能享受高级料理而红极一时，其商业模式中的反论结构如下图所示。

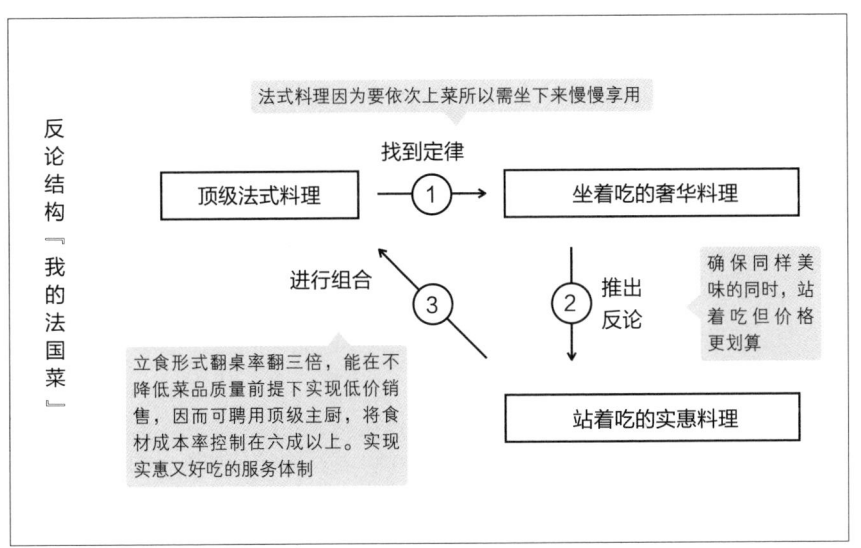

传统的"顶级法国餐厅"（出发点）都是"坐着享用的奢侈美食"（定律），但"我的法国菜"却将其变为"站着吃的实惠美食"（反论）。以站着吃的形式，提供更优惠的价格，还能实现以往模式约3倍的翻桌率，应对3倍的迎客规模，因此才实现了稳定的商流。像这样找到了反论的结构，才会看清"我的法国菜"商业模式的"强项"之处。

未选择随波逐流而大受欢迎的动漫作品"POP TEAM EPIC"的反论结构如下图所示。如今的"深夜动漫"（出发点）通常都以"制作委员会方式为主流"（定律），即一起分摊费用来共同制作内容物。然而，POP TEAM EPIC却选择了"以单独出资形式进行制作"（反论），这样一来责任所属变得明确，内容本身也因为打破常规而能创作出更多的恶搞效果，结果让该动漫大受欢迎。

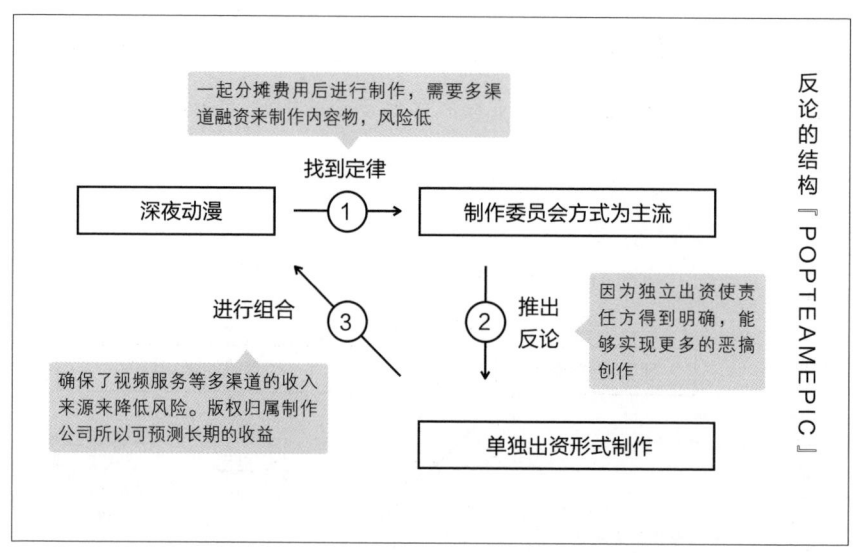

利用违法枪支生产金属的Humanium，其反论结构如下一页所示。"被查收的枪支"（出发点）通常面临"无法处置而一直搁置"的尴尬处境（定律）。原因在于不仅耗费成本，对于警察也无任何益处可言。因此，能对枪支进行再利用，"无须处置还能实现收益"（反论）正是Humanium的有意思的地方。如此一来，对于负责监管枪支的一方有了配合的动机，从结果而言，也为社会消除了危险枪支隐患。甚至，当这些金属变成钟表或自行车后，通过购买这些商品还能对社会做出贡献。

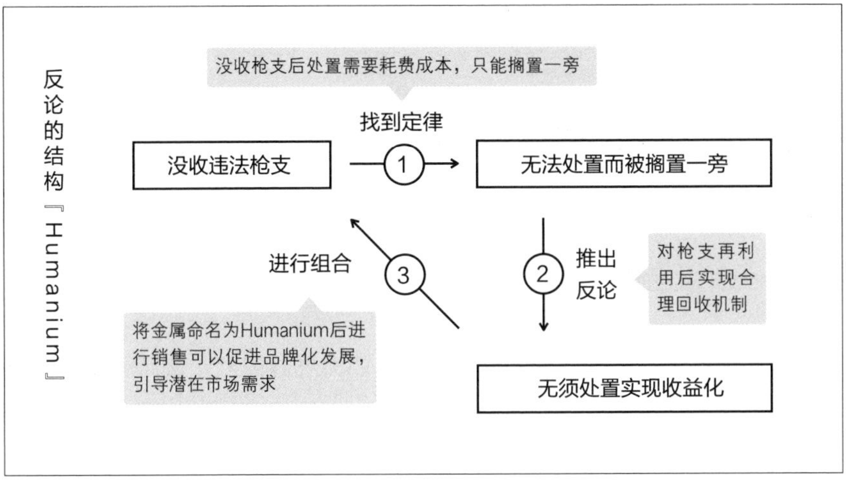

反论的结构「Humanium」

没收枪支后处置需要耗费成本，只能搁置一旁

没收违法枪支 →①找到定律→ 无法处置而被搁置一旁

②推出反论

对枪支再利用后实现合理回收机制

无须处置实现收益化

③进行组合

将金属命名为Humanium后进行销售可以促进品牌化发展，引导潜在市场需求

如何做到"脱离常识"

■ 反论效果越强烈越是需要"高水准的模式"

这其中的核心要点在于,当"反论"的力度越强烈,该商业模式就越是会"脱离常识"。因此,要想将"反论"与"出发点"组合到一起,唯有凭借高水准的体制才能得以实现。当然,"反论"本身若是超出常规,要实现它往往更加困难。不过,目前已经有一些"优秀案例"能以反论站稳了脚跟。

然而,随着时代的变迁,"定律"本身也在变化,单凭某一定律所制定出的"反论"并不能保证商业的持久维系,因此要在瞬息万变的环境中领悟每个当下的"出发点→定律"。若想熟练掌握这种框架理念,就要具备这种"时代领悟能力"。

"出发点→定律"是以现在为起点而言,因此,以现在的环境来考虑的"反论",其时间轴应该是面向着未来的时间段。因为"反论"是一种超越常识的理念,一种在当前环境中还未能实现的事物。不过随着时代的发展,那些已经获得先机的反论也可能再次成为未来社会中的某个理所当然,即变成了定律。换言之,针对过往时代的反论就是现今社会的定律,要想自己的事业得到持续发展,就要时时刻刻看清楚"现在的定律及其反论"。所谓的商业,也可以理解为是随着时代的变迁,不断在"定律"与"反论"之间反复变化的一种过程产物。

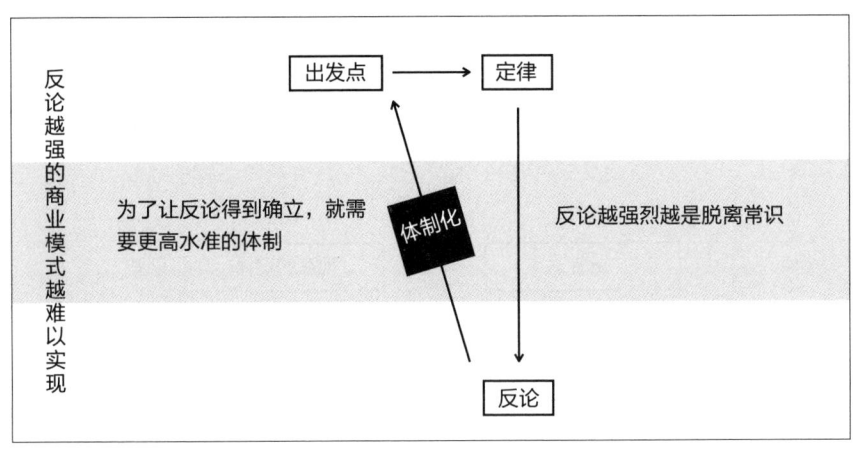

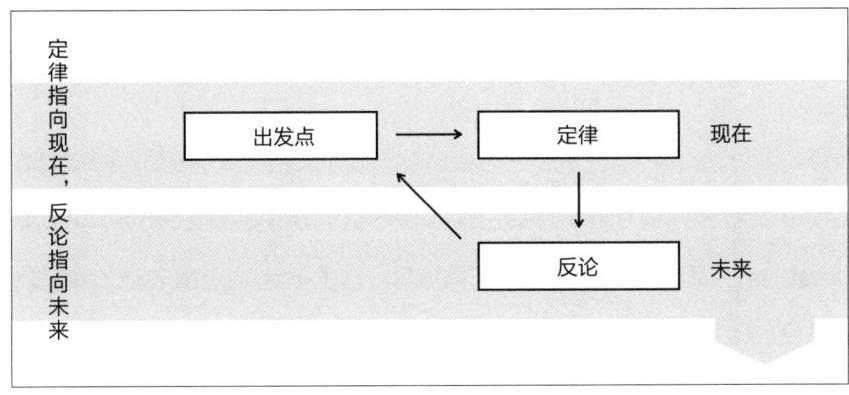

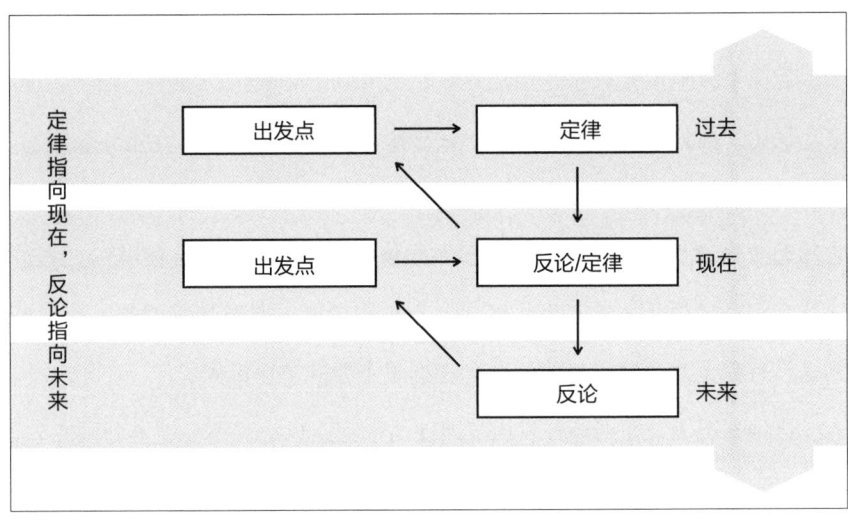

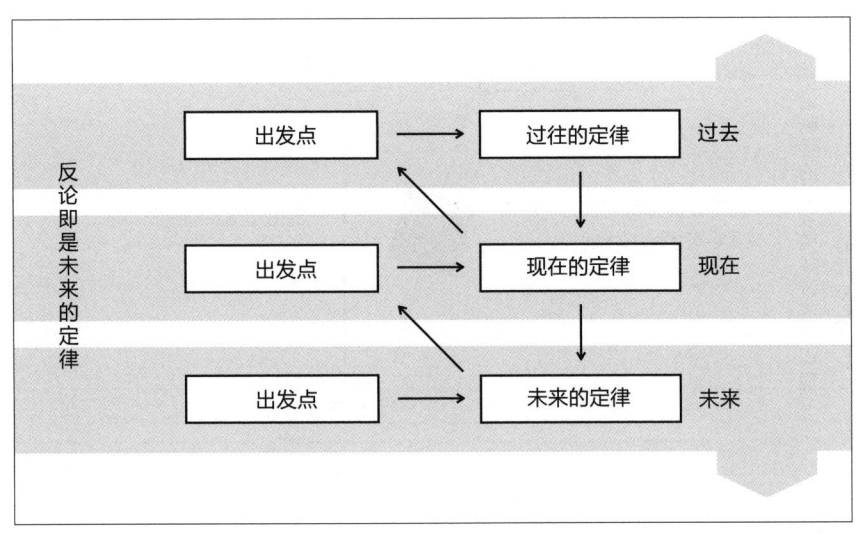

■ "反论的极致形态"即创新

在我看来,只有当反论的"反"字达到了极致才会发生Innovation。这里的Innovation在日本经常会被翻译成"技术革新",其实本质的含义更为广泛,是指"创造革新"。

反论与创新之间有着很大关联,比如下面这个例子:

出发点:伞

定律:只需用一只手,但还是会被雨淋到

反论:两只手都不用也绝对不会被雨淋到

伞,原本是用来避雨之物,应该是为了不被雨淋才发明的产品。然而它却无法保证全身不被淋湿,很多时候像脚下等部位还是会被淋到。为解决这个问题诞生了雨衣等衍生商品,但很少会有人愿意带着雨衣出行,反倒是没有完全达到使用目的的雨伞占据着主要的市场份额。

这种情况下,如果能开发出"即便两手空空也绝对不会被淋到雨的伞"会怎样呢?是不是觉得相当好用?例如,整个人被某种隔离物包裹着浮于空中，能把雨水都弹开来，而且，不会影响到视觉，也不会给其他人造成困扰，甚至价格还很亲民，这样的商品一定会大受欢迎。虽然还没考虑好该如何去实现它，若真能做成这样，就是一种创新。

再举一个现实中的例子。世界首创的全自动叠衣洗衣机"Laundroid"也算一种创新。现在的传统洗衣机都仅仅是将自动化发展到"清洗"和"烘干"两个阶段，还没能实现"叠衣服"的自动化。主要原因在于衣服的种类、尺寸非常多而且大不相同，所以很难统一叠衣的规则。

然而，就在大部分人认为"要做到这一步自动化几乎是不可能"的时候，却有人开发出了全自动的叠衣洗衣机，将认为做不到的事情变成了现实。这正是定律效果越强，实现其反论后的冲击力也就越大。

"社会性""经济合理性""创造性"
——具备了所有理想要素的商业模式

■ 只有反论的商业模式不一定会打动别人

具备反论的商业模式都具有创造性和趣味性,然而,只有反论结构却不一定会发展顺利。比如前面提到的"我的法国菜"餐饮行业,如果"我的法国菜"选择以下这些形式的话还有可能触动别人吗?

①为了提高客户满意度,鼓励员工长期加班,甚至全年无休地持续工作?

②在不影响食材品质的前提下为实现极低的采购价格,会故意选购不环保的原料?

当然,这些只不过是凭空的假设,不代表商家实际上有如此操作。但若这些假设成为事实,客户们还会选择继续支持吗?

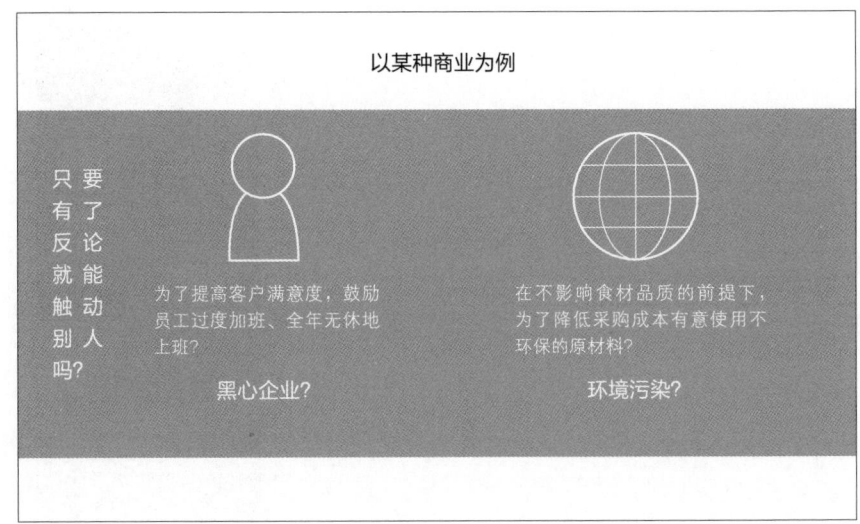

■ 需要考虑"八方受益"

作为重视社会性投资的信托机构"镰仓投信"的创始人之一，新井和宏先生在其《可持续资本主义》一书中阐述过一种思维理念，让我初次接触到"八方受益"的概念。

日本在很早以前就有"三方受益"这个词，最早由近江商人①提出，强调"对卖家好、对买家好、对社会好"，是一种对相互关联的三方都能带来共通价值的思想。

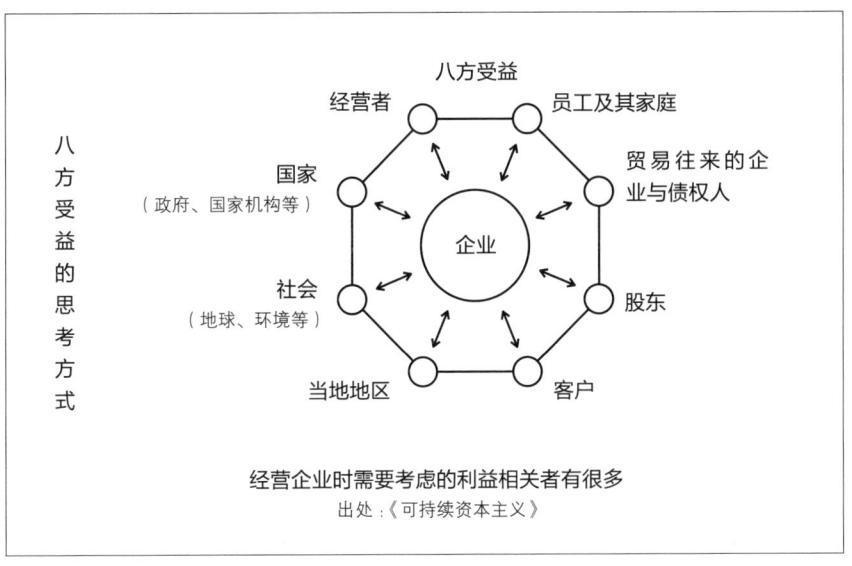

经营企业时需要考虑的利益相关者有很多
出处：《可持续资本主义》

新井先生曾在书中指出，在当今如此复杂的社会里，很有必要扩大企业的利益相关者(shareholders)范围，因此提出了"八方受益"的思想理念。

进而言之，如今的商业环境若仍然采用传统的"三方受益"进行区分

---

① 日本江户时代，从如今滋贺县地域的近江国里走出的商户，长年行商于大阪和江户之间，逐渐形成了一股商业势力，被称为"近江商人"，近江商人是日本三大商人之一（其他两大商人为大阪商人和伊势商人）。

的话，已无法涵盖日益增加的所有相关方。沿用前面的图例来表现这种八方受益，如下图所示。

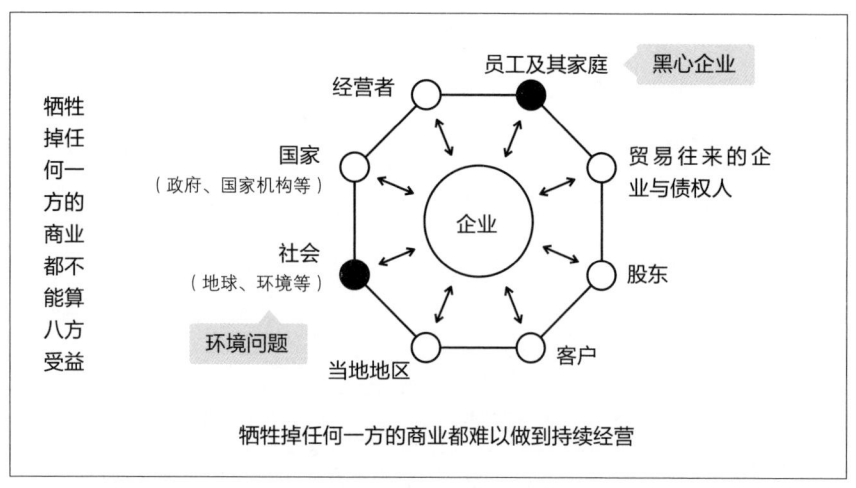

牺牲掉任何一方的商业都难以做到持续经营

那些牺牲员工利益、社会利益等，以牺牲这八方利益相关者中任何一方利益、给某些人带来痛苦或不利为前提而建立的商业都将难以维系发展。

值得一提的是镰仓投信投资公司，因一直专注投资兼顾了良心与社会性的企业而备受关注，在2013年还获得了日本评级投资信息中心（R&I）选出的最优秀基金奖（投资信托/国内股票部门）等，由此可见这样的投资公司已具备了一定的经济合理性（本书中有详细图解说明）。

■ "社会性""商业性"与"创造性"

让我用下图对上面的阐述我想用下面的图示进行简单概括。

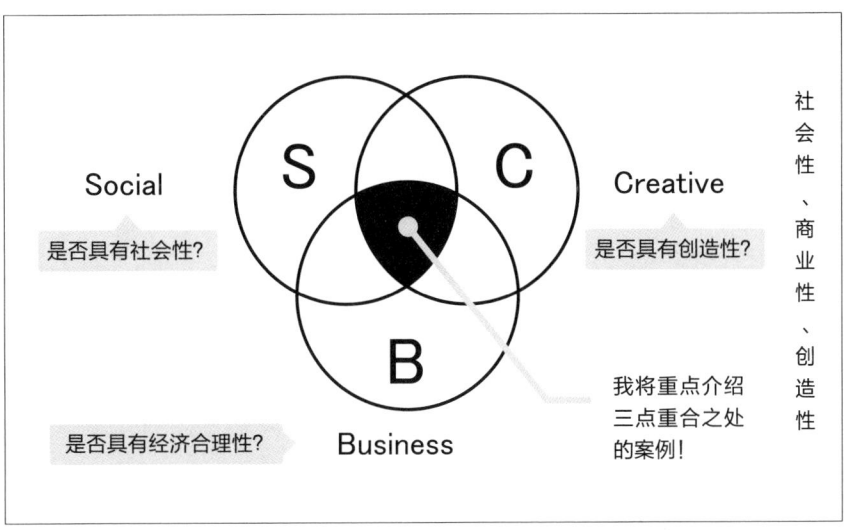

只有在"Social""Business""Creative"三个圆中相互重合的商业模式,才可能在接下来的时代中持续生存下去。

Social围绕"是否具有社会性",Business针对"是否具有经济合理性",Creative则指"是否具有创造性",Social、Business和Creative这三点要素(下文将以首字母SBC作为简称)与商业模式2.0的三个原则也相互关联。我将在本书(以及网上已公开的《商业模式图解系列》)精选同时兼具了SBC三个部分的商业模式进行图解说明。

①针对Social提出的"是否具有社会性"需考虑"八方受益"。

②针对Business提出的"是否具有经济合理性"需考虑"商业模式(盈利的构造)"。

③针对Creative提出的"是否具有创造性"需考虑"反论的结构"。

然而,为了评估社会性的评估而进行八方受益的判断却并不容易。这不仅在于"八方受益"的实现难度之高,还在于每个人对"做到什么程度才算八方受益"存在无法统一的评判标准。因此,我们这次会采用反面校验的方式,如果发现在某一利益相关方发生了已知的不尽如人意的因素,将不再公开该案例的图解内容。

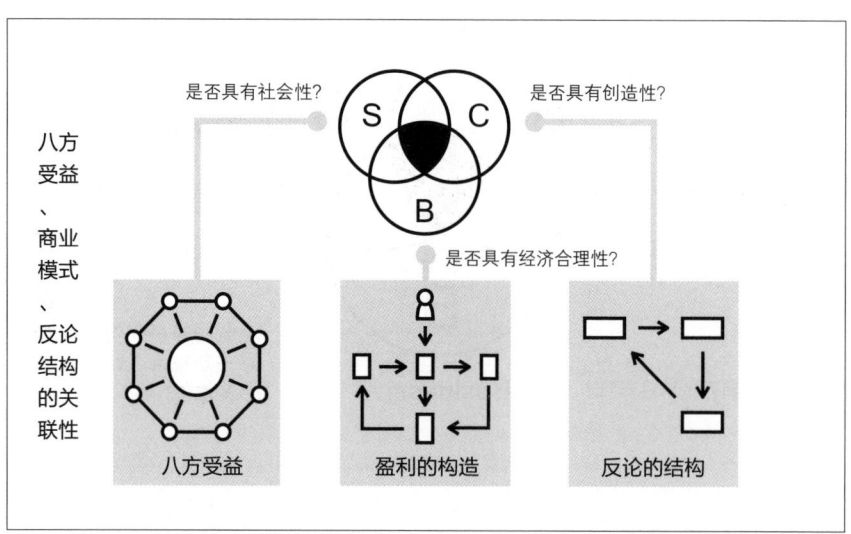

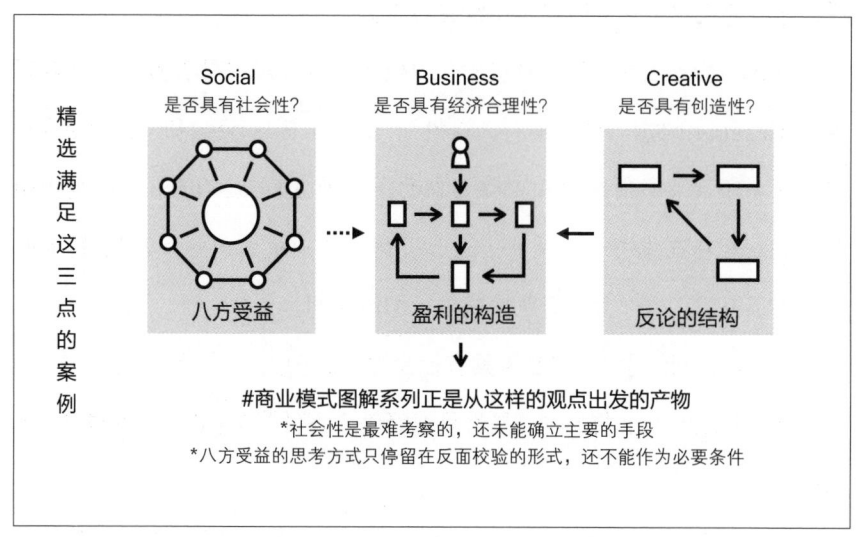

*社会性是最难考察的，还未能确立主要的手段
*八方受益的思考方式只停留在反面校验的形式，还不能作为必要条件

"未被记入资产负债表的价值"
才更重要

■ 为何要追求社会性和创造性

企业为了生存,"经济合理性"(Business)的重要性毋庸置疑。然而,未来却不会仅仅追求经济的合理性。

只要企业有在开展各类业务活动,必然会考虑如何提升企业价值并为社会带来各种积极的影响,"Balance sheet(B/S)"就是这样一种用来评估这些企业价值的工具。作为财务报表组成中的一部分,这种表常用于财务领域。所谓Balance sheet,即"资产负债表",它能显示企业在一定时间里的财务状况。这么写也许会觉得难懂,其实原理很简单。

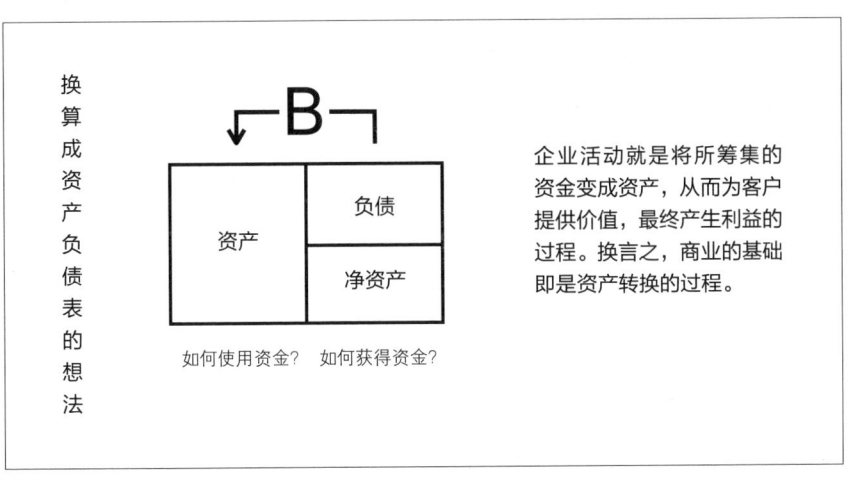

在资产负债表的右侧列出了"负债"和"净资产"两项,这是用来

表示"资产的来源"。例如，从银行借到的500万日元和自己的500万日元存款一起用于投资成立公司，就是通过这两种手段来筹集到了合计1000万日元的资金。若要在将来扩大公司的规模，还可以增加"自己出资的金额"和"股东们出资的金额"。如果上市的话，还能筹集到更多人所提供的资金。

另一方面，在图示左侧列出了"资产"，以上述的例子来讲就是代表"1000万日元是如何被使用的"。从商品的生产到商铺的经营等，这一项记录着因商业需要而花费在各种用途的资产类别，而且，还能选择以现金的形式进行保值。

因此，我们可将企业活动的商业基础总结为一点，"将所筹集到的资金转换成资产"，以此来为客户实现价值。通过价值的供应才能带来营业收入，获得盈利并得以持续开展业务。

■ 未被记入资产负债表的"无形资产"

接下来，我们讨论一下"创造性"（Creative）。那些将资本转变为资产的商业，应该如何发挥创造性呢？

答案就在无形资产。无形资产是指品牌、信誉、人才、创意、行业经验等通常不会被记入资产负债表的资产，也被称为"商誉"。这种无形的资产，在当今社会备受关注。在一本介绍企业价值的《企业价值评估》教科书中就曾提到"企业价值的本质就是创造无形资产'商誉'的能力"。

资产，通常是只要有钱就可以买得到，但无形资产却不一定能用钱交换，因为它是通过不断的创意付出，才能收获的潜在品牌价值、优秀的人才体制、不断积累的行业经验。唯有产出这样的无形资产，才能期待创造性（作为重视无形资产的代表性事件，日本经济产业省在2017年10月发布了《伊藤报告2.0》，在这份报告中阐述了无形资产的重要性）。

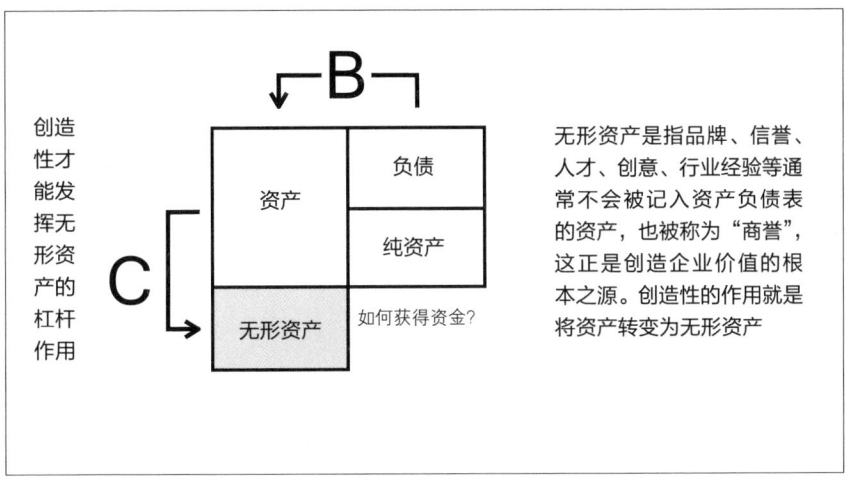

■ 将无法量化的价值变成资产

最后是"社会性"（Social）。追求社会性，是指去探寻那些尚未在财务报表中显现出来的潜在风险因素，从而将在非财务类因素的领域里转变为一种有效的（无形）资产。

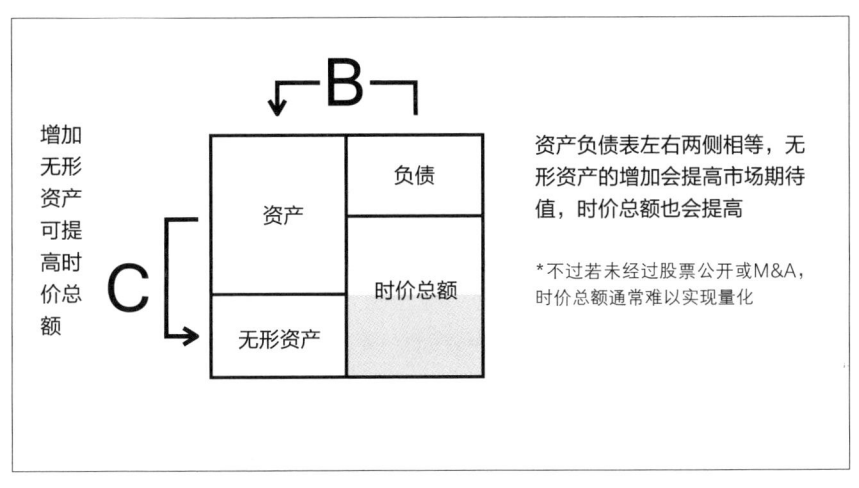

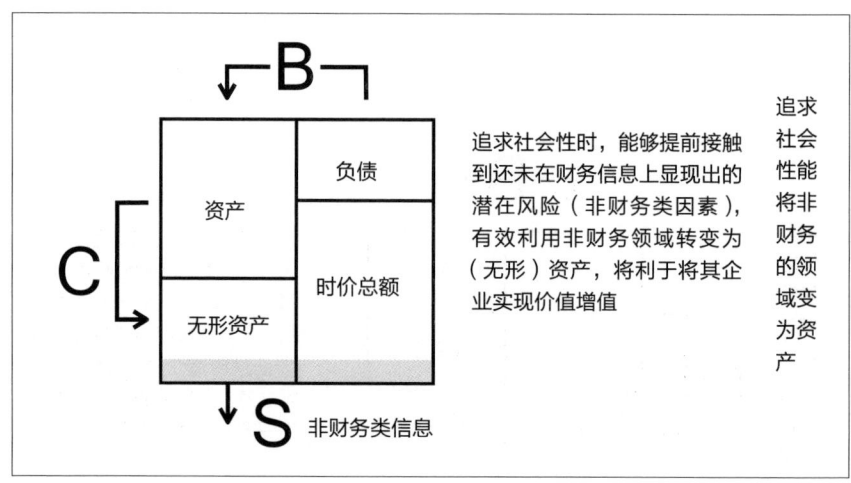

非财务类信息,是指无法用财务数字表示的信息。比如风险信息、对可持续问题的执行成果、员工信息等,其中有一部分会被记入CSR(企业社会责任)报告或有价证券报告中。之所以非财务领域到现在才被关注起来,是由于企业的经营从现在开始需要思考中长期的目标。

在具体实例中,联合国就曾于2015年采纳了SDGs目标,用以督促企业的行动方针。SDGs是"Sustainable Development Goals"的简称,围绕贫困、饥饿等问题明确了17项工作发展目标。

其本质是为了解决SDGs中所确定的世界问题,将合作范围从各个国家的公共行政中心,扩大到各国的民间企业,使其升级成为需要全球关注的重大问题,不容忽视。

■ 为社会做出贡献才可能筹集到资金

此外,大家是否听说过"ESG投资"?E是Environment(环境)、S是Social(社会)、G是Governance(企业治理)的简称,具体指投资者们针对纳入了这三项考量的企业进行投资的策略。

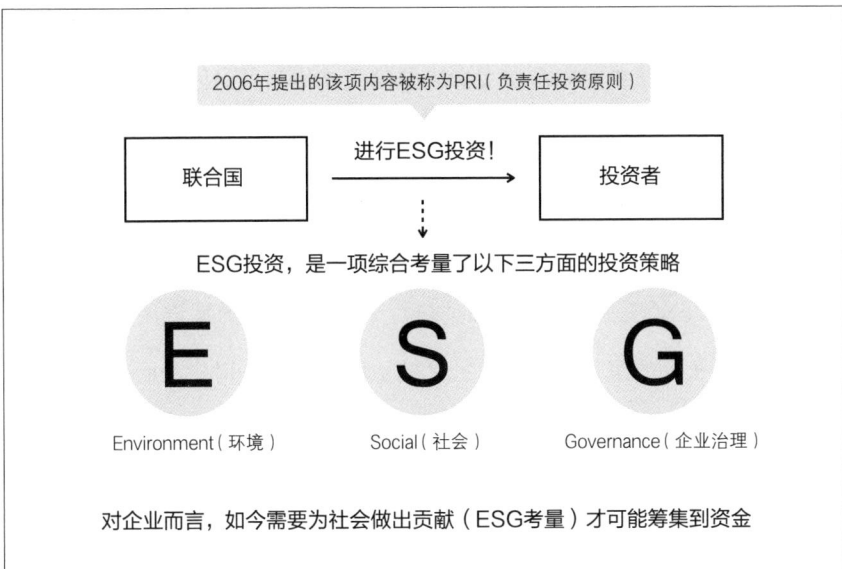

"ESG投资"大致可概括为"企业应对环境和社会负起充分的责任,因而才能在企业内部形成可以规避敏感问题(如做假账)的体制(即企业治理)"。

我会在此提出复杂的ESG投资,是因为它在企业经营方面最能体现社会性的价值。GPIF(日本养老金管理运营独立行政法人)被视为世界最大的公共部门机构投资者,其负责运营管理日本100兆亿日元规模的养老金,在2017年也开始涉入ESG投资,可见ESG在日本已经相当受关注。连"投资者都关注ESG",那些希望从投资者获得资金的企业就不能再漠不关心了。因为再不关注ESG,很有可能会失去被投资的机会。

一开始我也不太理解像GPIF这样的机构投资者为何也选择ESG投资。毕竟简单来说,ESG投资就是"投一些良心企业",虽然它具有社会性,但在经济合理性方面难免会差强人意。

然而这种想法并不正确。要运营100兆亿日元规模的投资,如果仅靠每家公司的股票涨幅去判断,肯定是微不足道的,倒不如理解为它是对日本的整体经济进行投资（虽不仅仅是日本）。这样一来，为了确保收益率，就需要在投资决策中排除那些会影响整个日本经济的风险因素。即环境问题（E）、社会问题（S）以及与其相对的企业治理问题（G），充分考虑这些因素进行投资，才有可能确保长期的收益率，换言之，眼下已经无法忽视环境与社会的问题。由此，我们也能窥见到社会性值得被重视的背后原因。

　　SDGs和ESG在世界范围内的发起，也是一种外力促进因素，让企业需要考虑中长期的策略来实现对社会的贡献。因此，对企业而言，社会性只会变得越来越重要。

因负责运营日本100兆亿规模而被视为世界最大机构投资者	2017年GPIF在日本国内，开始了ESG投资

像GPIF这样的投资者为何会选择ESG投资呢？

作为投资者GPIF毋庸置疑追求回报
因此，针对有ESG考量的良心企业进行投资是否具有经济合理性呢？

促使ESG在日本得到推动的原因

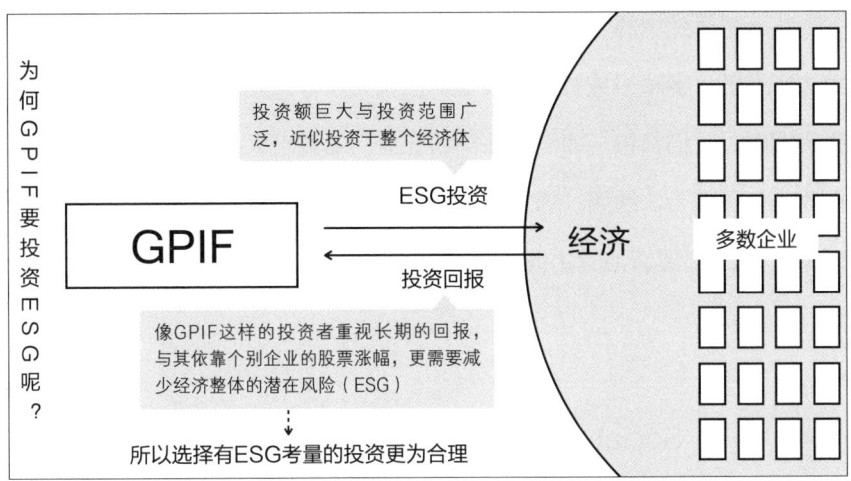

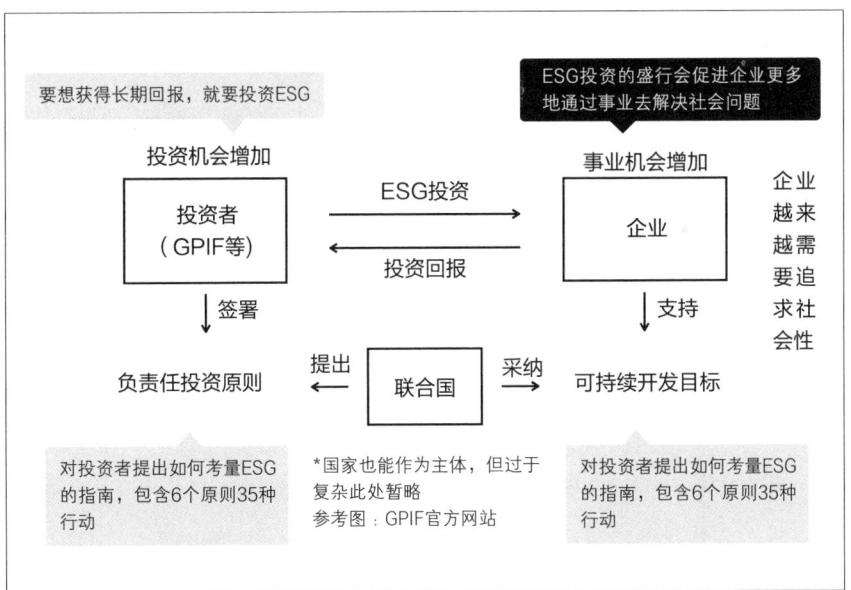

将上面的内容进行总结，可以浓缩成以下三点：

①经济合理性是从资本到资产的转换；

②创造性是从资产到无形资产的转换；

③社会性是从非财务类因素到无形资产的转换。

提升企业价值，需要平衡这三点要素。

然而值得强调的是，仅靠"做好事"不一定能保障事业的成功。在我身边有很多从事NPO或社会创业者的朋友，所以到现在也目睹过数不清的真实案例，它们都曾"为了对深刻的社会问题做出贡献"而创业，却最终因收支问题而无法继续。因此，不能只重视社会性，或者仅考虑创造性的效果，"SBC都要满足"才是关键。

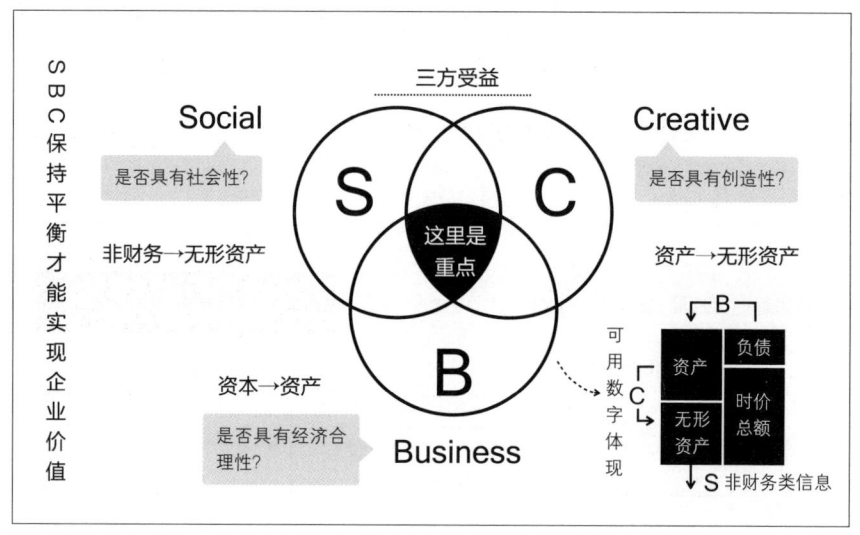

■ 一个贴近SBC经营思路的企业案例

围绕SBC，我们一直在说抽象含义，现在就来介绍一个实际的企业经营案例。三菱化学控股公司为了提升其企业价值，曾提出过"KAITEKI经营"的核心理念，并以此制订出三大方针（这里不指具体的事业战略，而指公司整体的经营策略，与本书所介绍的事业战略层面的商业模式有所不同，特此说明）。

①Management of Sustainability（MOS）：以提高可持续性经营为目的；

②Management of Economics（MOE）：重视资本效率化的经营；

③Management of Technology（MOT）：追求改革与创新。

有意思的是划分出了时间轴。分别以100年（Century）、10年（Decade）、一个季度（Quarter）为单位明确了各项指标。

这里的三大方针在某种意义上也能对应到之前提及的SBC：

①MOS：Social

②MOE：Business

③MOT：Creative

我曾去现场听过三菱化学控股董事长小林喜光先生的演讲，了解到SBC这三要素被实际运用到企业经营当中。再加上100年、10年、一季度这样的时间轴概念，让理念的执行能在更稳固的架构中得以推动，这让我佩服不已。

通常，像MOS这样的长期目标难免会与MOE这类短期目标相互冲突，因为要实现可持续性，就会免不了牺牲短期的利益。不过，该企业却同时实现了这两类目标。据了解，其MOS任务达成率与MOE的营业收益呈正相关的关系。

■ 我们即将步入"商业模式2.0"时代

在考虑商业模式时，前面提到过"在未来提升企业价值，不仅要考虑经济合理性，还要考虑社会性与创造性"。因此，对已有打算启动新事业或创业的人来说，最好能从一开始就考虑这三点要素来构建自己的商业模式。

原来的商业模式都过于关注"是否盈利"，因此会偏重于经济合理性。但从现在起，应当从"八方受益"去考虑"社会性"，利用反论结构考察"创造性"，再通过商业模式图解把握经济合理性。如此，以SBC为依据来构筑的商业模式体系，才会实现真正的经济成功。也唯有这样，才能建立为社会所需的企业形象。

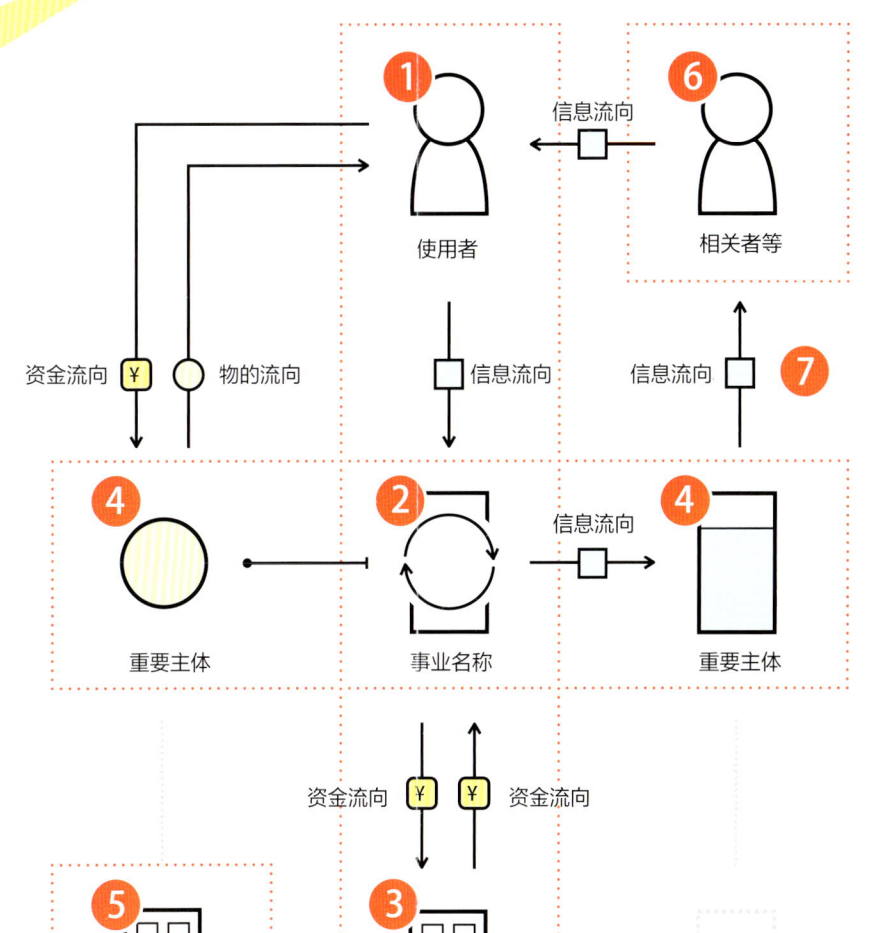

图鉴说明书

商业模式图鉴是为了更简单明了地向他人传达信息，以固定的规则进行制作。本书所介绍的100个案例均遵循了固定规则。

3×3的结构

主体

"主体"是指商业中重要的相关方、相关物品。以3×3的形式放入这些主体。上、中、下分别指使用者、事业体、事业者。具体可见次页说明

物、资金、信息的流向

箭头

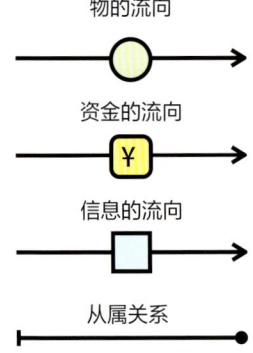

"箭头"用来表明主体之间的重要关系流向。为了区别物、资金、信息分别用了不同符号。从属关系时用了"●"符号，不一定全都存在采用了点线的形式

备注补充

补充

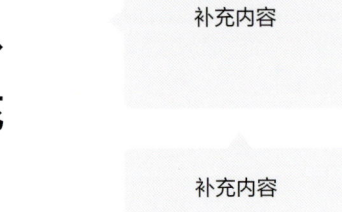

"补充"是指主体或箭头无法完全说明的重要信息。为何是这个主体？为何有这个箭头等，用来说明具体理由。有时也会对补充内容追加说明

BUSINESS MODEL 2.0 ZUKAN

ビジネスモデル 2.0 図鑑

第 1 章

物

提供新的
"核心价值"

BUSINESS
MODEL 2.0
ZUKAN

第 1 章　物　提供新的"核心价值"

从前的传统商品、服务在人类智慧与科技的推动下获得了新生，本章将介绍那些曾被忽视的商品、服务、空间价值随着时代变迁再次找回了自身"本质价值"的案例。

001
Bulletin
共享办公之后出现的"共享店铺"概念

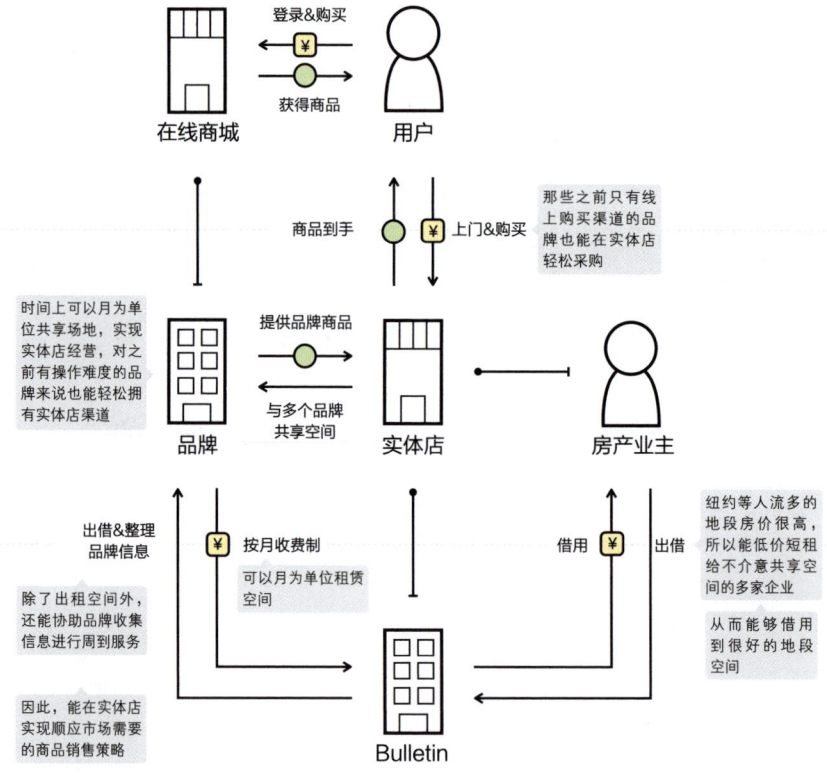

零售店的销售店铺 出发点 — 定 律 — 在郊区的店铺全部需要以年为单位进行租赁

反 论 — 在市内的部分店铺可以月为单位进行租赁

■ 高价地段的实体店提供碎片化分租服务

"Bulletin"针对线上品牌商,将提供其在传统实体店进行营销的渠道,即"在线品牌的共享零售店"。

目前,该公司在纽约的SOHO地区及威廉斯堡(Williamsburg)等地开展业务。

乍一看,还以为是一间精品店,但其特点在于不仅能将场地细分,时间上也能以月为单位提供租赁服务,这正形成了"反论"的关键之处。

实体店铺的成败关键往往在于地段的选择。像在纽约这样昂贵的黄金地段,租客一旦决定退出不再续约,到下一个租客签约之前常常需要不少时间,因此容易造成店铺的闲置。而着眼于这一问题,Bulletin考虑出能在短期内利用起店面的灵活体系。对于业主而言,能解决短期内店面闲置的问题正好求之不得,才会愿意以更低的价格提供租赁。

而从品牌的立场,这么做能解决传统实体店所面临的各类棘手问题。即便在很好的地段也能进行尝试,还能以月为单位开新店,让那些以宣传为目的的快闪型时尚潮店(在闲置店家开新店,且仅在短期内经营)成为可能。这种形式最大的魅力在于,为那些还没机会接触产品的客户提供体验的机会。

Bulletin通过将时间与场地进行碎化和限定,很好地解决了店铺业主与品牌商双方长期面临的固有问题。他们还将自己视为WeWork(美国一家专为初创企业提供联合办公场地的公司)的零售行业模范,不得不说如此顺应共享经济趋势正是其能成功的关键之处。

002

Optoro

能将退货商品进行自动"再发货"的系统

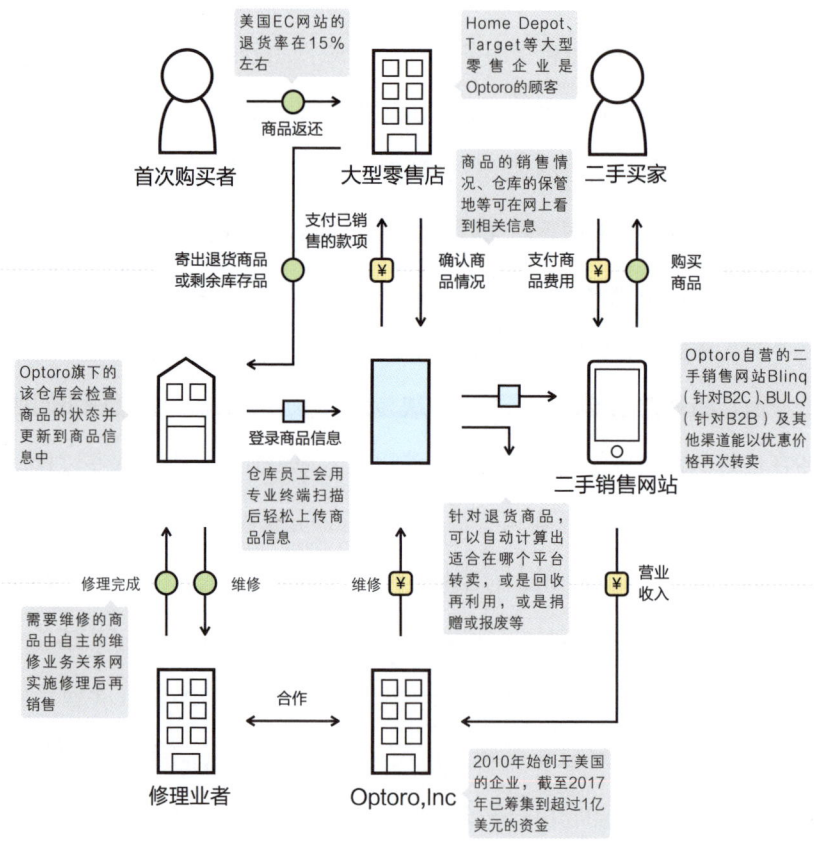

1亿美元的融资，美国的"下一个独角兽"

在线消费市场不断扩大的当代社会，退货和积压库存品正在为零售行业带来巨大的损失，甚至在报废处置这些货物时，还将面临着潜在的环境污染问题。

基于这样的状况，为了促进持续消费，来自美国的Optoro公司在2010年将目光投向电子商城退货商品而着手于物流服务。美国电商行业的退货率据说已达到15%左右，减少这样的资源浪费并进行可持续的改变，是顺应了眼下的社会趋势。

该公司所推出的"Optitune"服务更是尤具特色，因为它能将退货商品进行自动筛选并决定出最恰当的再处理方式，这一点正是最能体现该公司技术实力的地方。

除了转售之外，视情况还能提供维修（拥有自己的修理业务关系网）、废品回收、捐赠等服务。在该公司的业务概述视频中有一句话最能体现其服务精神：Deliver to next best home（传送至下一个新家庭）。

Optoro针对B2C用户提供的"Bling"以及针对B2B用户所提供的"BULQ"转卖网站，均由其自主开发，用来作为商品的再次转售渠道。虽然是看似废品回收的角色，但特别之处在于采用了现代的技术手段。

作为2010年才创业的公司，员工人数已经超过了500人，并筹集到超过1亿美元的资金，正逐渐成长为"下一个独角兽（估值超过10亿美元的未上市的风投企业）"。

003
我的法国菜
能以亲民价格享受一流主厨料理的秘密在于"翻桌率"

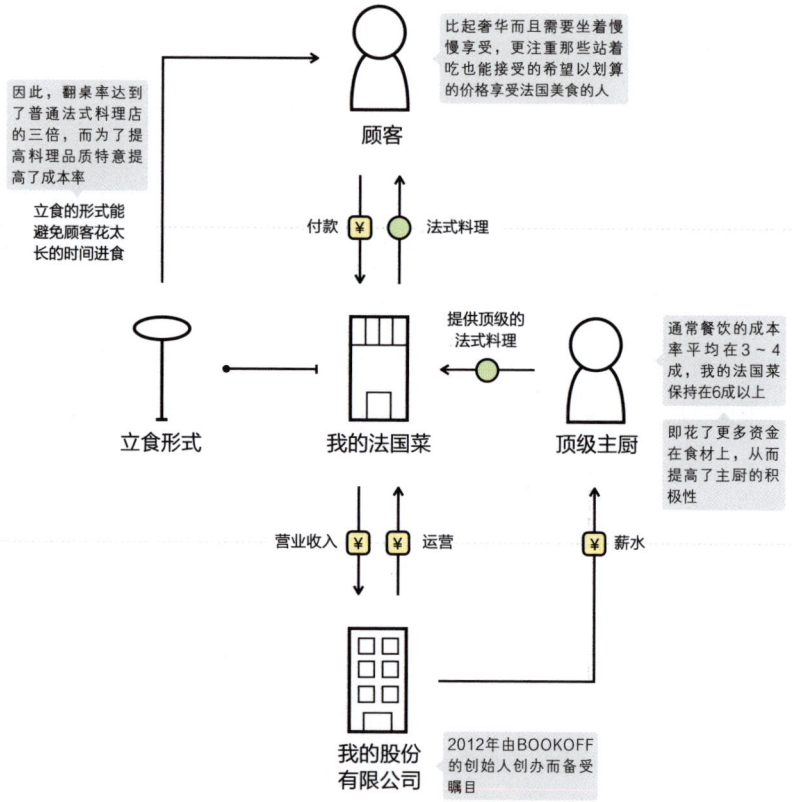

顶级法式料理 — **出发点** — **定 律** — 坐着享用的奢华料理
　　　　　　　　　　　　　　 反 论 — 站着享用的实惠料理

■ **站着吃的法式料理让翻桌率翻三番**

立食餐厅"我的法国菜"是由曾活跃于顶级餐厅的主厨,以极其亲民的价格提供的高级料理。其运营公司"我的股份有限公司"是在2012年创立的餐饮连锁企业,因为是由BOOKOFF(译者注:日本最大的二手书连锁店)的创始人坂本孝氏所开创的餐饮业务新形态而备受关注(创业时已经70岁高龄)。

"法式料理居然是站着吃!"这种模式任谁听了都会惊讶,因为通常法式料理都是坐在舒适的椅子上享用的美食,而且价格相当昂贵。

不过,站着吃的形式却让翻桌率达到了普通餐厅的三倍之多,而且每个人所占用的空间也相应变小了,这样一来,就能设定出更低的价格,茄汁梭子蟹意面780日元、玛格丽特比萨780日元等定价就非常惊人。

餐饮业的成本率通常会维持在三四成,而"我的法国菜"将成本率保持在六成以上。为了吸引到顶级的主厨,据说还提出了"想用什么食材就尽管用"这样诱人的条件。

不但提高了主厨的主观能动性,还考虑到如何提升料理的品质,以及采用立食的方式增加翻桌率的体制,真是思虑周到的商业模式。

听说在创业时,坂本先生正是因为了解到"烹饪学校毕业的人10年之后还留在餐饮业的比率不会超过10%",所以才想到要为这些优秀的烹饪人才提供一种持续生存的道路,同时也希望在快餐盛行的现代生活中可以为顾客们提供真正好吃又划算的美食。

截至2018年,我的股份有限公司已经进行了各种各样的尝试,创造出"我的西班牙菜""我的日本料理"等新的事业领域。虽然没有像"我的法国菜"那样给业界带来那么大的冲击,但也在日本推出了超过30家店铺,并已在其他亚洲市场推出了2家店铺。而且该公司没有局限于立食餐饮的模式,还正在推出入席就餐的店面,非常期待今后的商业模式会有怎样的新变化。

004
Sumally Pocket
比旧物处置更轻松的"实物版"云储存

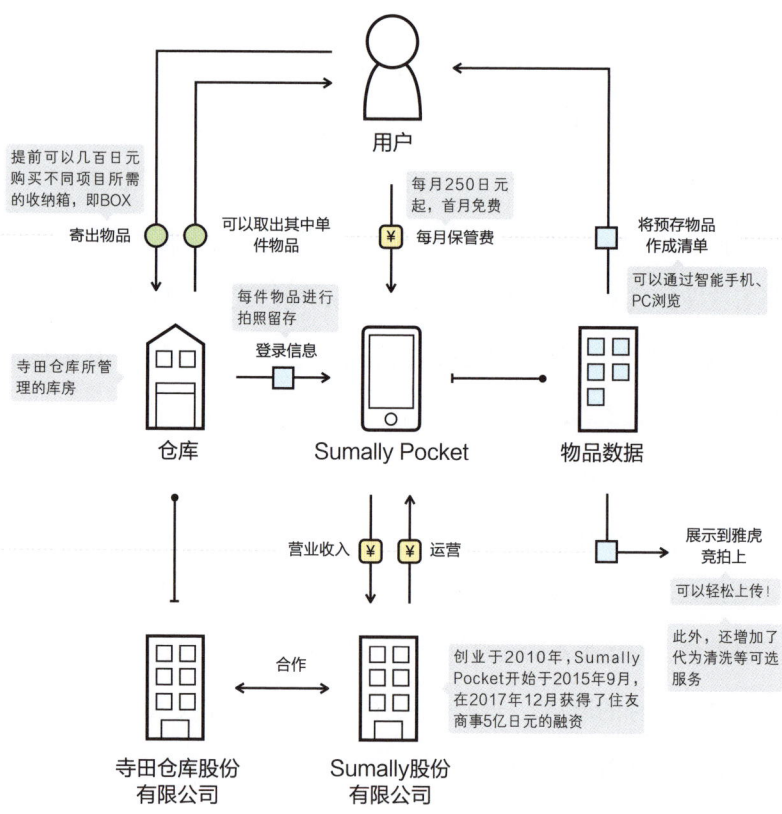

■ 随时都能收放自如的最佳"共享经济"实例

"Sumally Pocket"是从2015年开始的云端收纳服务。

不论是在2017年12月宣布获得了住友商事5亿日元的融资，还是由前SMAP的稻垣吾郎所参与的巨型广告看板都在当时引发了热点话题。

原本，放在家里的闲置物品都有一定的保管成本，毕竟它所占的地面空间也是房租组成的一部分。好不容易搬到宽敞的房子里，却因为物品过多变得狭窄不便，保管成本也就越来越高。如果能像断舍离那样全部丢掉自然再好不过，但若是有"虽然一年只会用到一次，但也是很重要的物品"，就会很难全部丢掉。

在Sumally Pocket每月最低只需支付250日元的保管费就能委托保管不常用的物品。因为与寺田仓库一起合作，送到仓库的物品都会在具备温湿度管理的环境中得到妥善保存，这一点也能让用户放心。

该服务的最大特点就是对每一个物件都会拍下照片，放在网上可供浏览，恰似一款"实物版"的云储存。

更令人感动的是在后来增加的可选服务"代办雅虎竞拍服务"。当所保管的物品不准备再使用时，经过简单手续就能在雅虎竞拍网上进行展示出售。当你很难决定要不要丢掉某些物品时，就可以先委托保管，之后还有可能换成现金。

"从持有到利用的转变"。现如今正是流行共享经济的年代，能想到如此简单的方式诠释这种理念的案例实属少见。在筹集到大量的投资之后，也非常期待今后会有怎样的事业新发展。

005
PillPack
用独立包装避免误服用的新一代在线药房

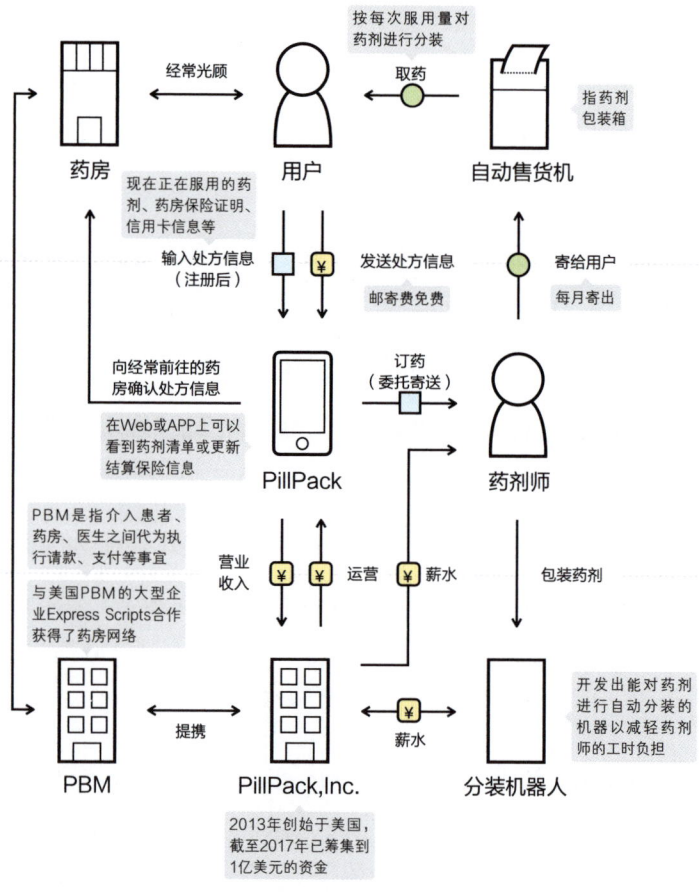

高龄者的药物服用　出发点 —— 定律　容易发生误服用事故
　　　　　　　　　　　　　└ 反论　不易发生误服用事故

■ 具有减少误服用药物风险的价值

2013年在美国成立的PillPack是一家提供配药服务的新型企业，截至2017年已筹集到超过1亿美元资金进而实现了快速发展。

作为每月都会向用户提供送药服务的经营体制，对那些日常不需要吃药的人来说虽然关系不大，但"在美国平均每5个人里面就会有1人需要每天服用3种以上的药物"，可见其市场规模有多大。

在PillPack不仅可以在线完成订药操作，还能在之后操作药剂的添加、更新保险信息等。登录网页输入处方内容后，PillPack会联系该用户经常前往的医疗机构对处方内容进行确认。此外，为了能有效处理大量的在线订单，该公司还自主研发出对药剂进行自动分装的机器人，以减少药剂师的人工成本，也算是一大优势。

该服务中还有一个最大亮点，即能够将单次服用的药剂量放入单独的小包装内，从而避免错误服用药剂的情况。因为在美国，每年因为误服药物造成用户死亡的案例并不少见，因此这样的尝试对于"减少误服用"的体验有着举足轻重的价值。

对于现有的传统药房，PillPack也许是其竞争对手，但却能在传统药房的协助下获得用户来源，并令后者养成在线使用的习惯，这背后离不开PBM（药品福利管理）的关系。PBM是一个深入到医生与药房这些利益相关者中，负责代理支付与请款等业务的美国医疗行业特有的组织。PillPack通过与PBM合作获得了药房的网络资源，因此作为代价，也会将自身收益的一部分支付给PBM。

对于正处在超高龄化社会的日本，PillPack也理应是值得尽快展开的一项服务，然而根据日本现有的药品管理法，药剂必须由药房直接交付给用户，因此在线药房的开展还存在法律上的现实阻碍，并且，2018年6月该企业已被Amazon以10亿美元的高价收购。

006 未来食堂

可以结合自己身体状况自由点菜的套餐食堂

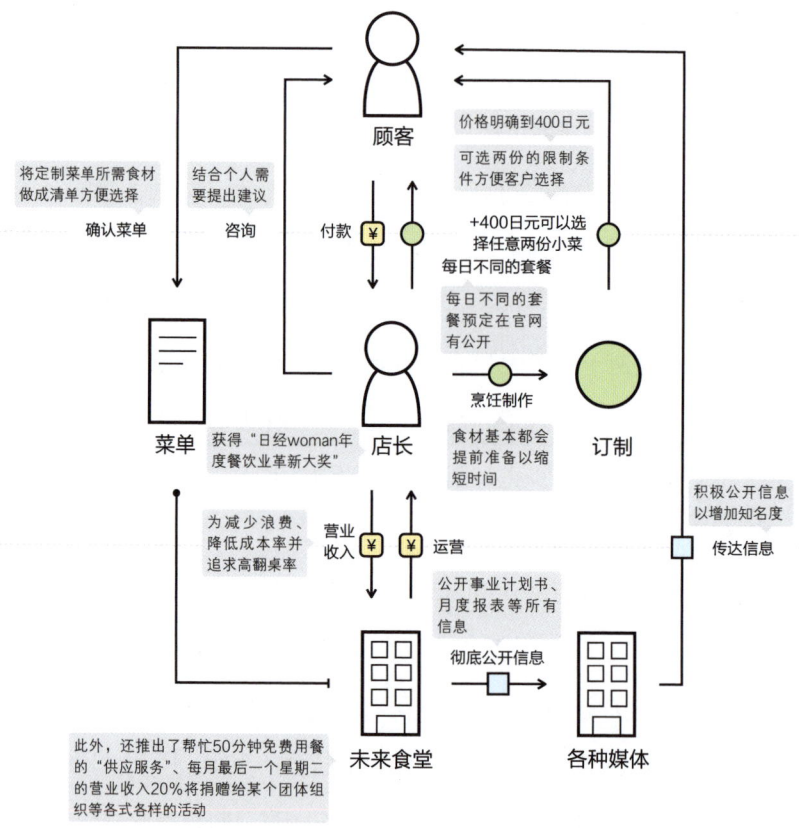

套餐店 出发点 — 定律 向所有人提供相同的菜单
　　　　　　　— 反论 提供适合每个人的独特菜单

■ **在餐饮界的常识理念中掀起波澜的定制套餐**

"未来食堂"是一家可针对每个人的身体状态提供定制菜单服务的套餐食堂，因为套餐内容可以定制，所以要花不少时间在了解客户需求和餐食的制作上，因而造成效率的低下，但通过商业模式来解决这种瓶颈正是这间食堂最厉害的地方，在2017年还曾获得了"日经woman年度餐饮业革新大奖"。

具体而言，不会拘泥于食材种类的繁多，对调味料稍加调整就能增加菜品的种类。当然，也会提前做好准备工作来缩短对应的时间。为了省出定制菜品的时间，不仅会提前考虑好每天中午的套餐系列，也会将晚餐内容进行固定等等，以保证烹饪的效率。

此外，针对定制这种难以展示的菜单内容，为了方便客户下单，设置了"小菜任选两项"的限制，并将价格固定在400日元。同时，还将可选食材列出详细清单方便客人浏览等，尽量减少下单时的选择困难。

其实对于套餐店这种以低价才能获利的餐厅而言，通常都会提前限定菜单的内容，无论谁在任何时间都只能在菜单上点到同样的菜品。这是因为满足每位客人不同的需要，肯定会失去效率，所以才会尽量避免。但是未来食堂却提出了"定制您的日常饮食需求"这样的事业口号，无疑打破了餐饮业内的普遍定律。于是，不但将营业成本控制在25%左右，在白天高峰时段还实现了高达7次的翻桌率，非常了不起。

最不简单的是，他们还将商业计划、月度决算等企业经营信息进行公示，执行了全面彻底的信息公开。如此一来，因为媒体曝光率的增加，也让了解未来食堂商业模式的人不断慕名而来，从而促成了店面能够更加活跃发展的良性循环。"通过信息公开而收获利益"这样的模式才是一种现代的模式。

007
Spacious
将开业之前的餐厅变成共享办公区

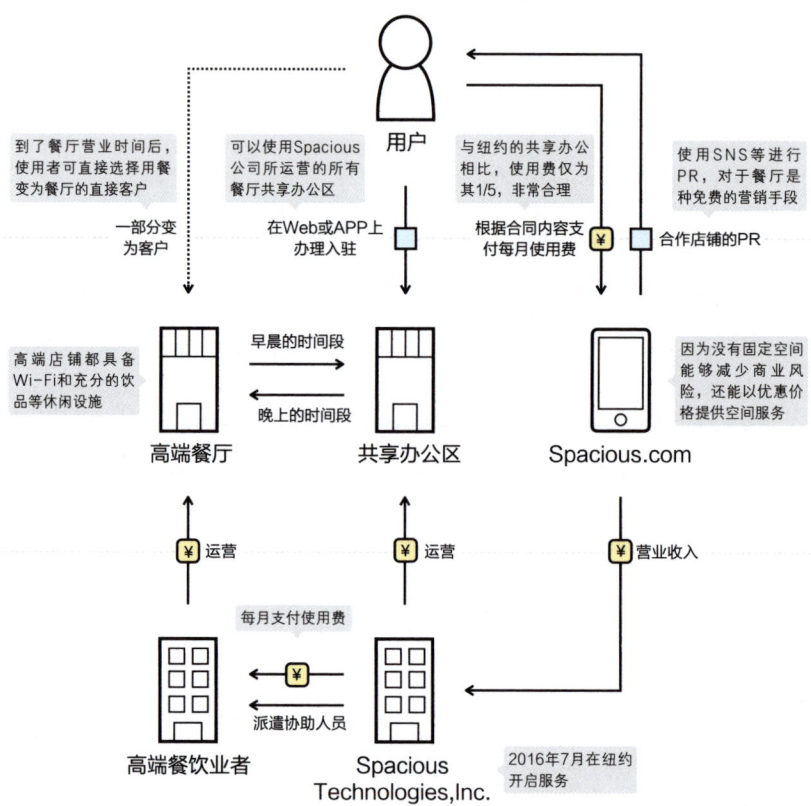

共享办公室	出发点	定律	需要准备自己的租赁空间
		反论	无须准备自己的租赁空间

餐厅实现了营业增收以及宣传效果

"Spacious"是一家在非营业时间段将餐厅作为共享办公场所的服务提供商，2016年7月该项服务始创于纽约。目前在纽约已有14间店铺，在旧金山也有4间店铺，事业顺利获得扩张。

共享办公服务本身已有不少像WeWork这样的商家存在，但大多需要提前准备好专用的空间，并且近来由于都在翻修和刷新，为了提供出更吸引人的空间设计，反而提高了运营成本。

在目前的市场环境下，Spacious的服务优势在于，灵活利用了餐厅开业之前的闲置时间这种创新思想。作为共享办公服务的提供商，Spacious主要提供高级的餐厅环境。越是高级的餐厅，他们在午餐的经营上就越难达到收支平衡（午餐制作成本与午餐质量之间的平衡）。然而通过向Spacious提供空间后，每月能获得空间的使用费。而且，餐厅通过Spacious还能获得宣传推广服务，也有一些使用者在共享办公区完成工作后，直接变成了该餐厅的顾客。所以对餐厅而言，应该算是利益最大化的选择。

对Spacious而言，在提供Wi-Fi及饮品等创造舒适环境方面都无须自己再负担额外成本，所以利用高级餐厅也是其最优的选择。而对于使用者，可以自由选择在Spacious所提供的所有餐厅进行工作，因此可以根据心情随时改变自己的工作地点，而每月95美元的价格也是相当合理的良心价位。

008
rice-code

在销售大米的地方引入"农田艺术",实现地方改造与振兴

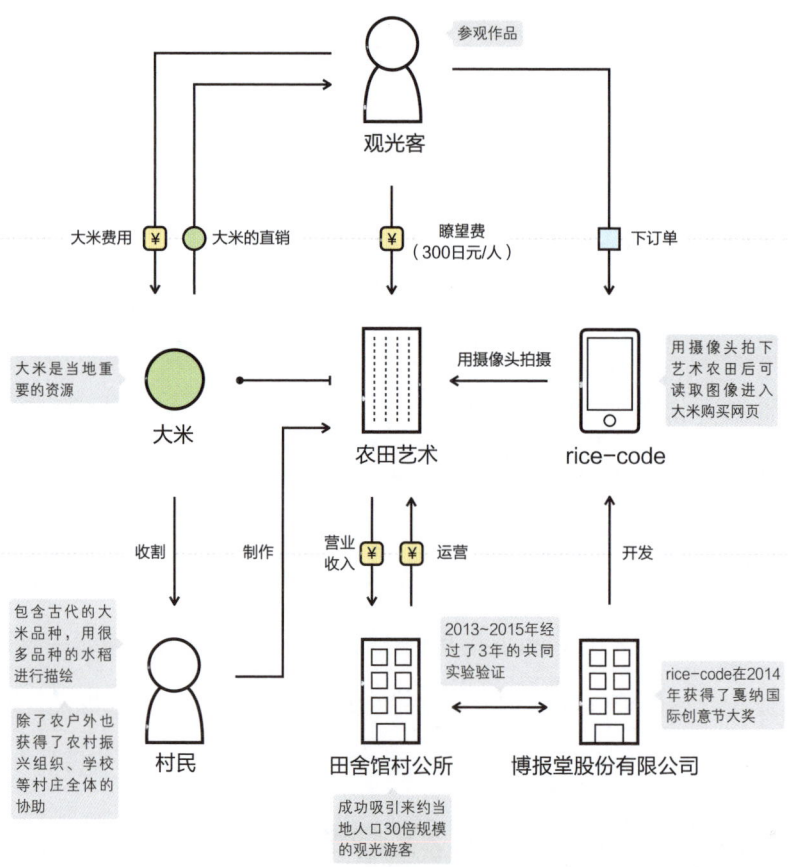

水稻种植	**出发点** — **定 律**	是用来吃而非用来看的东西
	反 论	既能吃又能看的东西

■ 人口仅有7900人的村庄吸引来约30倍规模的观光游客

"农田艺术"是指俯瞰农田时能看出画作的艺术，将农田视作油画布，选用不同颜色的水稻创作出巨幅的绘画或文字，这种项目在日本的全国各地都有开展。

通过智能手机APP读取这些农田艺术作品后，就能直接采购当地产出的大米。在这个商业模式中担当着核心价值的，就是由博报堂所开发的名为"rice-code"的APP。

作为农田艺术创作舞台的青森县田舍馆村，其大米是很有名的特产。然而，随着老龄化发展与当地人丁的稀缺问题，当地大米的营业收入也在逐年减少。在这样的背景下，启动了利用特产大米进行长期的农田艺术项目，但一开始并未能促进大米的营业收入，于是，才有了后来将这片稻田直接变为"卖场"的新思路。不但将其设计成非常适合拍照的景观，还开发出了能够快速链接到大米网购页面的APP，真的是非常聪明的商业模式。

由此，田舍馆村成功吸引来了相当于该村人口约30倍的25万观光客前来参观，2014年还荣获戛纳国际创意节PR类和户外类的金奖。

经过长达3年的实验与实践，每年还在继续经营农田艺术项目，观光者人数在2017年达到约27万人，登高瞭望的观光收入实现了约7300万日元，作为地方改造振兴项目之一非常值得关注。

009
Sakana Bacca
直接从港口鱼市进货而不再经过批发商的鲜鱼零售专卖店

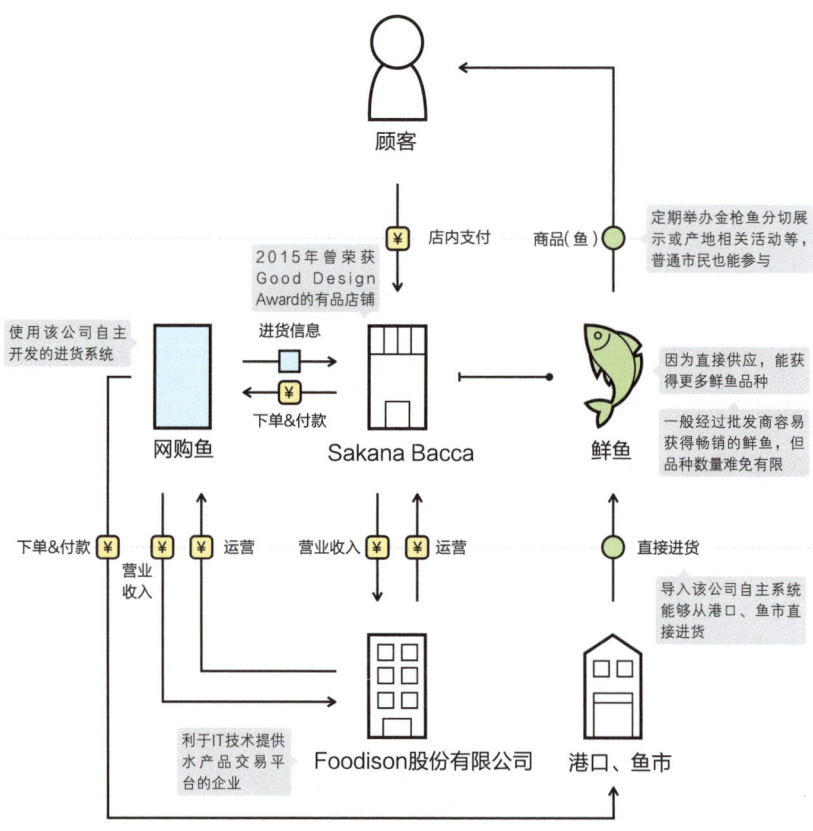

| 街边卖鱼铺 | 出发点 | 定律 | 因通过批发商进货所以品种受限 |
| | | 反论 | 因直接从港口鱼市进货所以品种丰富 |

■ "卖鱼铺"改头换面更似"咖啡店"

当我第一次看到"Sakana Bacca"店面时，因为完全不像传统的卖鱼店还有些惊讶，店内没有任何"鱼"的文字，容易误以为是一间时尚咖啡店。也因其主要客户来自30岁左右的女性群体，所以很注重店面的装修设计，甚至在2015年还获得过Good Design大奖。

除此之外，在商品上也下了不少功夫，陈列着连超市里都不太常见的鱼类品种，这样能引起消费者挑选鲜鱼的兴趣。

根据农林水产部门在2016年所发表的数据，日本的渔业人员正在逐年减少，与10年前相比已减少了24.7%。在这样的背景下，Sakana Bacca导入了能从产地（港口鱼市）直接进货的系统。

原本通过批发商进货能更方便地获得畅销鱼种，但也会存在品种过少的问题，反而从产地直接进货就能获得更多的鱼类品种。而且，对小型鱼类加工后再销售会形成商品价值，有利于整个市场的多元发展。

该公司自主开发的进货系统名为"网购鱼"，同时允许其他餐饮店使用该系统，这样的策略同样有利于市场的发展。到现在已面向1万以上的注册商户供应了超过1500种的水产品（截至2018年7月）。B2C的Sakana Bacca与B2B的"网购鱼"在水产行业中为了解决各自的体制问题都起到了不容忽视的作用。

010
Seicomart

711都无法超越的地域密集型便利店

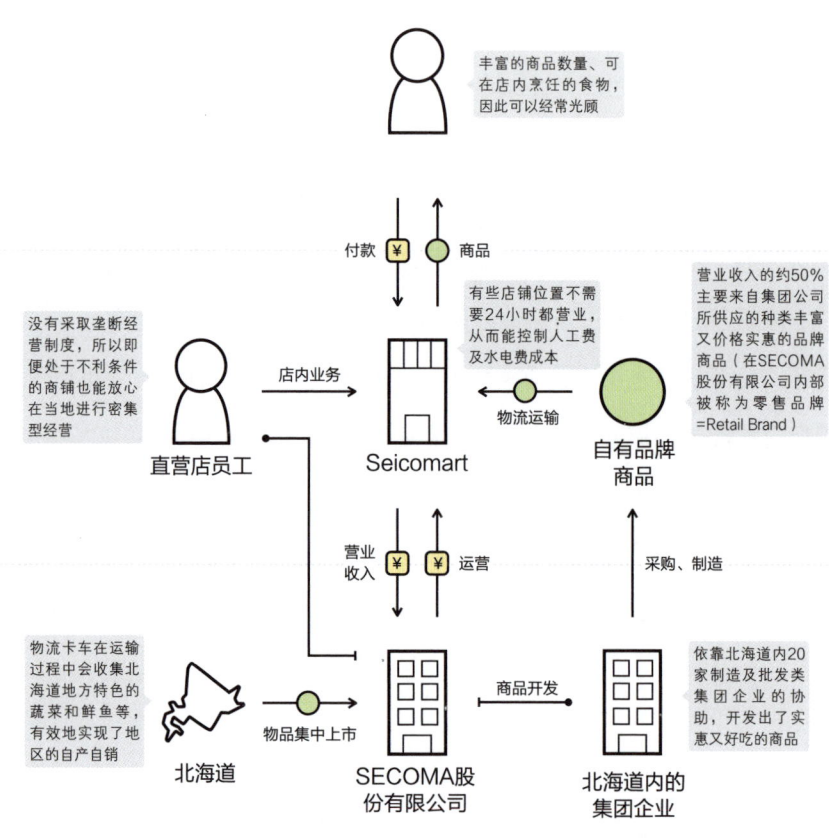

便利店 — 出发点 — 定律 — 在全国开展垄断经营制度
         出发点 — 反论 — 作为直营主体在地方密集开展业务

在北海道，由北海道发起的,为北海道而生的便利店

一说起北海道的人气便利店，"Seicomart"自然当之无愧。虽然未在全国范围开展业务，却超越了711这类大型连锁便利店，分别在2016年、2017年连续两年夺得了客户满意度的第一名。

Seicomart与大型便利店相比，有着不少独家的特色。商品种类丰富不说，还有在店内进行烹饪的便当、有很多来自北海道的PB（自有品牌）商品以及很多商铺都不需要24小时营业，等等，而这些数不清的特点，据说是源于该公司凡事强调独立掌控的理念。

与那些依赖每家店铺获得自有收益的垄断经营体系不同，直营模式占据了八成比例的Seicomart不仅具备下游环节的店铺，自己还管理着上游产业的生产制造及中游环节的配送业务，因此店铺之间无须进行行业绩竞争，而是用部门整体的收益来维持所有的运营。比如，制造方面依靠直接采购的方式可获得北海道最高性价比的优质食材，并优化商品阵容的价位段划分。该公司认为，若不坚持独立掌控的理念，价位段划分就会容易参差不齐，无法提供完善的产品种类，也就难以吸引住不同阶层的客户需求，最终导致在某种意义上剥夺了客户的购物选择权。

也由于采用直营的模式，店铺的经营得以扎根于当地。比如，在周围居民不足900人、其中四成以上都是超过65岁高龄者的地区，每天13小时的营业可抑制人工成本与水电费用。而另一方面，通过供应丰富的商品种类能够获得较高的顾客回头率，保证盈利经营。即便在一些条件艰苦的地区，也不会对员工强求销售目标等硬性规定，这样的管理姿态也正是店铺能够持续经营下去的秘诀所在。

善于抓住北海道的魅力并扎根于当地，打造出连大型企业都无法超越的自身优势，这样的商业模式颇为有趣。同时也让我有所启发，即便是在同样的行业，不同的思维方式也会带来丰富各异的经营模式。

011
DUFL
让出差旅行者能够"空手出行"的服务

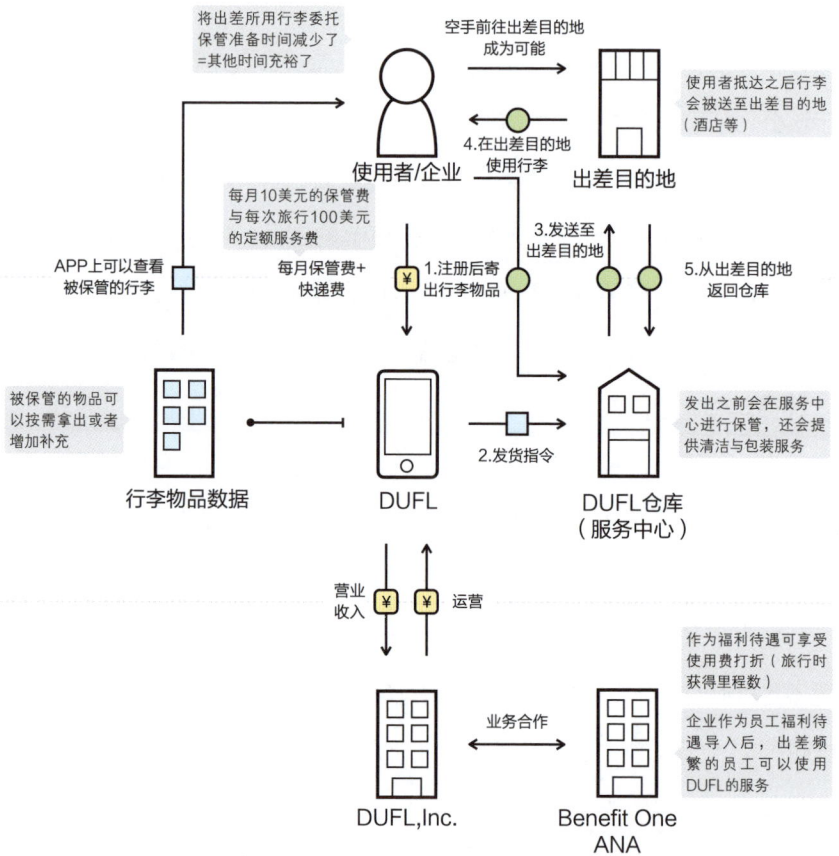

| 出差 | 出发点 | 定律 | 需要准备出行用品并搬运行李 |
| | | 反论 | 无须准备可以空手出行 |

作为福利待遇甚至被导入到企业当中

出差或旅行的时候，不用准备特别多的行李，也不用搬运行李，所需的行李会有人直接送至酒店，而你只需带上随身物品即可轻松出行，将这一切变为可能的就是"DUFL"。

DUFL是由前三井物产的塚本信二先生等4人为了长期解决人们在旅行时的负担，于2015年在美国所创立的针对旅行客户的服务机构。目前的目标客户是以各公司的董事成员为主，服务的持续委托率高达99%。

在该服务体系中，一经注册后就会送来行李箱，将旅行所需物品放入行李箱内寄回指定仓库保管。仓库完成清洁工作后进行存放，使用者还可以通过手机APP操作实物的管理。每次出差或旅行出发前，在APP上选择适合出行目的地的物品后，仓库便会将所选物品放入行李箱内，并送至目的地酒店。因为能将行李送至自己的房间，因此可直接前往访问客户，或轻松空手出行。

据了解，在美国的一些大型酒店、咨询公司、金融机构等已经导入了该项服务，作为员工福利保障的一部分。在日本，则正与福利保障服务的大型企业贝那（Benefit-One）公司合作，让该福利保障服务在日本能够被企业利用起来。

这项服务会针对各个国家的需求而专项定制，如在日本正针对高尔夫需求进行推广。预先把高尔夫球包、球鞋等进行保管，除了配送，还能提供清洁和保养服务。如果仅仅是配送，高尔夫球衣之类还行，但是像高尔夫装备这种不但占用家里空间还存在保养的麻烦，这些烦恼都可以一并解决。

而作为今后的战略方向，在APP的商品目录页中还将推出从跨境电商平台购入的商品，以及从厂商获得所需服饰等用品的信息放到自己的商品目录页中开展相关业务。

012
MUD Jeans
荷兰首创的租赁合同制牛仔裤品牌

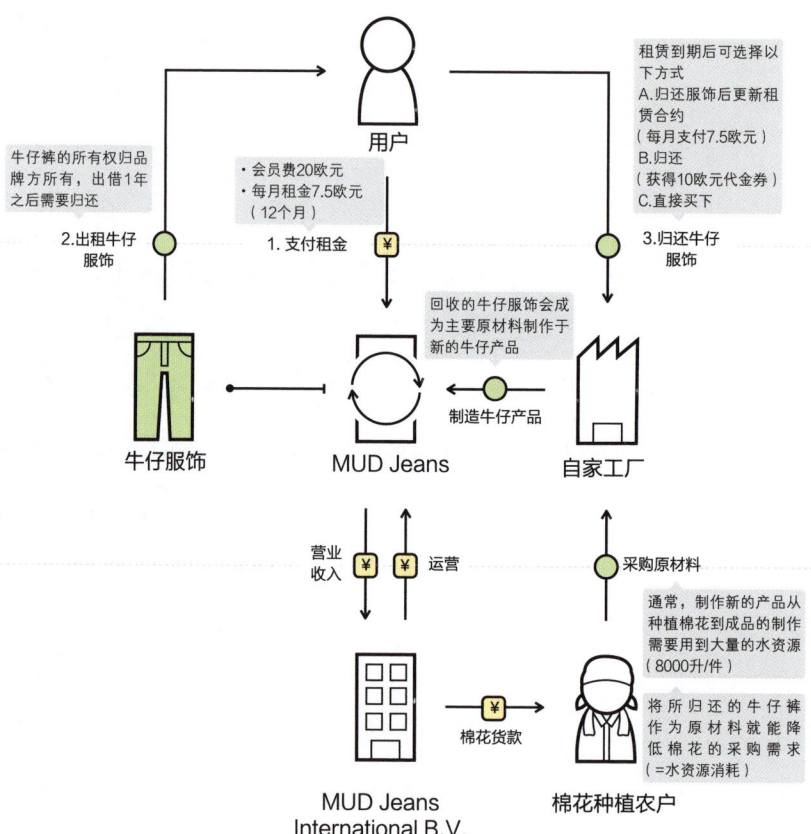

牛仔服饰	出发点	定 律	需要先购买才能使用
		反 论	借来就能直接使用

用"借用"替代"购买"的可持续型环保消费

"MUD Jeans"是一家在荷兰首创的牛仔裤品牌，引导客户以"借用"代替"购买"的方式，促进以"利用概念"取代"持有概念"。

MUD Jeans表示为了制作出一条完整的牛仔裤，从棉花的种植到牛仔裤成品制作大概需要消耗8000升的水。一旦用户失去兴趣，这些牛仔裤便会一直存放在衣柜内不再被使用。目前世界上平均每个人会拥有一条牛仔裤，而荷兰的人均保有量更是达到5条之多，用户大量拥有牛仔裤已经成为一种普遍现象。

该公司为了解决眼前的问题，他们认为使用大量水资源用于棉花种植而制造出的牛仔裤却长眠于衣柜内的现象实属严重的资源浪费，因此考虑建立一种可持续的环保型消费。用户与牛仔裤之间的关系不仅仅是"买而持之"，而是潜移默化为"借而用之"。因此，归还的牛仔裤被作为再生牛仔裤的主要原料，避免了不必要的原材料采购，对地球环境也能达到可持续性效果。就结果而言，MUD Jeans的用水量相比传统牛仔裤行业的普遍水平据说削减了近78%。

用户只需要支付20欧元的会费，以及每月7.5欧元的租赁费就可以从MUD Jeans获得1年的牛仔裤使用权。由于布料本身来自该公司，所以租赁期间可享受免费的修补服务。在一年的租赁期结束时，用户将牛仔裤A返还后可再次借用新的牛仔裤（每月支付7.5欧元即可续约），归还牛仔裤B之后还能获得10欧元的打折券用于后续的借用或采购牛仔裤C的消费选项中，被返还的牛仔裤经过再处理被翻新后又能再次"出借"给新的用户。

这样的举措获得了很高的评价，作为一种考虑到环境与社会的事业活动还获得了民间认证B-Corporation的认可。非常期待如此优秀的商业模式将大量消费型的文化转变成可持续的环保节能型文化潮流。

013
LEAFAGE
既无店面又无厨房的在线餐饮服务

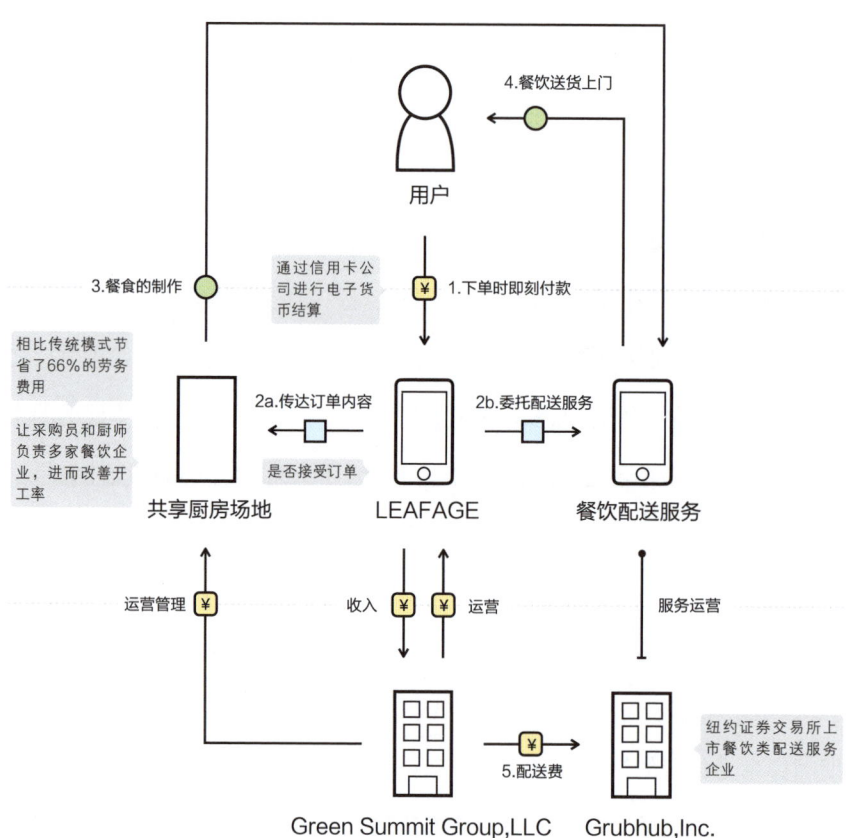

■ 帮助传统餐饮脱离经营困境的新设定

我们通常提到的餐饮店，是一个"客户亲自上门就餐"的地方。以"LEAFAGE"为代表的一类"虚拟餐厅"或者说"影子餐厅"，他们所提供的餐饮服务却并不包含堂食服务，换句话说，他们没有固定的实体店铺。

LEAFAGE最早于2013年在纽约开始提供这样的服务，用户只需要在线下单，就能在指定地点收到所预定的餐食。听下来不过是一种"外卖服务"，但其内部的体制架构却值得深究。

首先，在官方网站及APP上接收在线订单后，位于工业园或非公开场所的"共享厨房"就会收到订单内容并按要求进行准备，与此同时，还会向负责餐食配送服务的合作方Grubhub发出送货委托。如此一来，在"共享厨房"中制作完成的餐食就会配送至客户手上。

运营公司负责向"共享厨房"支付使用费，向餐食配送服务商支付委托费。"共享厨房"可以供多家餐饮企业一起使用，有些场地甚至被近10家企业共同使用。也就是说，即便在网络上是互不相同的餐饮店，其餐食的制作场地或制作厨师也有可能是同一个出处。

如此，餐饮店也无须一定拥有自己的厨房，只是在接收到订单时选择外部的厨房及配送服务即可，从而能将运营经费降到最少。这也与当下美国所处的环境不无关系，因为外出就餐正造成餐饮支出的上涨，同时越来越少的人会愿意自己在家做饭。

据估计，餐饮外卖服务的市场规模预测在2020年将超过25兆日元。而作为全美市场份额第一位的Grubhub,Inc.（美国版"饿了吗"），2018年第一季度的财报显示，其营业收入比上年同期增长了49%，急速增长带来了约255亿日元的可观业绩。

014

RIZAP

彻底贯彻"承诺兑现成果"的商业模式化

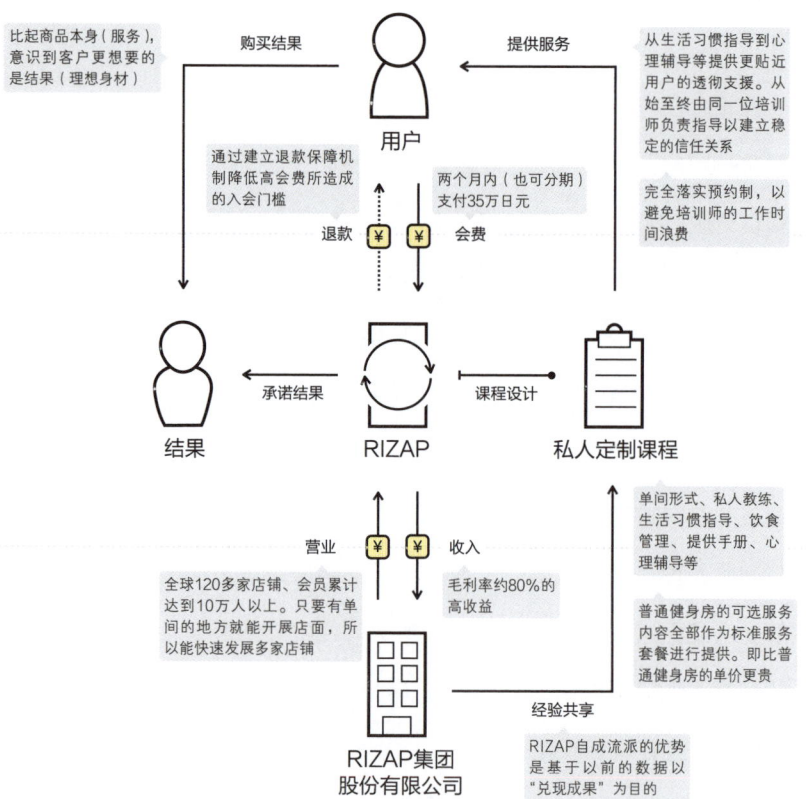

■ 颠覆行业常规的"退款承诺"

挑战减肥的过程中，总是容易在中途放弃……对这样的客户RIZAP提出了"承诺兑现成果"的宣传语，并提供出独特的培训方式。

一般的健身房都是收取健身房的使用费，通过客人的自我管理来达到理想体型为目标，然而RIZAP所考虑的附加价值却打破了这种常规做法。

使用者在两个月时间内支付（也可分期支付）约35万日元已经算是相当高的价格。RIZAP不但会针对性地指导使用者，从生活习惯到精神层次的各个方面都会提供贴心又透彻的建议。而且，自始至终都会安排同一个人跟进辅导以建立信任关系，从而提高使用者持续锻炼的意志。

在收费体系上只存在次数的区别，服务内容都是一致的。包含单间、私教、生活习惯引导、饮食管理、手册提供、精神指导等，而普遍的健身房则多提供可选的服务内容。由于采用事前预约制和独立单间环境，能根据使用者的时间合理安排轻松的培训内容并利于精力的集中。

这样的体系也带来了极高的收益效果和快速的企业成长。东京都内任何一个具备单间的公寓等大楼都可以作为完整的店铺，所以很方便多个店铺的事业开展，目前全世界已有120家店铺，会员人数累计已超过10万规模。此外，相较于普通健身房在营业时间内员工必须出勤的要求，事前预约制能够减少员工的不必要出勤。

而促成使用者入会的最终推手，正是退款的承诺。普通的健身房是没有退款制度的，使用者一旦考虑入会容易面临高额的消费压力。然而RIZAP针对初期设定的目标在两个月后未能达成时，会进行全额退款。也就是说，使用者前往健身房并不代表完成了服务内容，他们提供的服务实质是实现理想体型的结果本身，这样一想就会觉得两个月花掉约35万日元其实很划算了。

015

citizenM

针对"全球移动商务人士"的共享型酒店

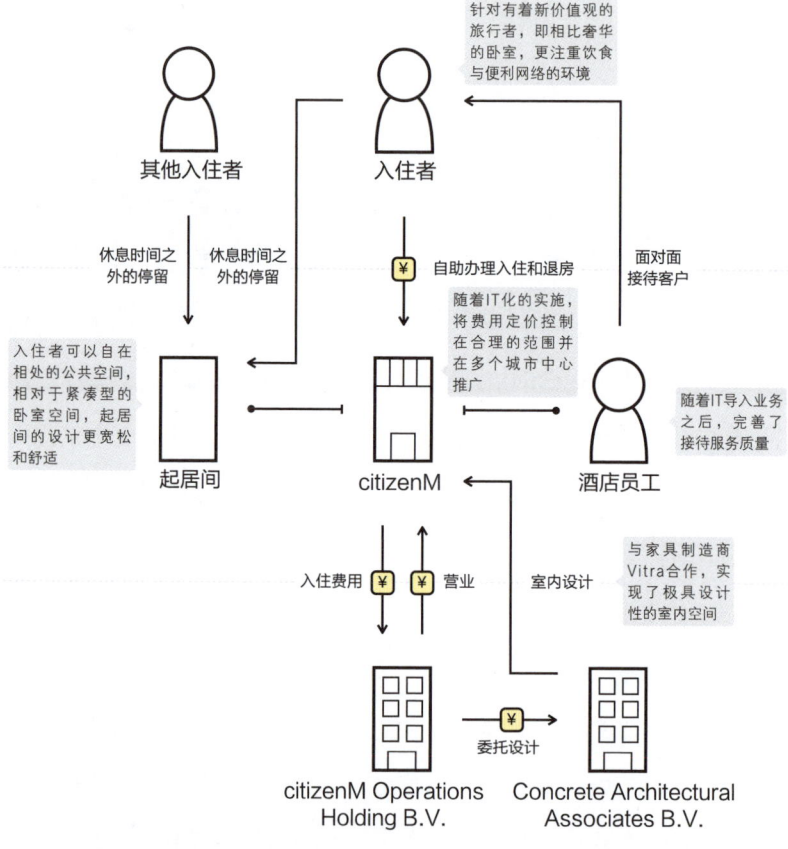

■ 走出房间，享受酒店空间

虽然还未进入日本市场，但这是一个已经在海外市场开展业务的新型酒店。"citizenM"的创始者Rattan Chadha在开始该事业之前，由于接触过往来于全世界的商务人士，而发现了新的旅行者形象。今后的旅行者所追求的是一种"比起单纯的定价，每个清晨能享受舒适淋浴、能随时使用稳定网络、能享受美味卡布奇诺"的新式奢侈风格。对这些因公需要或私人爱好而频繁移动于全球的人，将其命名为mobile citizen（也是酒店名称的由来），并将以下这些方针植入到酒店的理念当中。

①拓展起居室、厨房的使用空间与时间；
②自助入住及房间和餐饮的房卡认证系统；
③舒适宽敞的床具；
④简化室内操作导入平板遥控系统；
⑤以员工的灵活应对来取代传统固化的礼宾服务。

其中最特别的要数起居室的设计，通过减少入口处的入住办理区换来了更为宽敞的起居室空间，各种样式的桌椅以及咖啡设施，能够让使用者感受到舒适与惬意。住宿者除了就寝与整装时间之外，其他的大部分时间都能在此悠闲度过。

citizenM主要以欧洲、美国为中心开展业务，2018年已有13间店铺，最近更是进驻到中国台湾市场。不但通过IT技术简化了入住的办理，丰富起居室的享用价值，更实现了合理的定价，真希望能够尽早一天进入到日本市场。

016
EVERLANE
敢于公开"成本"的时尚品牌

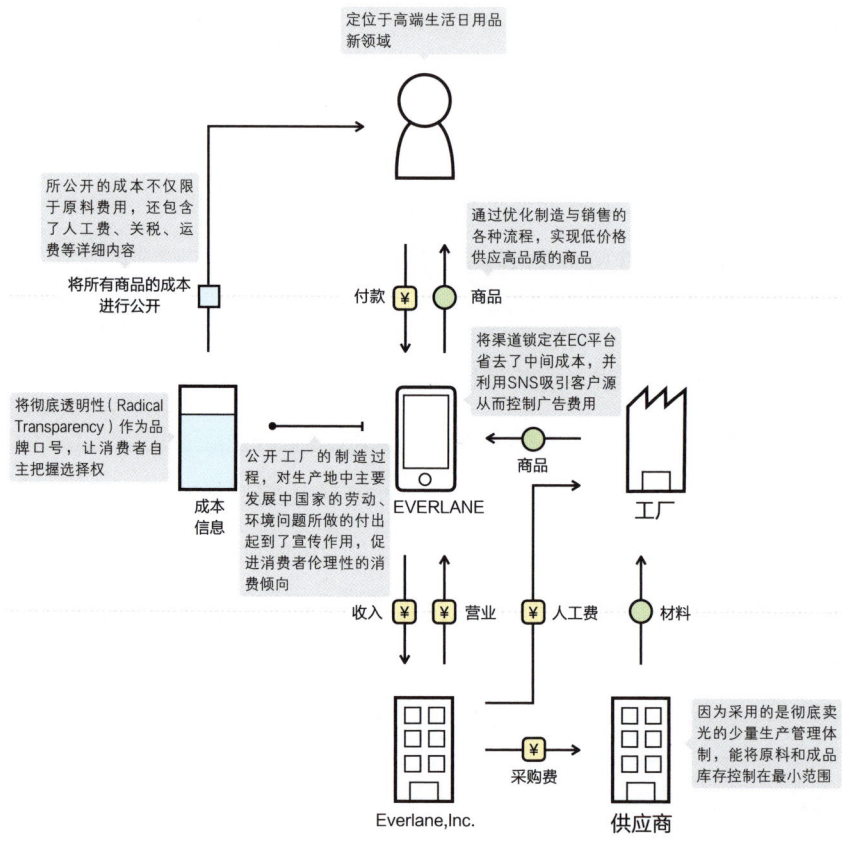

| 时尚潮牌 | 出发点 — 定 律 | 成本和制造过程都需要保密 |
| | └ 反 论 | 将成本和制造过程进行公开 |

■ 冒着"商业禁忌"的风险终获消费者共鸣好感

服装行业在日本的市场正在逐步紧缩，每每进行大甩卖的时候，50%的折扣已经成为一种理所当然，甚至有时还会有低至两折的活动，让人不禁好奇，这样的服装成本到底有多低呢？

2010年创办于美国旧金山的"EVERLANE"，是一家将该公司制造与销售的所有商品进行信息公开的时尚品牌。无论是材质布料、金属配件、拉链等硬件部分，还是工厂内的人工费、税费、运费等内容都进行彻底公开。不仅如此，和成本一起公开的还有"Traditional Retail"（传统零售业的相应价格）。令人意外的是，EVERLANE几乎所有的商品都以市场同类品一半的水平来确定商品售价。

传统的品牌大多选择在宽敞的街区经营实体店铺，利用批量生产+批量销售的方式寻求更大的经济规模。而EVERLANE却选择逆向而行，首先是将销售路径锁定在EC（电商）渠道以减少中间成本。其次，将商品范围设定在生活必需品上，并采取少量生产+全部卖光的生产管理方式，可将原料+成品库存控制到最低程度。

然而，被公开的内容不仅仅是价格。对那些承担服装业批量生产需求的发展中国家，EVERLANE也非常重视其严峻的劳动环境问题，针对该公司所委托的当地工厂也会细心地公开"每种商品如果被生产成形"的整个过程、当地的员工照片、合作开始前的一些内部情况等。如此一来，让人对这些占据了生产基础相当大比例的发展中国家，及其针对劳动、环境问题的措施有了好感与认可，结果不需要花费什么广告费用就能因为口口相传引来客户。

公开生产过程、成本、竞争价格，并将售价定在传统零售业一半的价格水平，这样的企业所提出的宣传口号正是"彻底的透明化"（Radical Transparency），从传统品牌立场来看，这自然会是一种商业禁忌。目前还没有同样的竞争对手，反而成为该公司的最大优势。

017
Neighbor
出借闲置空间的"仓库版Airbnb"

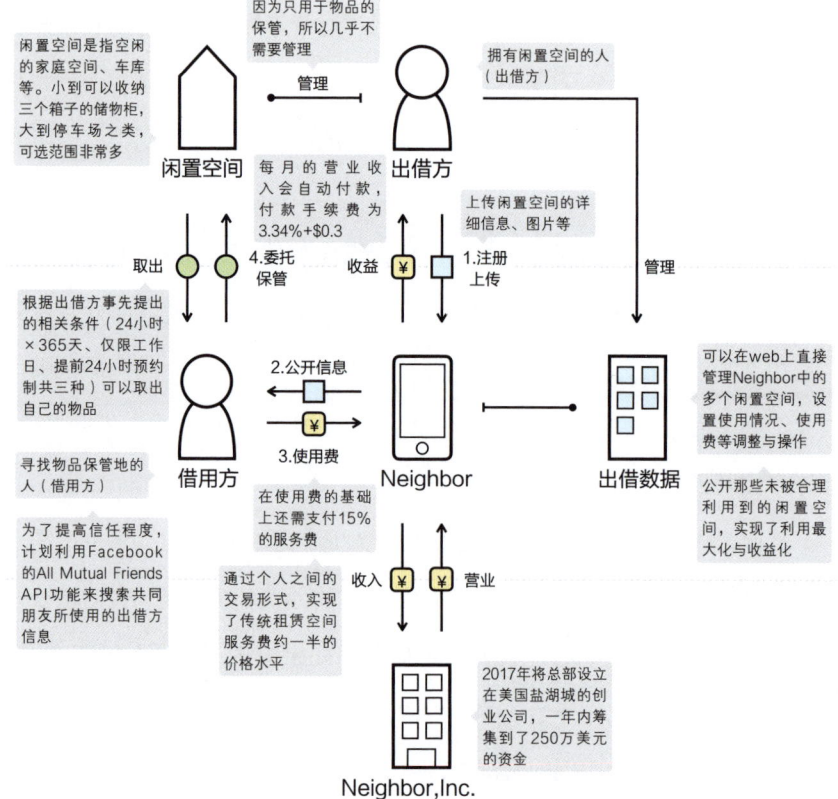

自家闲置空间	出发点	定律	无法得到合理利用
		反论	可以让别人有偿使用

■ 用家中闲置的空间换取现金

停车所需的车库、小孩所用的儿童房等，只要一想总会意外发现家中一些未被很好利用的空间，让这些闲置空间实现收益的服务就是"Neighbor"。

Neighbor公司在2017年成立于美国盐湖城，短短一年之内就筹集到了250万美元资金，是一家初创企业。

作为一个将闲置空间持有者与物品保管需求者连接在一起的服务平台，Neighbor也被称为"仓库版Airbnb"。出借方将闲置空间的详细内容及照片放在该公司的网站上，借用者能在此根据地点与面积大小寻找合适的空间。

同样是将闲置空间出借给有住宿需求者的Airbnb，用户为了住宿需要进行一些准备及打扫工作，但在Neighbor只需要存放物品，所以能将管理精力缩减到最低程度。物品一旦被搬入之后，什么都不需要操作就能获得每月的收益。

借用者负责每月支付出借方指定的使用费及服务费（使用费的15%）。因为是个人之间的交易，能够实现传统空间租赁服务费约一半的价格水平。

若需要取回物品时，由出借方根据之前受委托物品的存取条件（24小时×365天，仅限白天，提前24小时预约即可）将物品取出。

此外，还采用了Facebook的All Mutual Friends API功能，增加了能够对好友所使用过的出借方进行搜索的功能，以致力于提高用户之间的信赖关系。

018
CARGO
正在出行共享领域扩大中的"车内便利店"

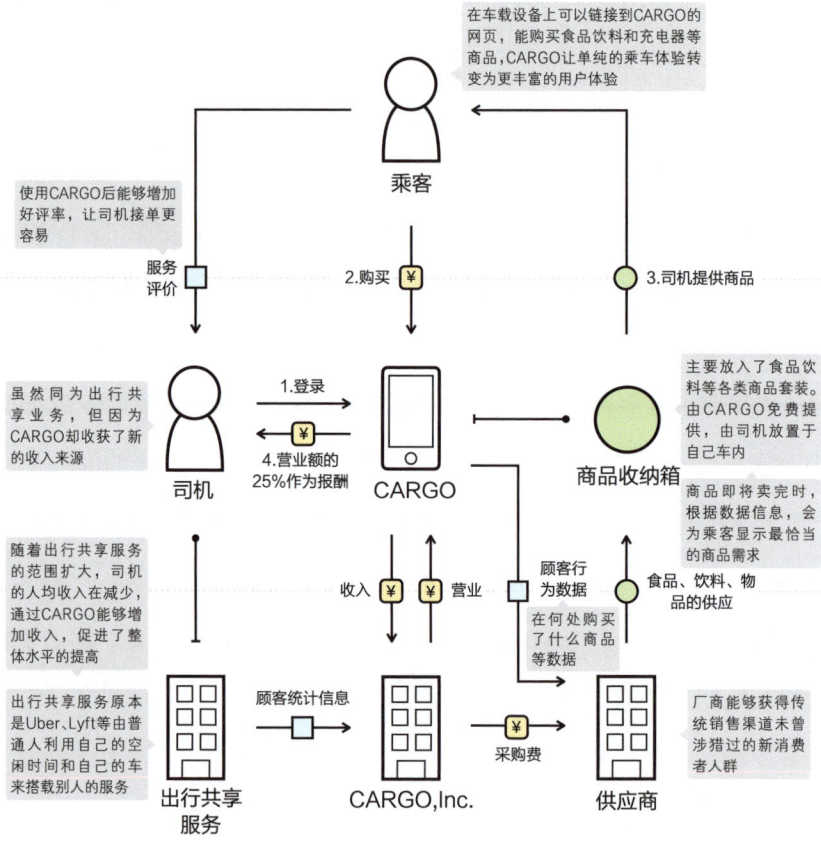

出行共享的司机　**出发点**
定律 — 通过搭载乘客获得收入
反论 — 在搭载乘客以外获得新的收入来源

■ 司机可获得车费以外的收益来源

"CARGO"是在Uber、Lyft等出行共享服务汽车内实现了便利店角色的服务运营商。

CARGO会向司机免费提供充电器、食品饮料等套装产品，司机将这些商品放在车内展示。乘客通过商品箱外的标识扫码登录CARGO的EC电商网页便可购入商品，而司机将得到卖价所得的25%。

产生这种服务的原因在于美国的共享服务背景。在美国，共享服务所创造的收益对于越来越多的人而言，已不仅仅是单笔小额而是可以作为主要收入来源的一种手段了。因此，为了提高工作的收益率（循环率），66%的司机会同时兼职其他业务。而为了提高客户的好评促成更多订单，不少司机开始提供免费饮食等来积攒积分，针对这样的司机将更易获得对该服务的支持。

该商业模式中最值得一提的，就是一直以来对仅靠乘车费获取收益的司机而言，无须任何负担即可创造新的收益来源，并且出行共享的用户在EC（电商）网页采购商品后，EC网页中搜集到的用户数据还能再与出行共享服务拥有的出行数据（地点、出行距离等）进行关联。这样的数据不仅对于CARGO，还将发送至商品制造商，为日后开发新消费者渠道起到很好的参考作用。甚至对于Uber、Lyft等出行共享服务商而言，随着司机收入来源的增加，其平台的基础收入水平也得到了提高。

换言之，出行共享服务中随着CARGO的涉入，除该公司外，出行共享服务商、司机、乘客、商品制造商这五者之间每一方都获得了好处。截至2018年，该公司已筹集到870万美元的资金，伴随共享经济的壮大，期待今后更大的事业发展。

019
BLUE SEED BAG
因熊本地震而诞生的赈灾新业态

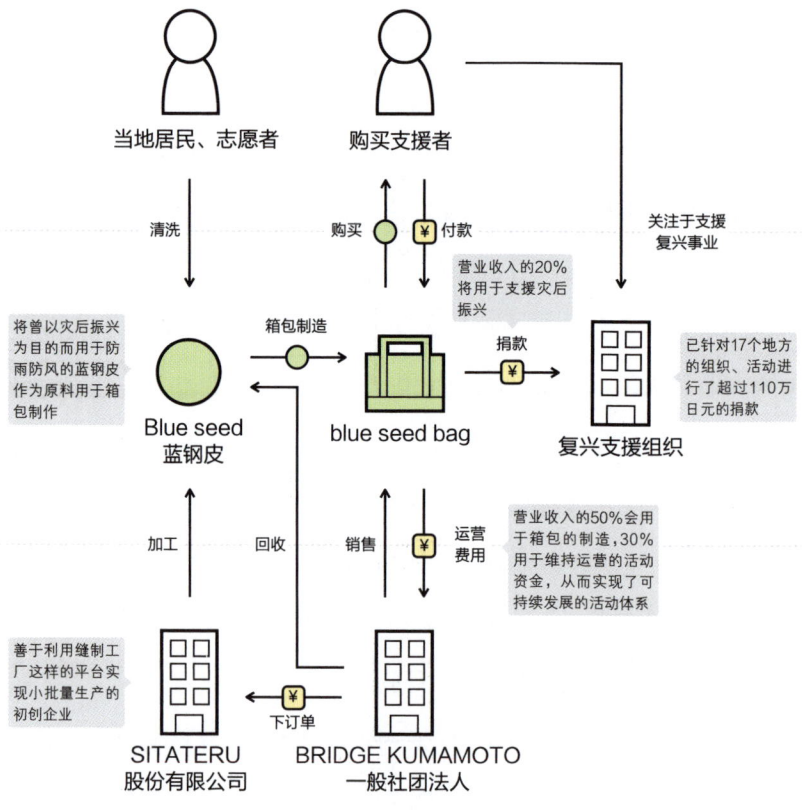

振兴支援	出发点	定律	对于灾区的关注通常会逐渐减少
		反论	利用经济活动让关注得到持续

将废弃蓝钢皮改造为袋子

由于2016年所发生的熊本地震，才促成了该事业体的诞生。一旦发生地震，住宅的墙壁及天花板都会发生破裂，为了不让雨水渗透进来通常会覆盖一层蓝钢皮，使用完后的蓝钢皮由于没有其他再利用价值而产生了大量的废弃物，想到将这些住宅使用后的蓝钢皮用于灾后重建用途的就是"蓝钢皮袋子"。

除了实现资源的有效利用，还能成为实实在在支援重建的原料而向灾区以外的人们传达重建支援的信息。这样的袋子含有"灾后复兴的种子"含义，所以被命名为"蓝钢皮袋子"。

这项举措的独特之处在于，商品的开发与制造都在震灾地区内部执行。作为袋子原材料的蓝钢皮因为完成了灾后重建的用途使命，所以不会产生额外的费用。将这些灾后重建所使用过的皮层进行清理后，通过志愿者的帮助制作成商品的形态。每一件商品的风格都不相同，以此体现的是一种深刻的灾后重建的回忆。通过当地擅长少量生产的初创企业SITATERU协助，实现了量少但品质很高的生产业态。

销售所得的使用途径也因为得到公开有着极高透明度而显得格外可贵。所得收入的50%会投入到制造过程中，30%用于活动的运作上，20%则会进行捐赠用于支援灾后重建工作。运营及协助者都需要相应的活动资金才可以确保持续地开展活动，但该项目的收入基本全都使用到了受灾地区的熊本和大分。营业收入作为重建支援而被使用，这种模式自然会得到购买者、支援者们很高的认可。

020

BONOBOS

"没有销路的店铺"成为赚钱的男性服饰品牌

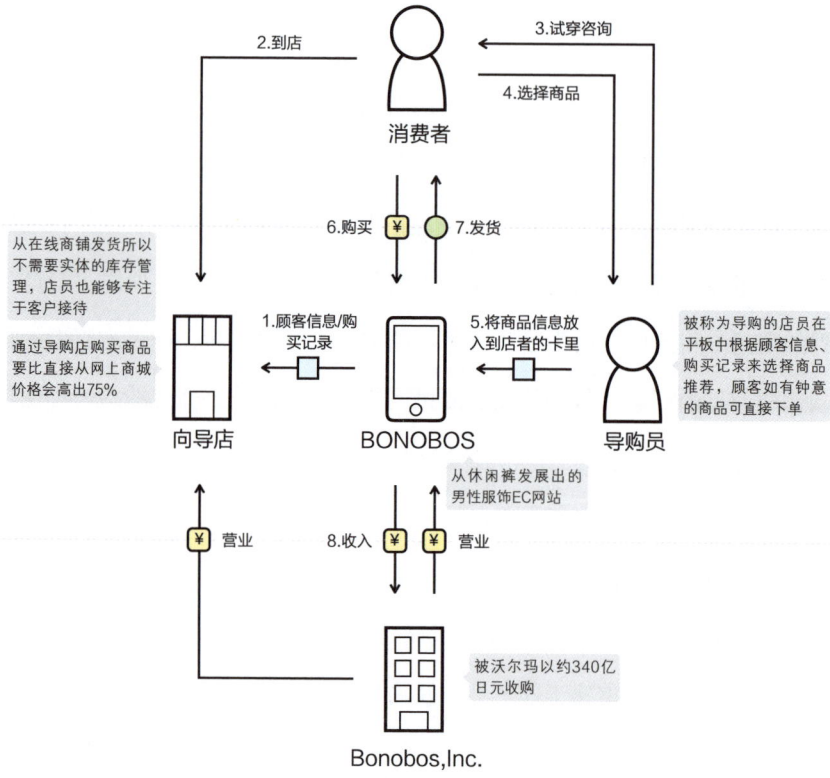

没有收银和库存所以能专注接待

美国首创的男性服饰品牌"BONOBOS"所经营的是一种以向导店（Guideshop）为主的陈列型店铺。

该店铺展示了用于试穿的所有款式，但并没有放置销售用的库存。而其经营模式是由客户先在网上商城进行上门预约，再接受导购员一对一的接待与试穿服务。选到心仪的服饰后，导购会读取衣服上的二维码和客户的支付卡信息，以此在EC（电商）商场页面完成款项的支付。

在普通的服饰销售店面，通常需要有店员负责收银和库存管理的工作，所以难以保障充足的时间来接待客户。然而向导店由于不存在实际的销售，也不需要操作收银和库存管理，因此得以专注于客户的接待工作。

导购所拥有的标识牌上既有商品信息也有客户的信息，因此能够灵活运用到接待工作中。根据尺寸、喜欢的风格、来店的过往次数等信息，这样的模式能够为客户带来更贴切的接待服务。

通过向导店的采购，比起直接在网上商城订购而言，价格会高出75%。这也可以理解为是一种一对一的客户接待体验所带来的满意度上升结果。

BONOBOS原本只是一家为风格不太有变化的男性提供各类舒适多样的购物选择而创立的新业态。考虑到很多男性客户都存在不太会购物的缺点，所以采用"将购物之苦彻底消除"为事业理念，致力于客户满意度的提高。

2017年6月，BONOBOS被沃尔玛以约340亿日元的价格买下，期待日后有更大规模的发展。

021

WAmazing

消除访日外国游客所有不便的专项服务

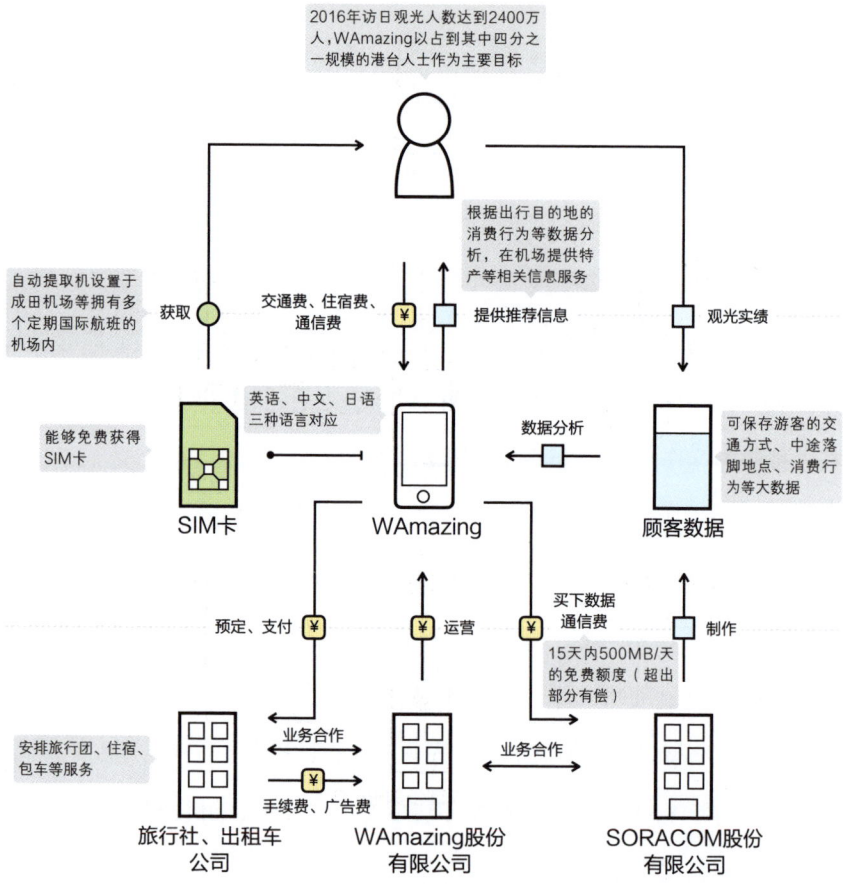

免费SIM卡轻松解决通信与付费

有过海外旅行经历的人大概都会深有感触，到了当地"真的是"！觉得"确保顺利通话""保证顺利通行"这两部分有太多吐槽与不方便之处。

近来访日的外国人在旅行之时，也提出所面临的Wi-Fi环境不足、免费通信设施不够、语言不通造成通行障碍等问题需要解决。与海外很多国家相比，日本的免费通信环境设施做得还远远不够，据总务省、观光厅的调查来看，访日外国人在旅行时所遇到的最大困难似乎是"缺少免费公用无线LAN的环境"。而且，即使在出行前已经预约了使用需求，抵达之后也会因为没能用到而不得不再采购SIM卡的情况。

将这些不便与不满通过提供免费SIM卡来进行统一解决的正是"WAmazing"的APP服务。访日游客在出发之前下载APP再录入自己的信用卡信息后，就能使用日本全国机场所提供的免费SIM卡来进行免费通信、预约出租车和观光套餐、支付款项等整体服务。SIM卡能够存储旅行的所有记录，当再次回到机场时还能向游客发送最适当的广告留言："别忘了要买些特产再回家哦！"

目前，针对占到访日外国人中约四分之一的中国香港和中国台湾游客，锁定为目标客户，发布了相关的服务内容。从开始服务不到半年时间，已有1.2万人使用，并成功筹集到10亿日元的资金。面向2020年，已制订了具体的目标计划让500万人使用到该应用平台。

现在是将访日外国游客作为主要的目标客户，在将来，更计划针对日本游客提供地方特色服务等扩大游客层范围，并力图将观光用于实现地区的改造振兴当中。随着东京奥运会的举办，访日观光客年年增多，这样的企业在今后一定会备受瞩目。

022
Warby Parker
在自己家里试用后再购买的眼镜

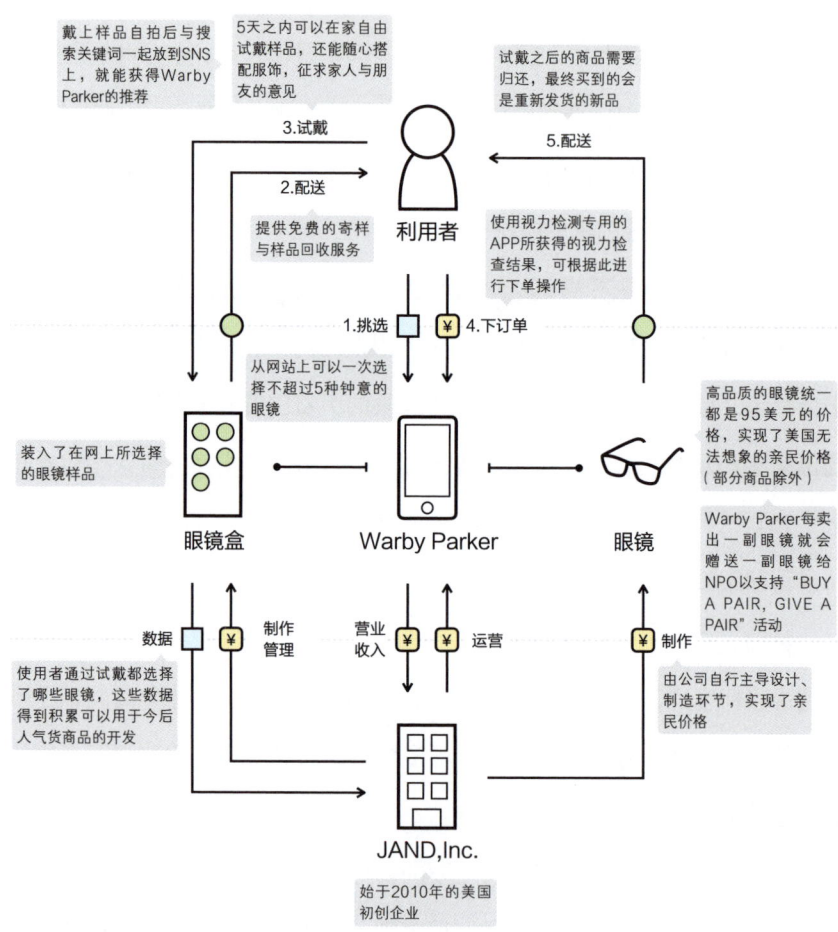

APP也能进行非常简单的视力检测

买的眼镜不怎么合适……这应该是戴眼镜的人大多会经历过的情况。如果只是尺寸的调整可以到店处理，但是专门上门一趟多少也会有些麻烦。为了解决这种问题"Warby Parker"启动了能在购买前先在家里进行的眼镜试戴服务。

这是一家创立于2010年，并且筹集到2.15亿美元资金的美国大型初创企业。虽然在美国各地也有自己的店铺，客户即使不上门也能像在店内一样体验眼镜试戴。

访问Warby Parker官方网页的用户需要回答简单的问卷调查。根据回答的内容会被推荐一些符合使用者喜好的眼镜产品，用户可以在这些推荐当中选中五件最喜欢的眼镜，之后便会在家免费收到这五件眼镜的样品。通过在家里的试戴体验，五天之内都可自由使用，不用在意旁人的目光也能随意搭配服饰，还能佩戴着出门。此外，如果将试戴时拍下的自拍照上传到SNS并附上关键词热搜后，还能收到Warby Parker的回复建议。如此，试戴者也成为了品牌的广告宣传者。

最终选中了最喜欢的一款眼镜后，利用专门的APP进行视力检测，将检测结果添加到订单内容即可。试戴的眼镜样品可以免费寄回商家，之后会向用户寄出全新的商品。

用户购买之前在自己家里试戴，这种体验能够减少在店内采购眼镜时的不安，同时还能增加SNS上的推广效应。此外，还能收集到最终被选购的产品种类，这样的信息能够利用于日后的人气产品开发和库存管理上。根据这些数据该公司也能有针对性地去决定设计与制造的方向，实现了均价95美元的低价格提供高品质商品的可能。

023

Phil Company

在"停车场上"修建大楼,有效利用土地

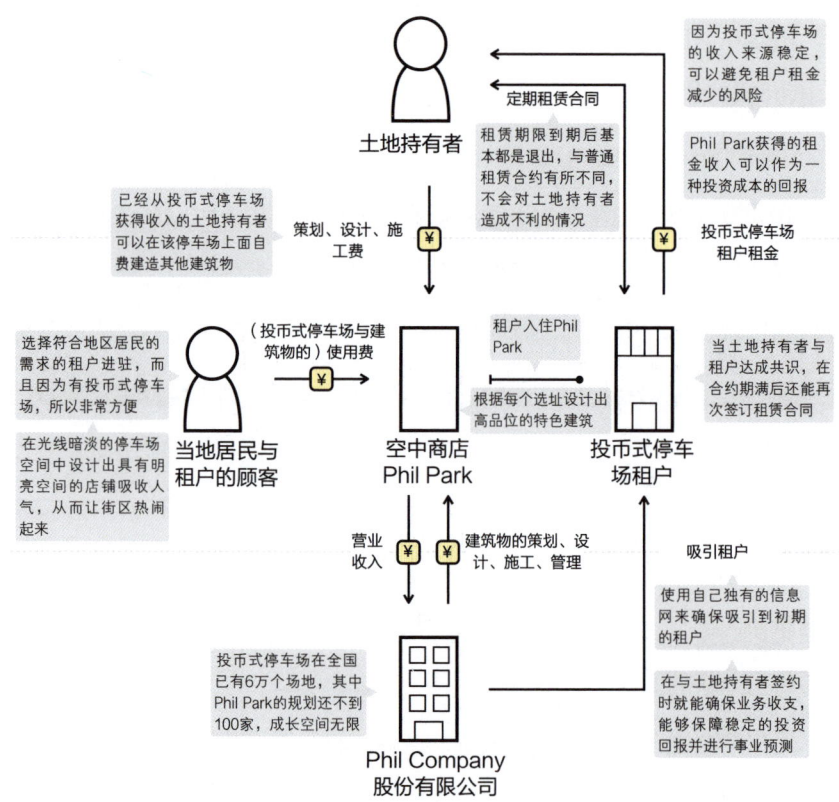

| 闲置土地的有效利用 | 出发点 — 定律 | 建造成投币式停车场或建筑物 |
| | 反论 | 可以在投币式停车场上面建造建筑物 |

为您寻找入住租户

一听到土地的有效利用首先想到的就是"修建居住用楼""修建商用楼""投币式停车场"这三类吧。通常商用建筑（租赁大楼、商用设施等）在建设初期需要投入高昂的初期费用，因此最终能否完全回收是最大的风险问题。而一旦建成之后便不会随意破坏掉，这需要在修建时就梳理好长期规划。

另一方面，投币式停车场的初期投资较少，在灵活利用土地方面心理上的门槛较低。在日后根据需要还能变为空地卖掉，或是重建其他建筑，如此灵活的选项正是其优势之处。然而，缺点就是收入不够多，造成对收入来源心里没底，灵活利用土地的这三种传统方式对于土地所有人而言也存在这样的困境。

于是，选择在已有的停车场上修建建筑，将土地进行再利用并让收入提升成为可能的就是Phil Company股份有限公司所运营的"空中店铺Phil Park"事业。根据场地情况提出时尚又美观的建筑设计方案，此外，为了缩减成本，还考虑不再设置电梯来尽量减少公用区域，从而减少土地所有人的经济负担。

除了负责建筑的设计、施工外，另一个特色就是能够招揽到潜在租户。这也是为了避免完成建筑建设后却没有租户入住的风险发生，Phil Park使用独自的网络体系能够招揽到初期的租户让客户安心。

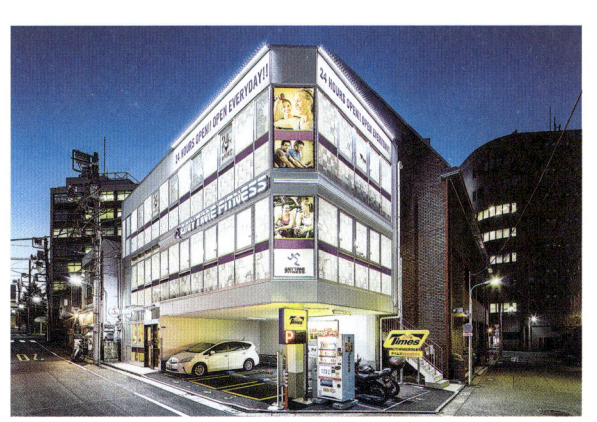

024
日本环境设计
从"不得不"循环再利用到"自己想要去做"的循环再利用

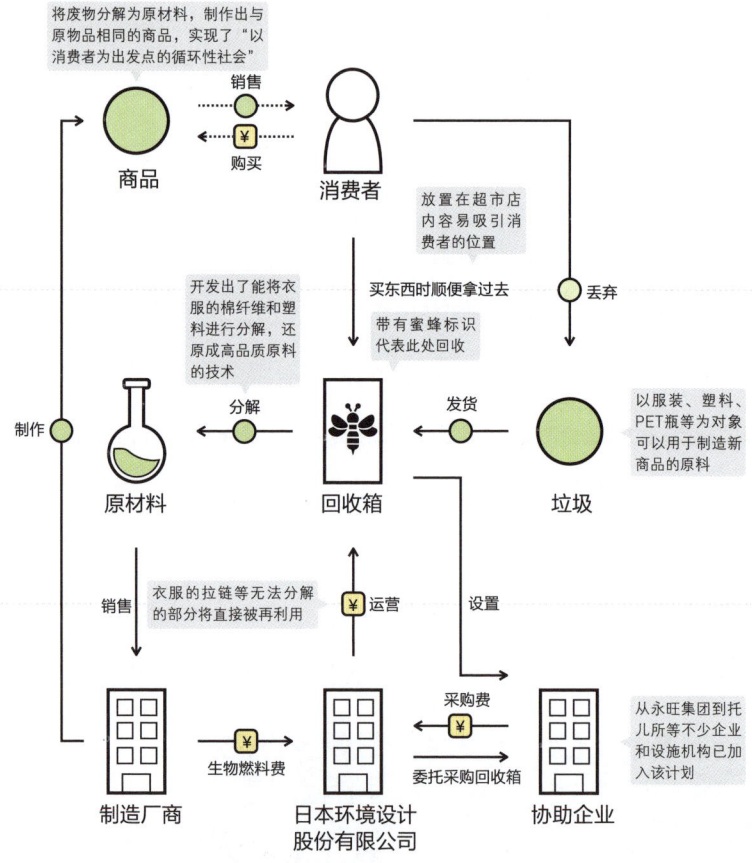

循环再利用的娱乐性为世界带来惊喜

还没有任何一家公司能像"日本环境设计"这般为循环再利用带来如此的改变，这是一家利用"自主开发的独特技术"与"周围主动进行协助的效应"来实现了新型循环再利用环保体系的优秀企业。传统的循环再利用基本都是以"因为太浪费……""为了保护环境……"等所开展的"不得不做"的义务性活动，然而该公司却意外地成功建立起"想要主动去做"的事业模式。

传统的循环再利用并不会做到分解至原材料的程度，所以基本都会转换为另一个形状的产品而已。然而该公司开发出了"能分解至棉纤维或塑料等原材料水平的技术"，让同类产品的再造成为可能。

最有趣的是它的收益来源。循环再利用的原材料的来源是一些衣物或塑料产品，而它们选择将搜集这些旧物的专用箱子卖给了多达200家以上的企业和设施机构。"每家企业和机构都希望自己的工作环境更好，因此都肯花这笔费用进行投资"。着眼于企业的视角，成功建立起企业与消费者之间双赢的关系。

作为创业者之一的岩元美智彦先生一直坚持"以消费者为原点的服务"。相比家庭垃圾与产业垃圾的数量，自然是以企业为对象的服务规模最大。然而，即使每家企业都希望改善自己的环境，也难以打动每一位消费者的内心。如果每位消费者都能产生"我已经在行动了"的实际感受，这种想法相互感染，慢慢地就会形成一种目标文化。

最后，循环再利用的娱乐性更是为世界带来了惊喜。在电影《回到未来2》中登场的DeLorean时光机在2015年10月21日实现了汽车模型的再现，利用从消费者处收集到的垃圾所制成的生物燃料成功驱动了DeLorean，该活动的举办引起了不小的反响。自己将垃圾放入回收箱内竟然能够驱动时光机汽车，电影里的画面竟然在眼前成为现实，这将循环再利用从"不得不做"改变为了"我也想要做"的局面。

025

FREITAG

将废弃商品改造为"世界仅此一件的包包"

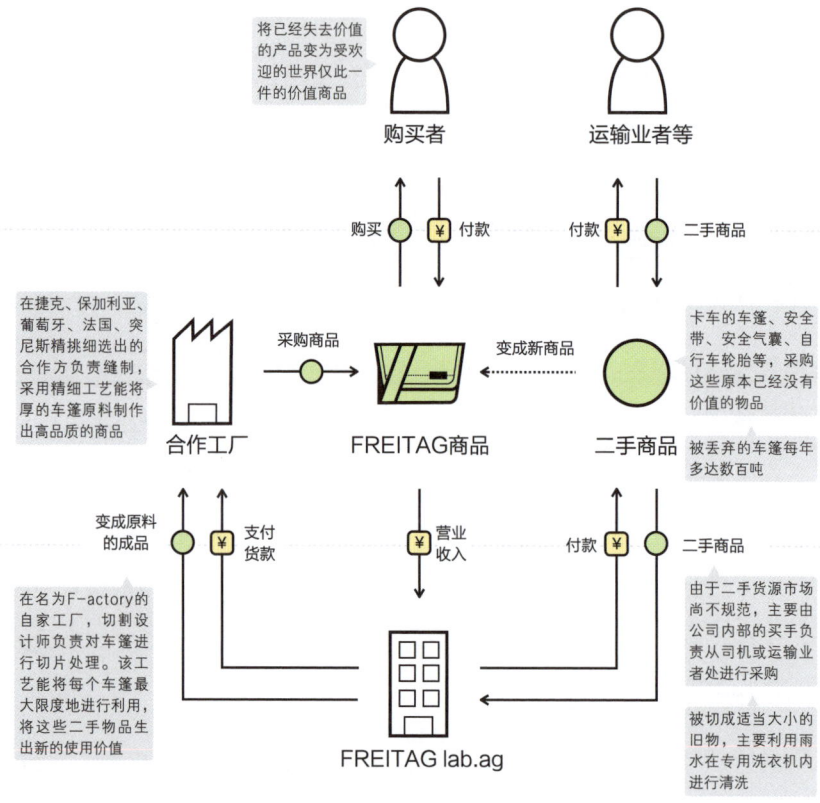

用旧的车篷和车用内胎做成高品质的包包

"FREITAG"是1993年在瑞士苏黎世诞生的,将旧产品作为素材制作成包包等商品的品牌。通常追求高品质的品牌对其产品也会要求使用稳定性高的品质好的原材料,而FREITAG在保证高品质的同时,以素材的各异特点(不均匀)作为"世界仅此一件"的附加价值,获得了很好的品牌效应。

一开始是以用旧的卡车车篷、废弃自行车的内胎、汽车安全带为材料做出了斜背包。而现在,产品的多样化已经增加到40多种(都是包包),每年的制造产量也达到了约40万件的规模。每件产品的制作原料中都使用了旧物元素。用旧的车篷、安全带的供应方是卡车司机或搬运业者,所以采购渠道不算完备。因此,需要"卡车车探"这样的公司内部买手奔走寻找采买渠道。

另一个相当重要的工序就是裁剪,这种操作需要被称为"包包设计师"的员工来执行。在此环节,设计师凭借自身的设计感利用刀具裁剪成形,将每一个车篷最大限度地灵活利用,将旧物产品变成一件件独一无二的素材,然后将这些素材分别在捷克、保加利亚、法国、葡萄牙、突尼斯等合作工厂经过高端的技术缝制成高品质的商品。如此一来原本属于废弃对象的390吨车篷被得到合理利用,在环境保护方面更是起到了很好的作用。

原本品牌所追求的是材质均一稳定的高品质,而通过不均一的特色所产生的高品质商品价值,让这种商业模式显得极为有意思。

026
SAIZERIYA

地道的食材却能保持低廉的价格的原因

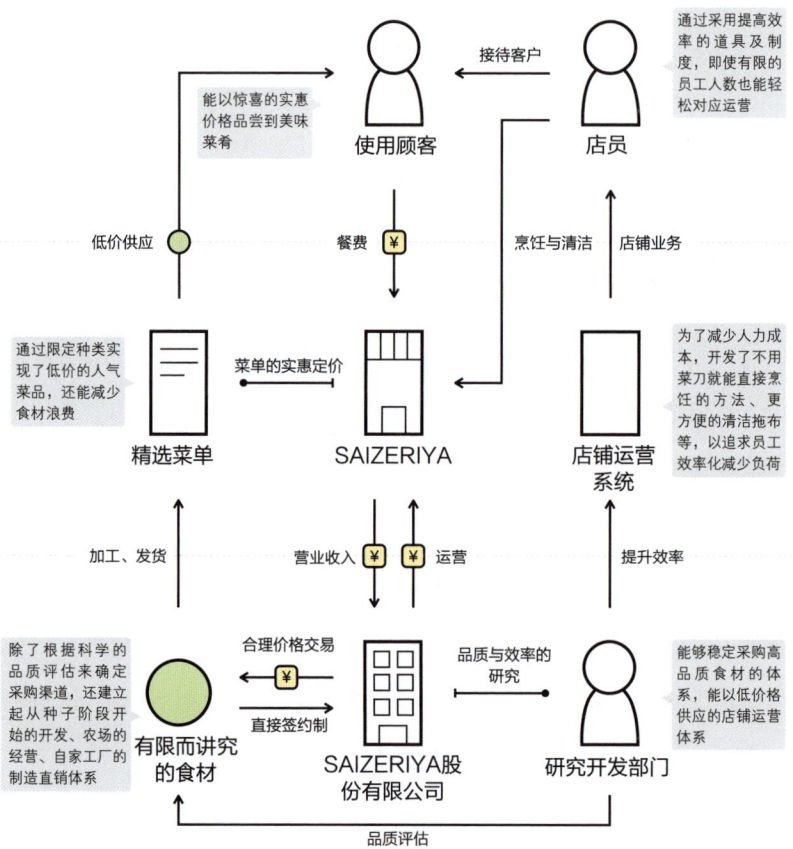

家庭餐厅　出发点　定　律　提供丰富的菜品

反　论　提供有限食材所制作的精选菜品

从事家庭餐饮业的成员大多来自优秀理科出身

竞争激烈的餐饮连锁行业中持续成长的"SAIZERIYA"，去过的人中不少人会惊讶于菜单的超低价格。在同行业中可以算是很低的价格了，比如SAIZERIYA的客户单价就比其他家庭餐饮店便宜100日元以上，就连意大利菜的专家都感到震惊"选用的食材品质都很好，却能提供如此低的价格"。能做到这样的理由主要有两点。

首先，不断总结过往的经历来控制经费成本，同时也为了提高收益而进行切实的改善。比如一边在不断缩减菜单的数量，一边又精心考虑增加人气菜品（米兰多利亚焗饭299日元已成为超人气固定菜品之一）。由此带来的结果是，避免了更多的食材浪费，业务效率也得到了提高。省去了徒劳浪费而创造了部分利润，为了再次回馈给客户又再降低定价。如此不仅深受客户喜爱，也能为店铺创造收益利润。

其次，就是执着于食材的选择。关于食材的进货渠道，SAIZERIYA不单是看重价格的下限，而是寻求食材品质来决定下限。像生火腿、萨拉米香肠等是直接与意大利食品公司签约交易，还拥有自己的田地来种植大米和部分农作物。能对食材执着到此地步的原因在于，味道的好坏80%是由食材本身所决定的，这也是该公司的正垣泰彦会长在其著作中提及的内容。

因此，身处餐饮业的SAIZERIYA很少见地拥有不少理科人才，据说是为了壮大公司内部的研究开发部门。为了定量分析味道，还建立了科学的品质评估体系，为了让店铺的运营更加有效率，还对专业的烹饪用具、清洁用品等进行商品开发等。像这样执着于食材的品质又能不断避免无端浪费，最终得以更低的价格提供出美味的人气菜品，乍一看明明相对立的两个要素也能同时达成期待效果，这也正是SAIZERIYA与其他家庭餐饮竞争对手最大的优势差异。

027
b8ta
以产品的"β测试"为目的的零售店铺

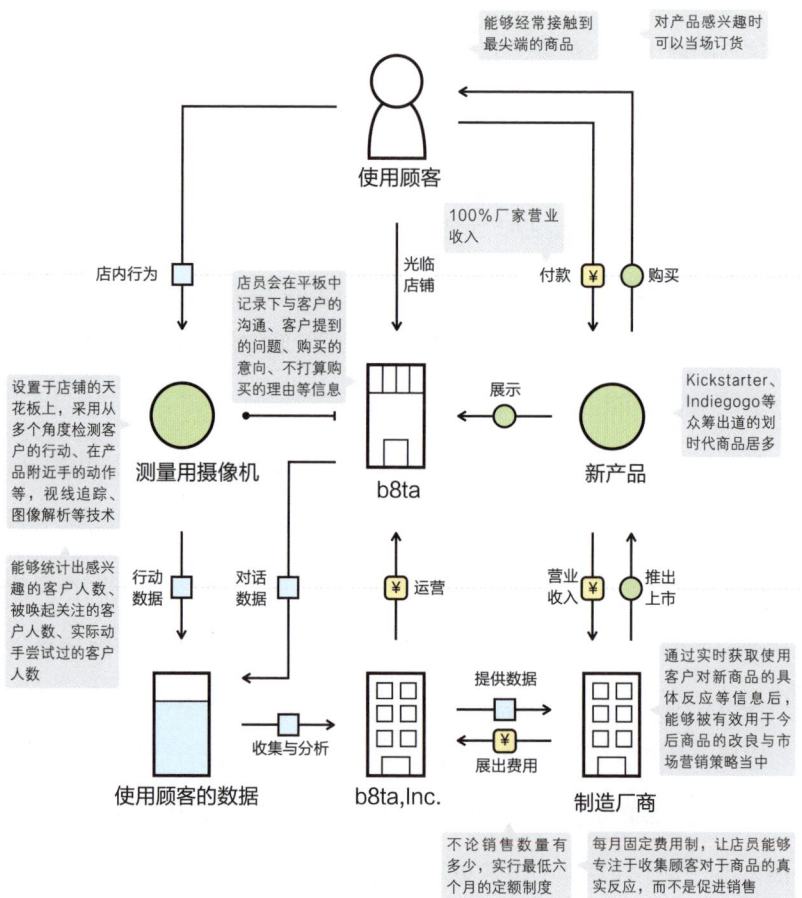

零售店	出发点	定律	销售商品的地方
		反论	观察顾客反应的地方

店员没有主动推销产品的理由

"b8ta"是一家销售产品的同时还能进行"β测试"(产品运营试验)的零售商店,在美国西海岸的旧金山等地区拥有9家店面,店内陈列着像Kickstarter、Indiegogo等不少诞生于众筹的划时代产品。装备VR虚拟现实性能的护目镜、无人驾驶机、电动滑板等,光是看着都令人兴奋不已。

客户不仅能直接接触到最尖端的产品,如果用着满意还能当场下单。店内天花板上所安装的摄像机,通过眼动追踪测量视线、图像解析等技术可以从多个角度分析使用者的行为、产品周围手的运动等,以此可分析出"感兴趣""有所关注""动手实际尝试"的相应客户人数。

b8ta有意思的不仅限于这些方面。例如,当你在普通的服饰店挑选衣服时,服务员都会主动向你推荐吧?然而,在b8ta的员工几乎不会主动搭话。也许会认为"连员工都不主动出击推销商品还能称为零售店吗!",但的确这家公司做到了。理由是,比起厂家通过销售产品获取收益而言,员工更希望获得的是使用者自发地提出问题,了解其购买的意向,以及不想买的具体原因这类信息。为了营造这样的环境,b8ta对厂家的产品会采用每月固定额度的展示费,这样一来,员工就不需要推销产品了。

所获取的优良定性数据通过聊天工具会将定量数据在24小时以内导入到web系统,几乎算是实时送至厂家处。如此,在b8ta展示了商品的厂家就能有效地对商品进行改良和制定市场营销策略。

b8ta的这种模式得到了很高的业界评价,不仅仅是初创企业也包括大型企业在内都在展示商品,就连软银(Softbank)的Pepper进驻美国市场时在营销策略方面也离不开对它的灵活利用。

028
Vacation STAY
乐天集团所经营的"合理混搭使用房产的网站"

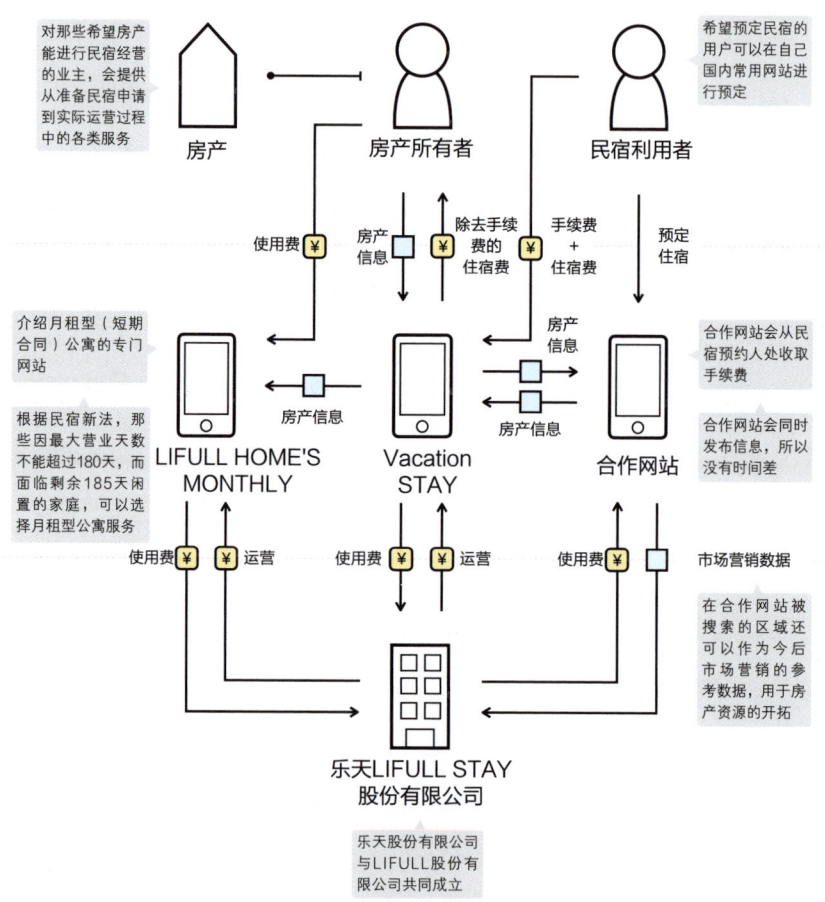

■ "按月"出租全年都可使用的民宿

将房屋的所有者与民宿使用者联系起来的中介网页就是"Vacation STAY"，民宿中介网页要数Airbnb最具代表性，但该网站的服务却有着不同之处。顺便提一下，民宿是指将一般的住宅出借给别人留宿使用。

实际上，日本正面临着严峻的房屋闲置问题，截至2013年已经达到史上最大数量820万户。民宿作为可以有效解决这个问题的方法而备受关注，但2018年6月所发布的住宅留宿事业法（民宿新法）有规定，作为民宿的出租限制，一年里最长只能180天，因此这意味着过半的日子无法被很好利用起来。着眼于这一点，也正是该服务最厉害的地方，制定出了按月出租的方针。这样一来，就能实现"全年都出租"。通过向房租所有者和民宿使用者收取手续费，就能形成持续事业，确保更多的房屋及更多的民宿使用者成为事业成功的关键因素。围绕这一点，该服务网页体现出了相当的优势。

为了确保闲置房屋的高效使用，LIFULL股份有限公司在网络方面进行了新的开拓。LIFULL是经营Vacation STAY的乐天LIFULL STAY股份有限公司的股东，主要经营不动产、住宅信息相关网络平台的公司，管理着全日本800万户以上的房屋，在房屋信息量上可谓是业界顶级的。能够涉入这里，可谓相当关键。

而在增加民宿使用者方面，通过与海外酒店预约网站合作，一旦在Vacation STAY刊登信息之后，同时也会在海外网络平台进行发布。截至2018年7月，所合作的海外网络平台有booking、HomeAway、途家、AsiaYo、Yanolia等五家。考虑到来日本的国外游客一直在增加，将这些房屋信息以最快的方式让更多的人看见，正是其一大优势。民宿新法发布是在最近发生的，而闲置的房屋多集中在次繁华地区。期待民宿的事业能够促进这些地方的发展，也期待民宿行业空前盛况的到来。

029
ecbo cloak
将店内闲置的地方作为"投币机"的用地

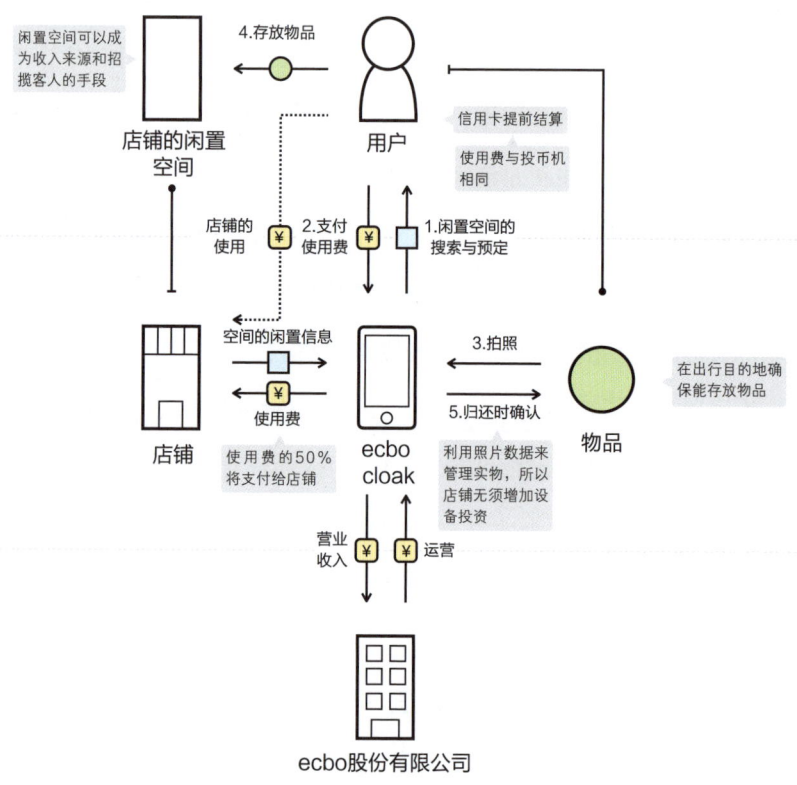

物品	出发点	定律	只能存放在投币柜内
		反论	也能存放在店铺的闲置空间

■ 通过保管物品让收费的50%变成店铺收益

每次到了旅行目的地，或是出行在外时总会有需要存放物品的时候，而真到了那边，却发现投币储物柜已经满了。光是寻找空的储物柜，就能急死人，还白白浪费了时间……你是不是也有过这种痛苦遭遇呢？

"ecbo cloak"就能帮你解决这样的问题。ecbo cloak是将咖啡、商铺等店内闲置地带进行利用，提供可储物功能的服务，操作简单，希望保管物品的人只需要提前锁定地点预约空间即可，支付时也能提前完成付款操作。费用与投币储物柜一样，普通袋子300日元（含税）/天，行李箱大小的为600日元（含税）/天。

使用者当日到店后就能保管物品，完成保管操作后会收到含物品照片的证明邮件。在取回物品时，只需提供照片即可。

跟传统的投币式储物柜相比，不需要佩戴钥匙。连投币式储物柜放不下的大型乐器、滑雪用具、婴儿车等都能在ecbo cloak进行保管。

对店铺来说，因为闲置空间得到利用还能增加收入，于是到店的使用者也越来越多，可谓是一石二鸟，因为之前从未光顾的客人也有可能前来店内。而且闲置空间被利用却不需要进行新的设备投资，很轻松就能开启这项业务，店铺还能收获储物费用的50%作为自己的营业收入。

最近，该公司通过与JR、日本邮政合作，储物地点的范围不断增加（JR的使用费为600日元起）。在旅行中如有需要，可以尽量使用。

030 Oisix

虽然"外观难看",但看得见生产者容颜而让人放心的蔬菜

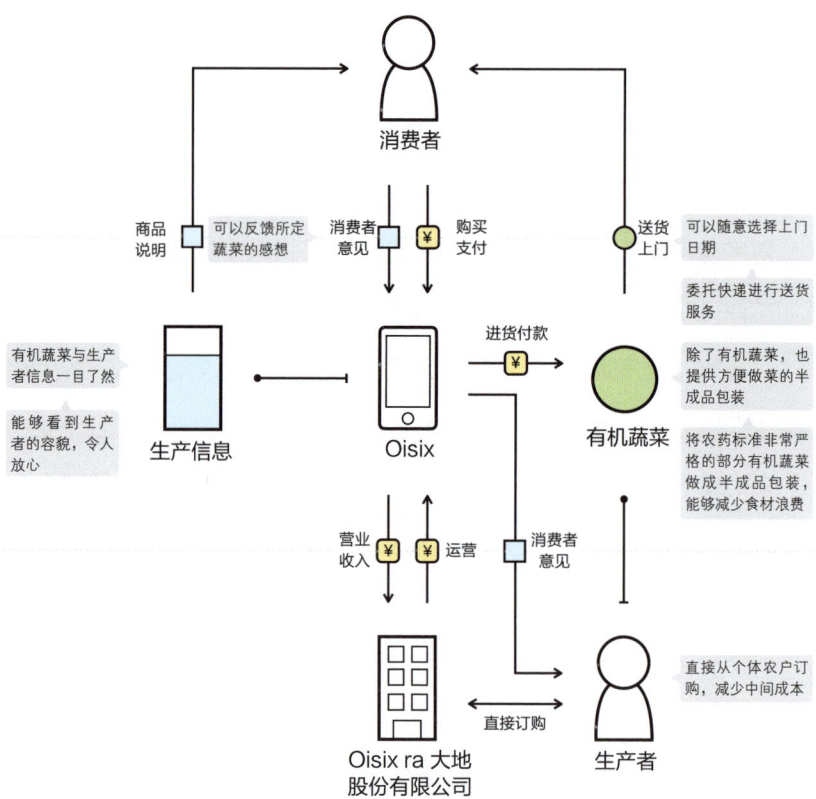

有机蔬菜的送货上门

出发点 —— **定律** 外形不美观难以让人放心食用

反论 外形不美观但更容易让人放心

■ **协助生产者进行营销与商品化**

有机蔬菜因为看不见实物，而且容易腐烂，常被认为不适合送货上门服务。在这样的观念下，Oisix Ra大地股份有限公司开创了日本首个有机农产品的送货上门服务。这几年更是通过并购"大地守护会""Radishbo-ya"两家竞争对手而得以快速成长起来。根据企业的情况，提出了"衔接消费者与生产者的纽带""以报答生产者为目的，构筑引以为荣的体系"的口号，受到消费者与生产者很高的评价。

Oisix的网页有一个特点，对生产者所栽培商品的说明、生产者的简介等能够一目了然地快速确认，如此一来，即使见不到实物，也能安心选购商品。

最初的主要目标客户是针对那些有小孩的30岁左右的女性客户，除了有机蔬菜，还提供可缩短烹饪时间的半成品材料包"Kit Oisix"等。"Kit Oisix"的种类丰富，有着操作简单的特点。通过送货上门服务，能灵活对应消费者各种细致的需要。

该公司的服务不仅为消费者，同样也能被生产者所使用。比如，所订购的商品收到消费者的好评后，能够直接听取购买者的反馈，这是在零售店内听不到的声音。

此外，根据需要还会对生产者所栽培的水果蔬菜进行市场营销和商品化方面的协助。比如，将生吃也很甜的大头菜命名为"桃型大头菜"，进而扩大了销售；还有对因未使用农药造成形状不够整齐的商品进行半成品包装化后再销售，以此减少食物的浪费。作为生产者，通过Oisix销售商品就能享受这么多的待遇。

031 横滨DeNA湾星

更能贴近当地居民生活的棒球场

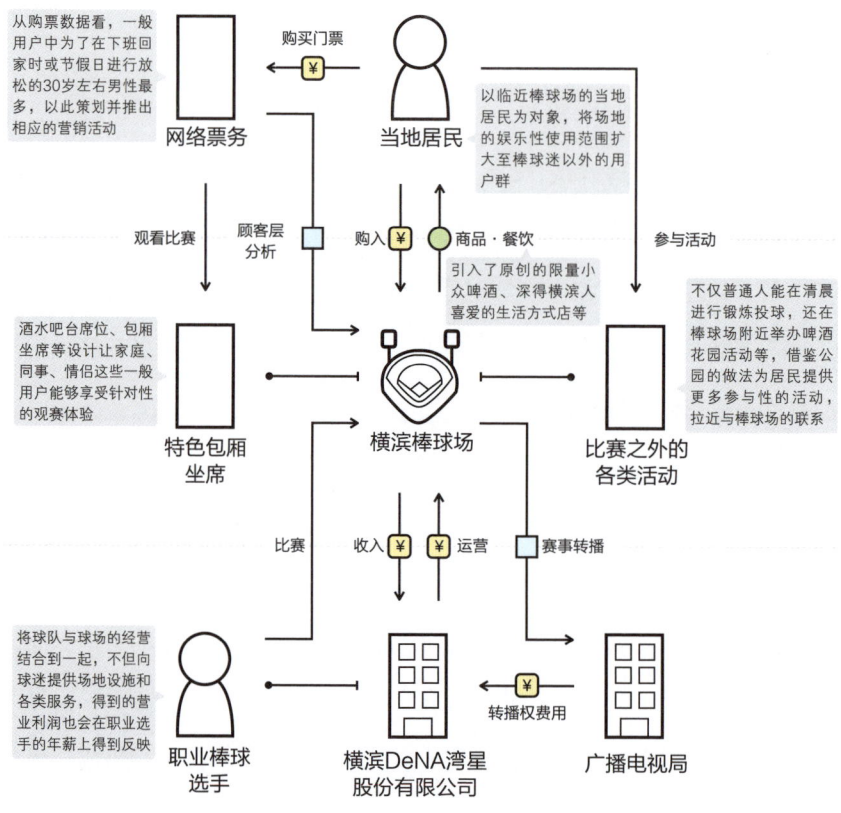

棒球场 — 出发点 — 定律 — 观赏棒球赛事的场地
        — 反论 — 利于棒球享受生活的场地

不是热情的棒球迷也爱光顾这片棒球场

从2011年的116万人到2016年的193万人,"横滨DeNA"创下了五年内实现1.7倍访客量的高速成长纪录。直到现在,横滨棒球场依然保持着连日满座的佳况,也不知是不是这个缘由,这几年其所属棒球队的赛事排位也在呈现一种上升趋势。

访客量之所以能有如此增长,不仅在于棒球迷的热情,更多的理由要归因于所吸引到的下班后同行的同事、情侣、家庭等一般用户群。

为了拉近湾星职业棒球队与横滨当地居民之间的精神距离,在比赛之外的时间里也在不断创造可衔接的机会。例如,在每个想要进行投球练习的清晨,无论是对上班前想要简单运动的上班族,或者向往成为职业棒球员的孩子们而言,这里都是极具吸引力的场地。此外,他们还会举办诸如露营活动、啤酒花园季等项目,以此拉近当地居民与棒球场的联系。通过这些机会平台,我想自然会有不少人想着"下次我是不是该来这里看场球赛呢",而再次光顾这里吧。

在观赏赛事方面,他们不仅安排了可供家庭一起助威呐喊的包厢环境,也为酒精爱好者们准备了站立式的吧台席位等,针对不同用户准备相应的独特席位,能够很好地提高用户的观赛质量。并且,他们还提供一些仅在特定地区生产的小众品牌限量啤酒,以及与棒球迷无关的日用物,这些利于吸引一般用户的营销要素在整个棒球场内都随处可见。

通过这些营销举措,不但提高了营业收益,改善了职业棒球队的经营状况,其成果还能在棒球选手的年薪上得到体现。如此一来,不但球队凝聚力得到加强,观众们也会因此更加投入到精彩的赛事中。这一系列的措施各有各的独到之处,而从整个体制来看,利用棒球场地这个平台加深棒球选手与当地居民的相互联系,由此推动棒球的全民热度不失为一种有趣的商业方案。

附录1:"物"的商业模式汇总

在"物"一章所介绍的案例可以根据"在物品当中有无生出其他新的创意"而分为"时空系""产品、服务系""物流系"三类。

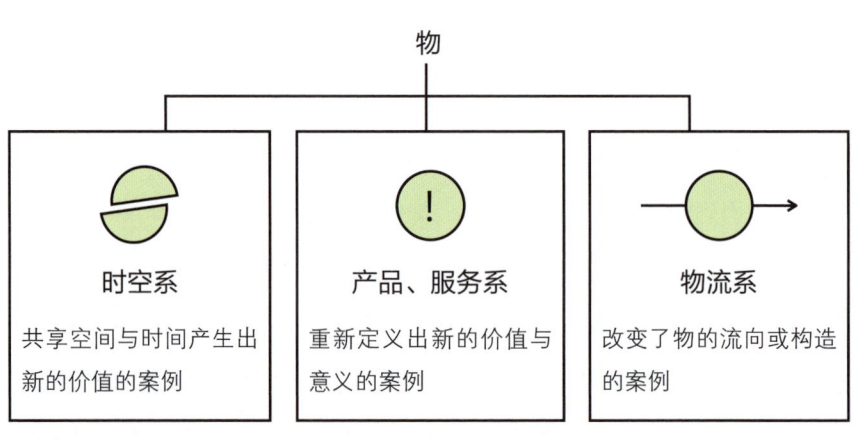

时空系
共享空间与时间产生出新的价值的案例

产品、服务系
重新定义出新的价值与意义的案例

物流系
改变了物的流向或构造的案例

时空系

Bulletin LEAFAGE
citizenM PhilCompany
Spacious 我的法国菜
Neighbor ecbo cloak
CARGO

Spacious在白天将餐厅的空闲时间用作共享办公室。Phil Company将投币式停车场上面的闲置空间改变成商铺。ecbo cloak将店铺中的限制地带改变为物品存放地。

产品、服务系

PillPack Oisix rice-code
Sakana bacca EVERLANE
未来食堂 Warby Parker
BLUE SEED BAG RIZAP
FREITAG Vacation STAY
横滨DeNA湾星

EVERLANE将产品成本全部公开收获了粉丝的增加。Pillpack将药剂按剂量分装后减少了误饮用风险。

物流系

Optoro Sumally Pocket
DUFL MUD Jeans
BONOBOS 日本环境设计
Secomart b8ta
SAZERIYA WAmazing

Optoro为退货品创造了转卖渠道。日本环境设计将为被丢弃的垃圾创造出再利用的流程。b8ta在店铺内创造出产品运营测试的流程。

第 2 章

资金

制造新的
"现金流"

**BUSINESS
MODEL 2.0
ZUKAN**

本章介绍"即刻换现""虚拟货币的利用""轻松投资渠道"等，在未发生过现金流或存在资金流动问题的领域产生新业态的案例。

第 2 章 资金

制造新的「现金流」

032
Lemonade
能够将保险余额进行捐赠的APP

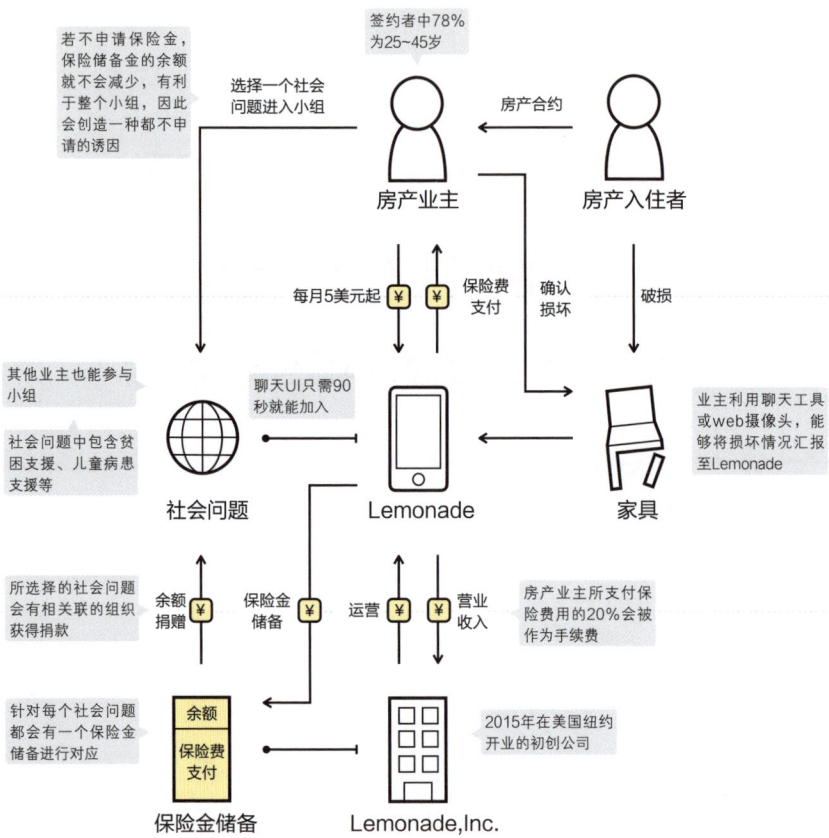

■ 关注那些对贫困支援等感兴趣的房屋业主

2015年在美国纽约创立的"Lemonade"是一家面向房屋业主提供家财保险服务的公司，每月只需5美元即可入保。也因为可通过APP购买保险，所以最快90秒钟就能完成办理手续，非常简便。

"Lemonade"的两名创业者原本对保险行业并不感兴趣，所以该公司与传统的保险公司有很多不同的要素，将AI（人工智能）、行为经济学等带入商业模式是其一大特色。

最大的特点是，房屋业主能够参加自己感兴趣的、有所关注的社会问题小组。在这些社会问题中包含贫困扶持、患病儿童扶持等项目，针对每个问题小组都准备有保险金的储备。一般而言，保险费用的剩余款项是保险公司的主要收益，但Lemonade却选择将这些保险余额设计为向社会问题的相关组织进行捐赠的模式。

依靠这样的模式，房屋业主因家具损坏等不去提取的保险金将不断积攒成大量的捐赠款来源，这些款项会与该组织中其他业务的来源合到一起。也就是说，为了不减少保险金的剩余金额，会促成大家尽量不提出保险索赔的情况。

通过设计出这样的"引起向社会问题捐赠的共鸣"制度，能有效吸引对社会问题有所关注的千禧一代用户（美国2000年成年的社会人群）。

截至2018年7月，该公司已经在纽约及加州等20个州提供保险服务。日本的软银（Softbank）对Lemonade投入了1亿2000万美元（约135亿日元）也成为一时的话题，进入日本市场的消息也逐渐扩散开来。

033

POLCA

朋友之间发出"借点钱给我"的APP

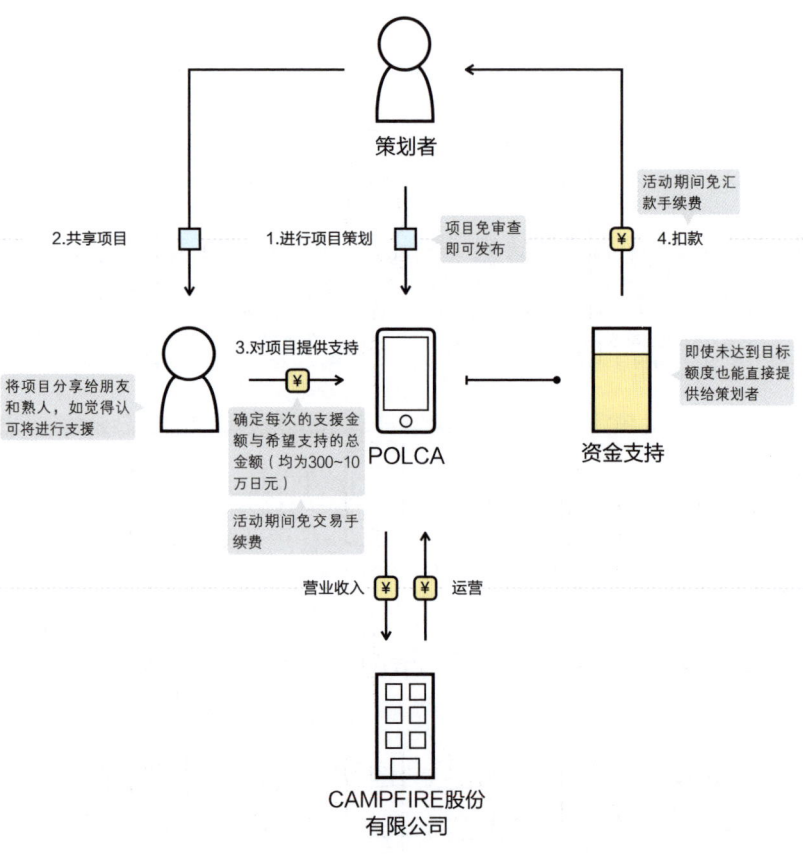

| 众筹 | 出发点 | 定 律 | 在公开场合获得高额的支持 |
| | | 反 论 | 在私人场合获得小额的支持 |

"300日元+免审查"的众筹

"Polca"是以众筹而闻名的CAMPFIRE股份有限公司新推出的服务，一种能向朋友征集300~100000日元捐赠的APP。向支援的人们返还的方式与众筹（Crowd Funding）模式相同，因为是从朋友处获得融资，该公司将其称为"Friend Funding"。

这项服务的要点在于，让300日元这样少的金额支援成为可能，所以无须立项审查，因此，征集支援的用户可以一有了点子就开始启动项目。这样的特点也融入到了企业发展理念当中："让现金流更顺畅，用现金变得更顺畅，让现金交流带你走向世界目标。"

在研究了Polca的服务后，像是"电脑坏了想买新的MacBook"这样利己又现实的项目是很难筹集到资金的，因为支援方可能会认为"这样实际的问题你自己花钱解决就可以了"。而另一方面，像NPO等利他又切实的项目反而更容易筹集到资金，最近也能看到NPO不断开始使用Polca的案例。而且，"用别人的钱买肉吃"的这种利己现实的项目（明显是搞笑噱头）会很容易筹到资金这种想法也很有意思，这大概也是由于少量金额就能支援的缘故才会发生的现象吧。

不管怎样，比起支援金额的多少而言，"能够更宽松地接触到支援者"这一点更容易被用户所接受。自开始提供服务起1个月就超过了3万人的用户，非常有人气。并且在2017年开始的该项服务对手续费开展了限期活动没有收费，所以很难说是能创造收益的模式。但在用户增长之后，很期待它将如何升级实现货币化创造收益。

034

时间银行

实现"时间就是金钱",能够买卖时间的市集

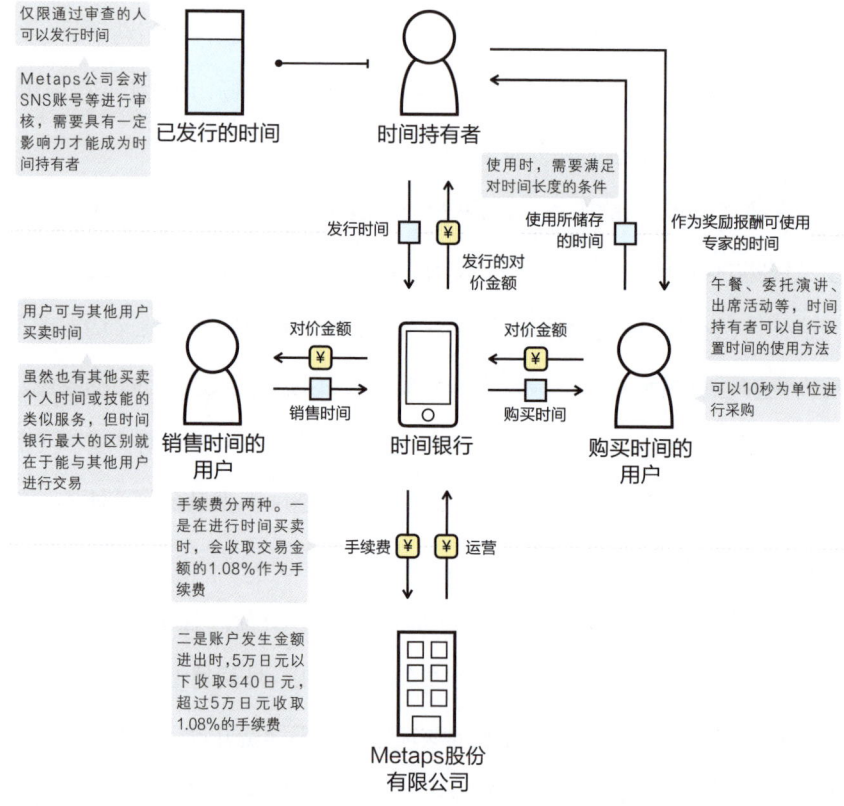

可以买卖个人的时间

"Timebank"是一个可以买卖个人时间的服务平台，由从事在线支付和数据解决方案的METAPS股份有限公司负责运营。

首先，经营者向体育选手等名人、专家提出"发行时间"的申请。"发行时间"是指像一般公司申请股票上市一样，如果是企业需要进行相同的审查。在Timebank，"影响力分数"会成为判定的基准。虽然没有公开具体的逻辑，但可以根据申请者的SNS的粉丝影响力以及投稿内容等进行判定。

用户可以以10秒为单位购买这些通过审查的名人时间。用户购买这些时间的好处之一就是有报酬，所谓的报酬是指将10秒为单位购买的时间积累到一定程度才会得到的权利。权利的种类有很多，如"听取经营者的咨询建议""打听歌手私生活的权利"，等等，也有人会为了见到心仪的名人而买时间。

另一个好处就是"时间的买卖"本身。正是这个买卖系统，有别于其他服务的地方。在广告上经常会有咨询或代理家政的各类服务，这些都是只要付钱就能获得的服务，而在Timebank，即使买了时间也不需要接收服务（报酬），卖给其他想要该时间的人就有可能赚得差价。当然，也可以不需要报酬或是转卖，而是自己持有。

老话常说"金钱买不来时间"，而该公司却颠覆了常识，采用不同的意义实现了"时间就是金钱"的服务。

035
CASH
只需拍照就能立刻将持有物品变现

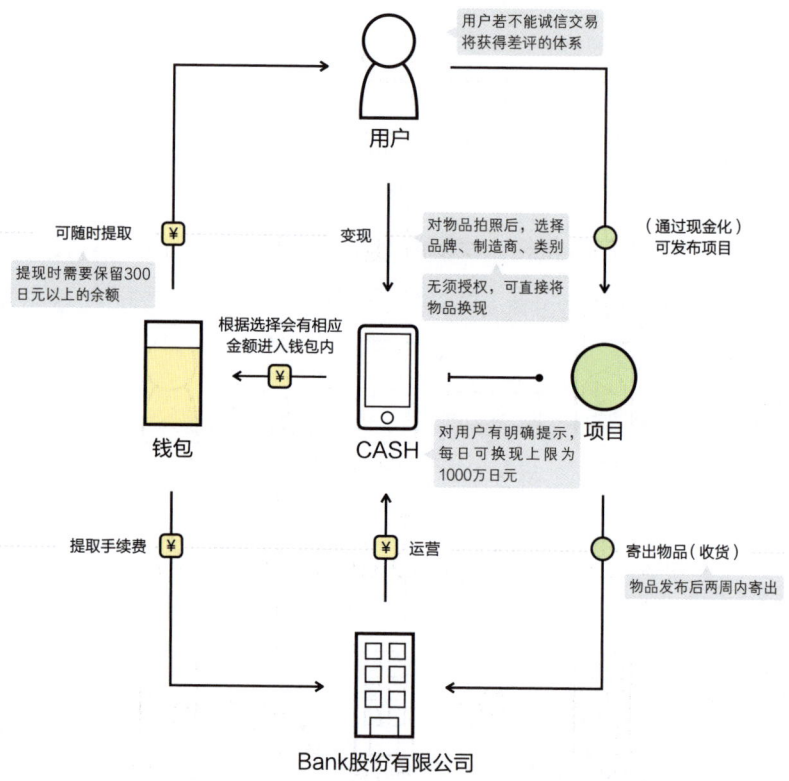

二手买卖	出发点	定律	卖出之后再换现
		反论	换现之后再卖出

■ 因为对人信赖所以一开始就能给钱

虽然现在就急需要钱，但是没有时间等到旧物换现。这种情况下，能够有办法马上筹到钱，就需要将旧物立刻换现的CASH APP。这个模式看似很简单，却是花了不少心思的。

总共需要三步即可完成。

①拍下目标物品的照片。

②选择物品的品牌/制造商/类别后进行项目核定即可换现。

③商品需要在两周内投递。

只需要拍下旧物的照片，就能获得现金是依赖于对旧物品牌、制造商、类别进行审核的机制。其审核金额进入钱包，用户就能马上提取现金。而旧物的投递也能通过APP简单实现操作，对于缺少时间的现代人来说这是很有魅力的一点。

基础的流程与传统的二手买卖服务相似，但却能起到"先拿钱，再寄实物"的反论效果。

就算一开始我们想到了这种方式，也会因为风险太大而难以实现。也正是由于企业强大的理念"相信人来改变传统的做法"，该服务从开始不到16个小时就实现了3亿日元以上的换现，2017年11月被DMM.com有限责任公司以70亿日元收购，正是因为其巨大反响而促成的。

036

ALIS

让"文章"与"人"都更加值得信赖的媒体平台

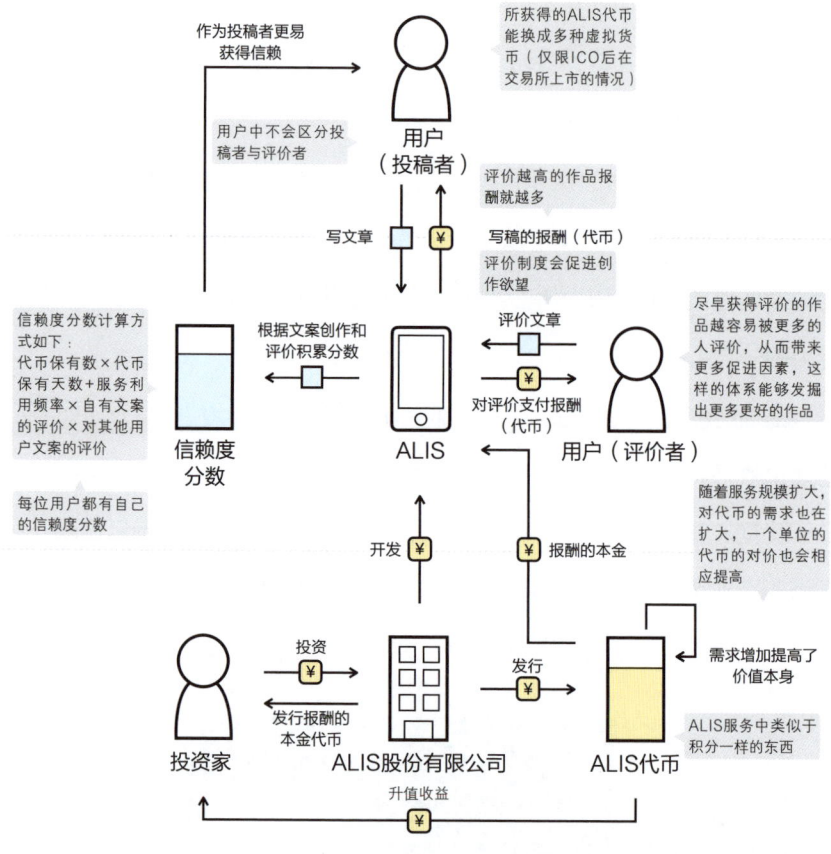

■ 通过区块链技术了解可信赖的文章

近来，网络上将一些内容物的质量进行调查的正是"ALIS"，一家了解可信赖文章与人的媒体。

原本这个服务就是以一个现实问题为前提的，即"网络媒体如果仍依赖于传统的广告收益，就会不得不偏重PV（访问量）"。因为获得PV需要偏重经济性的刺激因素，所以内容物质量容易降低。

ALIS是为了解决现在这种结构性问题而成立的媒体平台。

该媒体最厉害的地方在于，对于写文章的人不仅会有金钱性的激励，所写文章获得好评之后，也会得到金钱性的激励。而且，为了尽早发掘优秀的文章内容，更是提高了促进因素，这就为发掘出好的原创文章制造了动机。

对于写文章的投稿人而言，文章评价越高酬劳就越高。根据所写文章与评价提高"信任点数"，投稿人也会不断得到信任。

也许你会问："诱因的原始金额从哪里获得呢？"这一点是通过虚拟货币的发币融资（ICO）来实现的。文章的投稿人与评价者通过ALIS在虚拟货币交易所上市后获得的报酬（代币）可进行多次自由的虚拟货币交换。

不再依赖于传统的投稿广告收益模式，而是提供生态系统获得备受好评的文章内容物，这也正是该媒体与传统媒体的有别之处，也是其最突出的优势。

037 摩拜单车

为何中国的共享单车使用礼仪有所改善

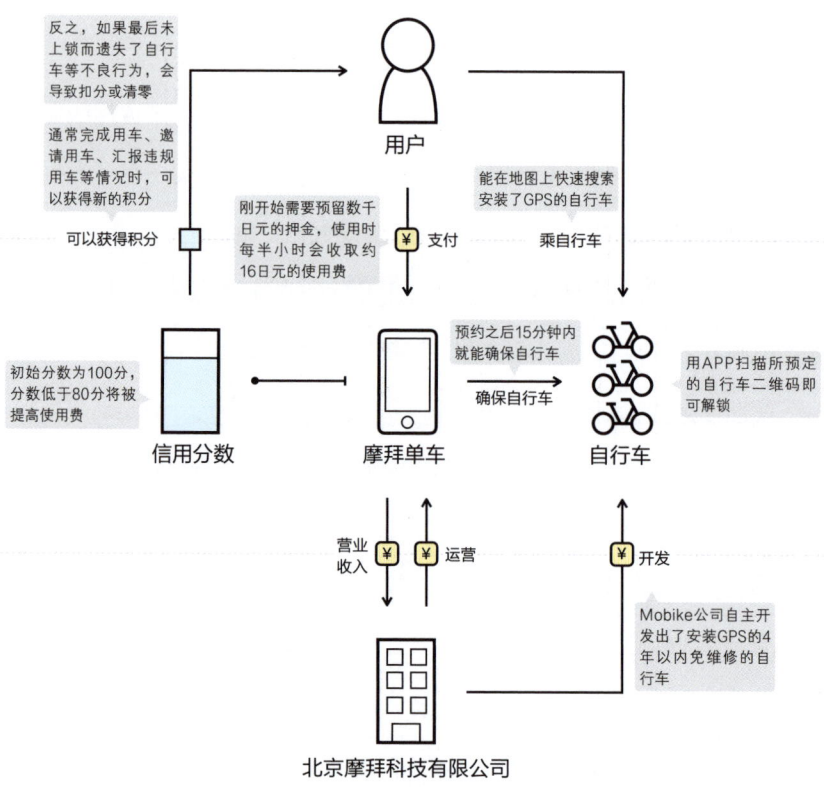

共享单车的战国时代如何生存

成为热门话题的共享单车"Mobike"是于2016年4月在上海创立的。截至2018年,在全世界200多个城市已注册了超过2亿的用户,800万辆自行车最多的时候一天能被利用到3000万次。到目前为止,大约削减了124万辆汽车所产生的CO_2,促进了环境保护。

该服务最关键的一点就是做了好事能获得积分,做了坏事就会降低积分导致收费变贵这样的模式。以前也有过自行车租赁的服务存在,但是因发生过借而不还、被偷盗、被损坏等问题,所以需要依赖于用户的伦理观、价值观,执行起来很难,这些共享单车特有的问题通过信用积分来促成可执行性而得到了解决。

即使扩大了使用者,也能使用积分,用户可邀请朋友使用Mobike而获得积分。

Mobike还能通过WeChat(中国版LINE)来进行使用,支付时也能直接利用手机上的微信支付,这让使用Mobike的阻碍降到最低,这也是很厉害的。

除了使用费以外,还有保证金的运用权益等收入来源。1000万人中每个人约4800日元(约300元)的保证金,哪怕只运用于百分之几收益率的投资也能收获1亿(日元)单位以上的收入。

Mobike已经入驻日本,从札幌开始预计会向全国范围展开,2017年12月起摩拜日本就已经开始与LINE进行资本业务的合作了。

DOKOMO共享单车、MERCHARI、便利连锁店等企业也相继投入到共享单车的业务领域,这个市场正变得越来越激烈。国家的礼仪、文化、丰富的设置场所、APP与自行车使用的关联操作、支付的顺畅性等都成为各自的事业拓展优势。

038

Fundbox

用金融技术解决"资金周转的困境"

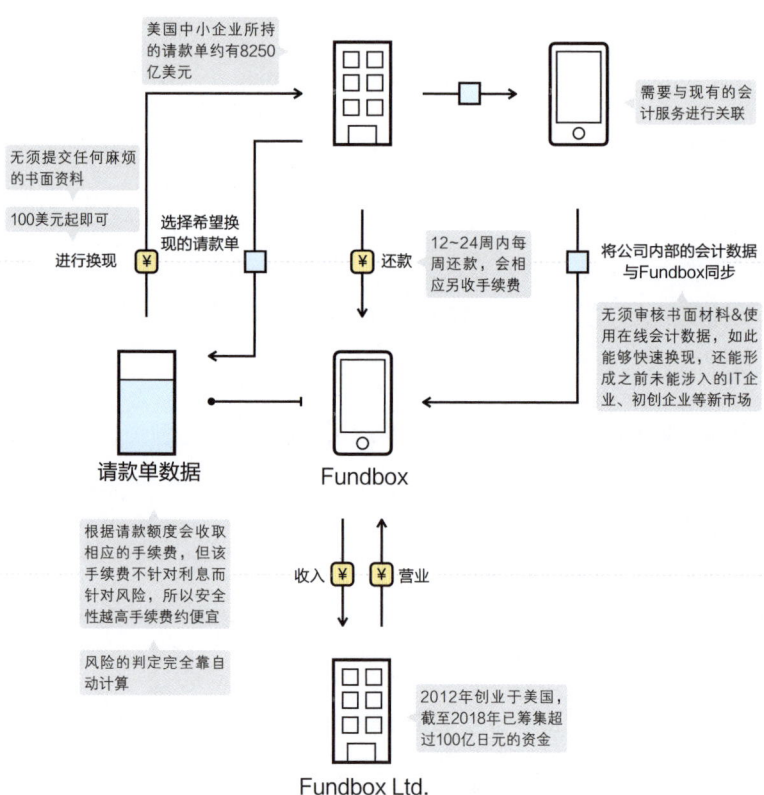

| 代收账款服务 | 出发点 | 定律 | 书面资料的审核很麻烦 |
| (应收账款的现金化) | | 反论 | 无须书面审查 |

■ 应收账款在免除书面审查的前提下即可现金化

通过买进其他公司的应收账款，而将其回收的金融服务通常被称为"factoring代收账款"。如今在这个领域里，发展迅猛的是美国企业"Fundbox"。

目前，Fundbox已筹集到1亿美元以上的资金。一直以来就有市场需求的领域，不算是新开创的事业，但为何该公司能够实现巨大的成长，并筹得高额的资金呢？

通常，代收账款都需要进行书面审查，这是因为在买进应收账款时需要尽量确保判定的正确性。然而这样的过程实际上却非常麻烦，提交书面资料等相当花时间和精力。但是，Fundbox却选择不去进行任何书面审查。因为必须使用在线会计软件进行关联，因而能免去审查环节。在此软件中读取企业的会计数据，就能自动计算出风险信息，然后作为风险费用再加入到手续费里即可。

像中小企业这类小型事业体，自身很难从银行获得融资机会，所以在面对资金周转困境时可行的方案非常局限。此时只需要根据请求书就能实现应收账款的现金化，而且不需要提供麻烦的书面资料，仅靠手上现有的会计数据即可同步提取现金。

如今，因于资金周转还未使用过代收账款服务的初创企业也开始不断提交申请，已经有多达10万家以上的企业在利用该业务。

Fundbox是当下流行的Fintech（金融科技）企业之一，在技术能力和市场的着眼点选择上有着明显优势，在开拓新市场方面获得了很高的评价。目前也推出了不少类似的服务，在面临资金周转时的可选择项目更多了，在日本也期待能够不断产生这样方便的服务。

039
Cansell

将被取消的酒店房间住宿权进行转卖

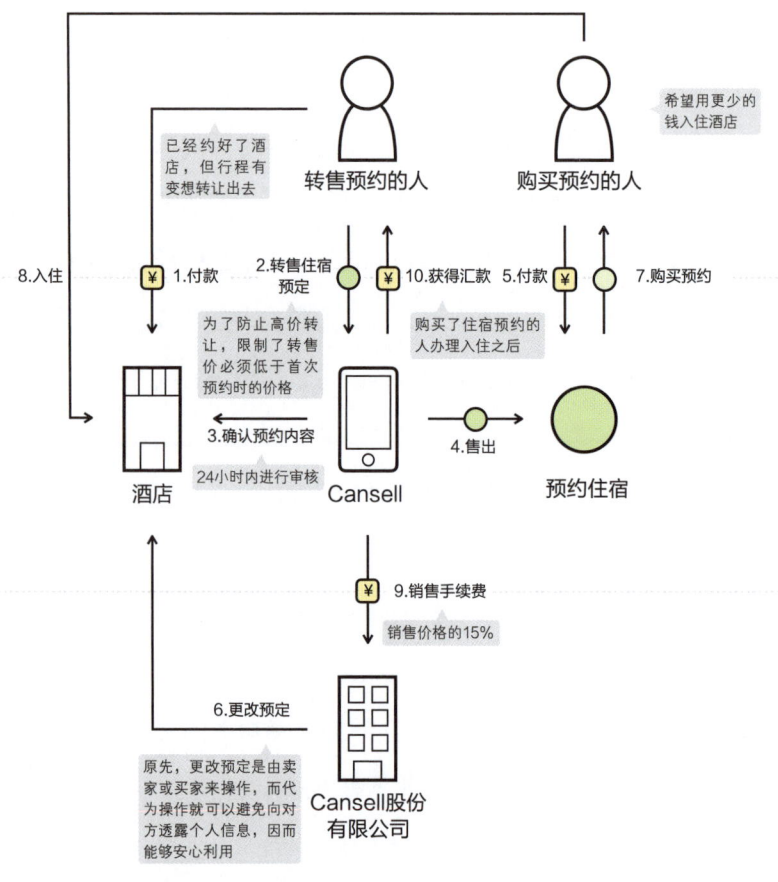

出发点	定律	需要支付取消手续费
不得不取消的预定住宿	反论	可以转售住宿权

买下住宿权的人能以划算的价格享受住宿

已经预定好了酒店，但是因为紧急的事情突然去不了了……这样的场合，通常取消会发生一定的费用（取消手续费）。

但是自2016年9月正式公开Web服务后，使用了"Cansell"就能卖掉自己所预约的酒店住宿。也就是说，能将住宿预约的"权利"进行买卖就是该服务的最大特色。

反过来，希望住宿酒店的人们，可通过Cansell以便宜的价格预订到住宿，这其中甚至有低至3折的价格，相当划算。买下住宿预约的人在办理入住后，卖出住宿预约的人将收到交易款项。

这样的服务，虽然会发生以盈利为目的的高价转卖等问题，但为了避免类似的问题，该公司设定了必须以低于预约价格的定价进行交易的制度。

2018年3月，针对企业客户的软件程序开始了新的服务，即当使用方无故取消时能够扣除取消手续费的体制。一直以来，虽然是不经过酒店就能直接交易的服务平台，但经过这样的创举之后，也增加了酒店方的利益，因而加强了与酒店方的联系，这让该事业的基础得到强化。如此一来，Cansell不仅仅是住宿权的交易平台，而是升级成为酒店解决方案的商业模式。

此外，用"Can+sell"取代"cancel"的谐音组合命名，也让人自然联想到了服务内容的本质。2018年7月，在重整服务体制后，在设计上也焕然一新，通过加入酒店对比搜索等选项，进一步强化了功能性。

040

Unipos

公司同事之间能够相互赠送成果收入的模式

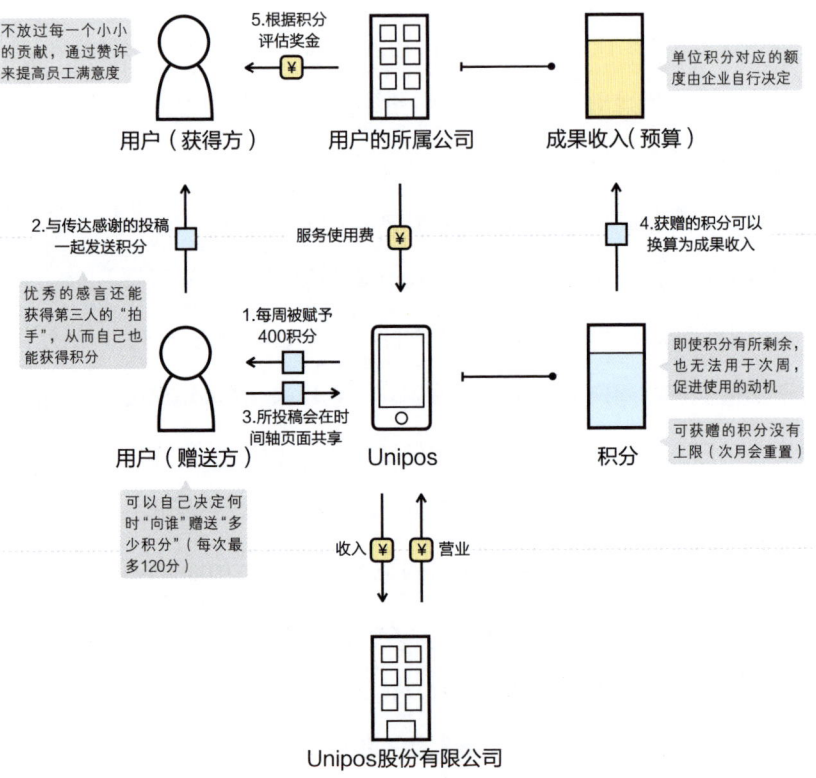

| 成果收入 | 出发点 | 定律 | 只有针对卓越贡献单向赠送 |
| | | 反论 | 对于各类成果能够相互赠送 |

连Mercari也在导入的"新型成果收入"

从员工的视角难以看到成果如何被企业合理评估，是不少企业所面临的重要课题之一。"Unipos"就是这样一种为了解决这一问题的新型模式，能够将这种评估在员工当中以互相赠送成果收入（奖金收入）的方式来实现可视化的目的。在日本所诞生的该项服务，已经被导引到当下热门企业"Mercari"。

Unipos的特点不在于营业收入或利润等成果，而是围绕肉眼难以观察到的各类共享和成果，能够收到同事之间而非上级或下属的评价。例如，"收拾办公室内垃圾"这种事情很容易被忽视而且很难被作为成果受到正当评价。Unipos能让人看到这种对公司有细小贡献行为的员工，对其成果换算成积分的方式赠予这样的同事。如此一来，对公司所做的细小贡献就能被看到了。

该服务模式的秘诀在于，没有去放大现金方面的激励因素。成果收入的金额如果太大，会容易引发回报的想法，也就是说，即可能会变成"如果不表扬我就不做了"的情况。在Unipos的场合下，每个积分所对应的金额由企业自由定夺，但推荐值是在1～5日元。每次能够赠送的最大积分为120分，所以最多也就600日元，这是等同于一听果汁或一顿午餐的合理定价。此外，如果赠送积分有剩余，在下周也不会积攒下去，这是非常聪明的设定。这样一来，就会促成一种反正不用也是浪费不如用掉的想法。

在那些对营业收入或利润等定量成果优先关注的传统薪酬体系中，埋下了对于眼睛难以观察到的定性指标。与此有着同样思路的，还有对员工进行360度评估机制，但其频度只是在每季度一次，Unipos则是实时评价反馈，所以为每日的工作活动提供了激励因素。在企业的社会性受到重视的当下，Unipos这样的同事奖金（同事之间获得成果收入）的模式日后将会得到更多拓展。

041

SHOWROOM

能够"直接"应援AKB48等偶像的直播视频服务

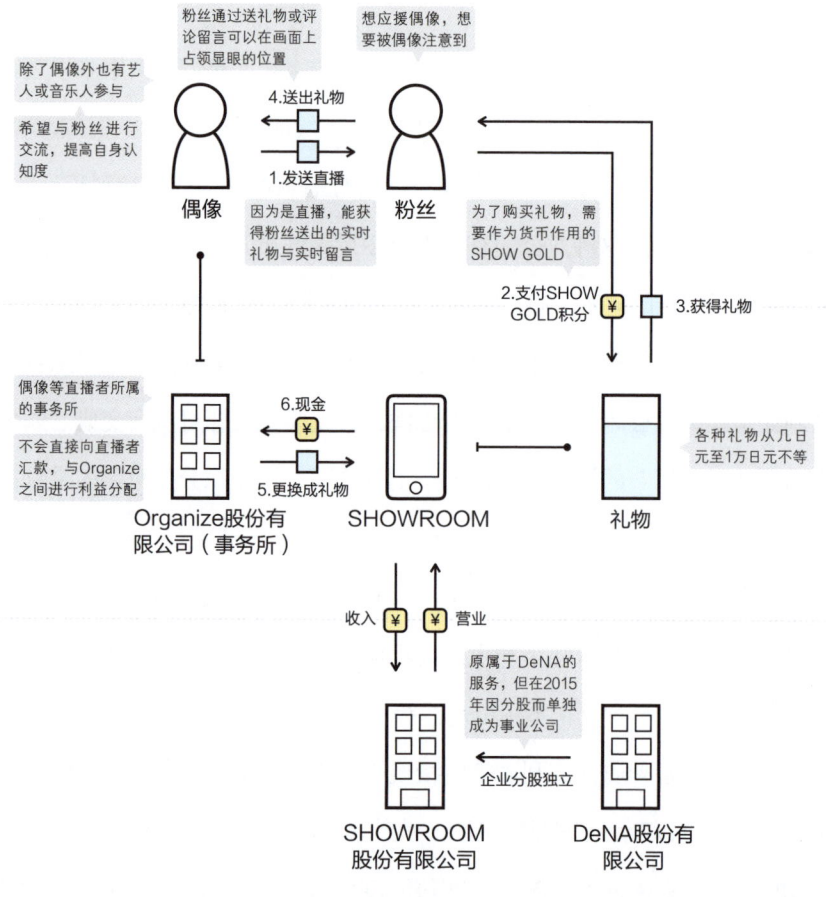

网络上赠送"礼物"的粉丝们

"SHOWROOM(直播间)"是在网上任何人都能发送和观看视频的一种在线服务。艺术家或偶像、艺人们所发布的视频可以免费观看,所以能召集到相当多的浏览人气。尤其AKB48或乃木坂46等超人气偶像团体、艺人们直播一些闲聊或唱歌视频时,对于其应援粉丝团有着极大的吸引力。

SHOWROOM的最大特色在于,出现了(赠送)"礼物"这一系统,偶像和艺人们的粉丝可以买下礼物在直播过程中用礼物进行应援,礼物的种类从几日元到上万日元程度品种相当丰富(一种收益分配制而非直接送钱)。

视频画面本身被设计成一种在直播现场的场景,粉丝通过赠送礼物可以在画面中占据显眼的位置。越是显眼越有可能被偶像识别到,因此对于粉丝而言送礼也变得非常有价值。

对于自己所应援的偶像进行实时送礼不但能表达自己应援的心情,更有可能获得偶像的注意。实际上,在直播过程中也会有表达感言的环节,所以粉丝相当开心。一直以来,对于偶像的应援都主要停留在采购相关商品或去现场应援的形式,但通过在SHOWROOM使用礼物直接应援,能形成一种交流的关系所以着眼点非常厉害。

目前,在进行直播发布的用户以偶像居多,而这样的模式本身还有更多的可能性。不过,如果过度煽动粉丝的侥幸心理会有一定的风险隐患,希望今后能够通过体系的完善来解决这种风险。

042

paymo

可以实现简单"AA制"的无现金APP

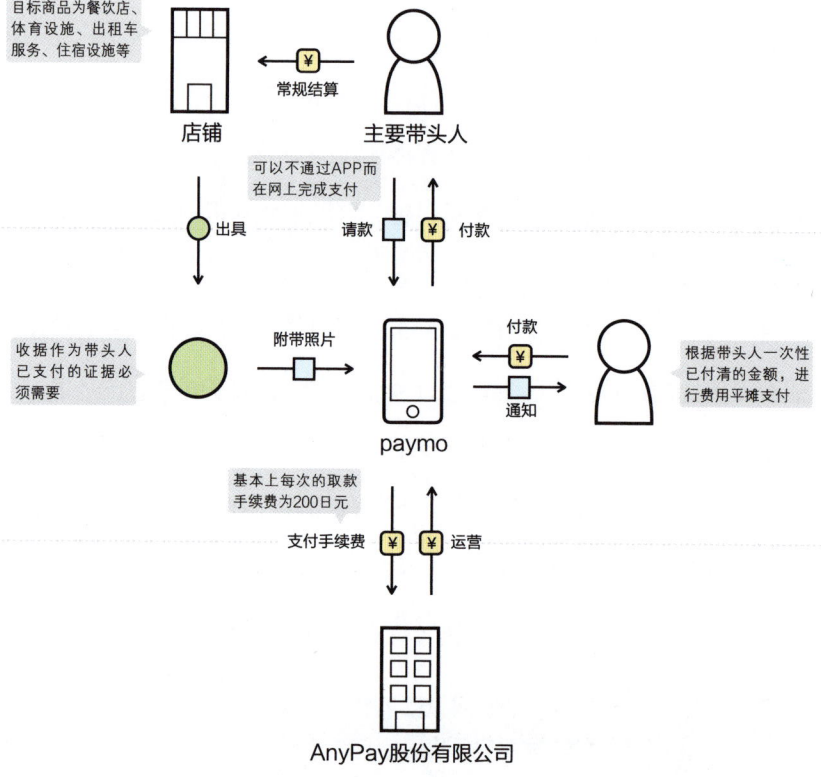

| AA制 | 出发点 —— 定律 | 现金支付或银行汇款为主流方式 |
| | 反论 | 可以利用APP简单操作 |

■ 针对需要"AA制"的场景所开发的结账体系

"paymo"是一种使用智能手机简单实现"AA制"的无现金APP。在餐饮店等地方进行AA制付账时，比起当下主流的现金或银行转账等方式，这种AA制能够在APP内进行结算。商铺也无须进行现金方面的细算，非常方便。

在使用paymo时像通常一样，由负责买单的人先向店家支付所有款项，之后负责人再利用APP向出席成员提出AA制费用的支付委托，出席成员可以使用已注册的信用卡完成支付，APP的使用和支付手续都是免费的。负责人可以将paymo中收到的款项进行现金提取，用于其他支付需要。

2010年《资金结算法》发布后，银行之外的个人间的汇款成为可能，所以个人间的汇款交易相关业务只要一经注册就可以进行操作。只不过，在服务运营层面，汇款需要本人确认这一点却是很大的问题，像"LINE Pay""Yahoo！wallet"等移动收费与结算服务也需要本人的确认才可以操作。而在"AA制"这样的限制条件下，如果每个人都进行确认反而更麻烦，会增加使用上的障碍门槛。

为了解决这个问题，paymo采用的是一种名为"收纳代理"的体制，合法地规避了资金转移业务的注册问题。所谓收纳代理不过是一种"代为支付"，与便利店内支付公共费用的模式如出一辙，不过，需要能作为支付凭证的收据才可以。现在，paymo还设置了不需要出席成员都下载APP，仅需付款负责人在Web进行支付等功能选择，以便让更多的参加者使用到paymo。

paymo不局限于餐饮店、出租车等场合，使用"AA制"的商业模式不胜枚举。因此在如何应对现在的法律条款方面是一个非常值得学习借鉴的案例。

043
Medicalchain
患者可自行管理自己医疗数据的医疗平台

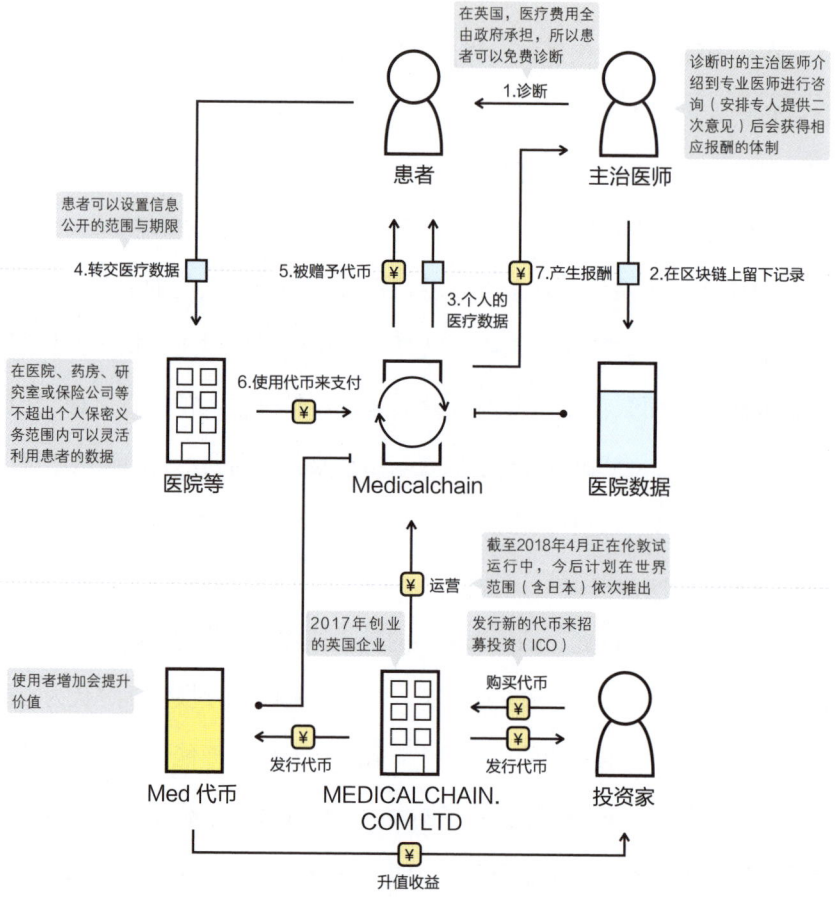

病历记录医疗数据	出发点	定律	由医疗机构管理而非患者本人
		反论	由患者自己管理而非医疗机构

■ 患者提供医疗数据后可收获报酬

"Medicalchain"是一种来自英国的能让患者自己进行医疗数据管理的服务。原本在医疗现场，患者的信息容易变得片面不够完善，而要想进行信息整合统一使用又存在更难的问题。比如，如果不是在平时经常光顾的医院接受诊治，就没办法参考原始的医疗数据，不得不从0开始诊断。因为信息未能实现统一管理，才会招致这样的境况。

在Medicalchain，医疗数据会在区块链上得到安全的记录，让医院、药店、保险公司等与医疗数据相关的各类机构都能链接到患者数据。当然，不会让人无限制进行链接，而是由患者根据自己的判断设置一定的开放期限与链接权限，即病历记录等医疗数据是由患者自己保管而非医院。

该服务的特点是，赋予患者开放的权限，并以验证码的形式产生报酬。代币简单来说就是一种积分一样的东西，而该公司开发了独自的"Med验证码"，对这种事业体系感兴趣的投资家通过采购验证码已经筹集到了2400万美元的资金（即ICO：虚拟货币融资）。

而其最独特之处在于，促成主治医师在诊断时主动联系其他专业医生的机会，这样一来就设计出了提取他人意见的一种促进因素。一直以来都是患者自己考虑去第三方诊断以提取多方意见，而这样的模式会让更多的人接受到更公平的诊断。

不过，目前还只限于伦敦一些医院在使用，也有在日本等地依次开展的计划，到底能落实到何种程度还很难说。一旦目标能够很好地实现，将有很大的发展空间，所以，这次是作为一种期待特意放进书里来进行介绍的。

044

TransferWise

消除了"看不见的汇兑手续费"的海外汇款服务

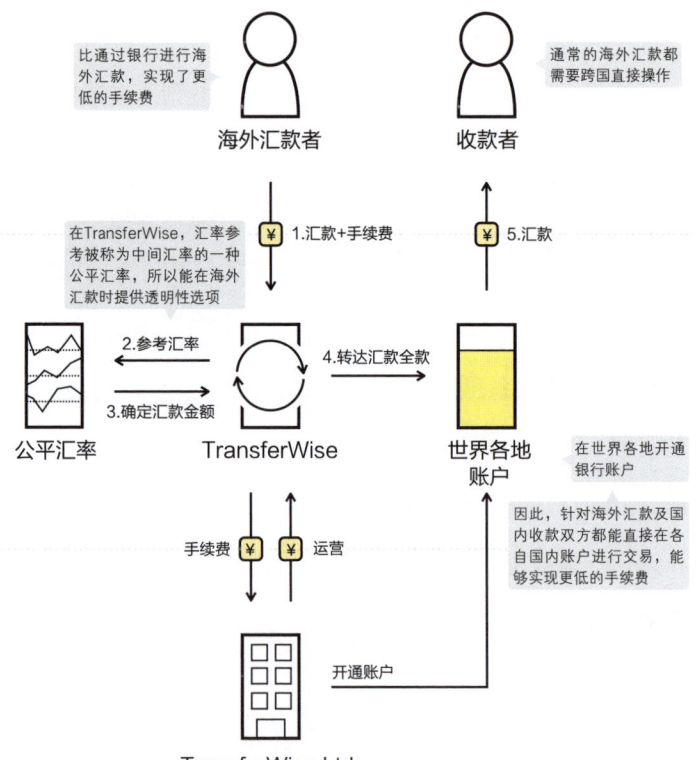

海外汇款	出发点	定律	汇入客户在国外的银行账户
		反论	通过该国第三方账户进行转账

142

■"反而是增加了操作后"降低了手续费成本

"TransferWise"是一种能为你免去海外汇款时不可见的汇兑手续费的金融服务。汇兑手续费是指，将本国货币（日元）与外币（美元等）进行兑换时被征收的手续费。

通常一些银行等机构经常会宣传说"海外汇款免手续费"等广告，但实际上是以看不见的方式在收取手续费罢了，其做法之一就是从日元兑换到外币时会选择偏高的汇率。比如现在一美元可以兑100日元，而实际的汇率就是1美元100日元50钱，这50钱其实就是金融业者的手续费（经常出国旅游的人应该很了解）。

对于这样的问题，该公司选择用两次国内汇款的方式来解决一次海外汇款的操作。比如要从日本向美国汇款时，首先汇款方在日本的TransferWise账户内汇入日元，汇款金额按汇率中间价（未包含兑换手续费的汇率）换算。之后，信息关联至美国的TransferWise，收款人的账户中会收到美国TransferWise账户所汇出的美元。

乍一看，好像操作环节有所增加，根据官方发表的内容最大可减少到八分之一的手续费成本。而且90%的汇款是在24小时以内完成，所以相当有效率。日本的关东财务局已经将其作为资金转移业务获得了注册许可，对于使用者而言是可放心信赖的。

海外向国内利用这项服务寄回生活费的人不在少数，每月汇款交易已经高达20亿英镑以上。这种服务最厉害之处在于，宁愿增加操作环节来减少手续费，以及为了实现这个想法而在世界各大银行开通账户的执行能力。创业者中的一人曾在英国获得英镑工资后，为了支付爱沙尼亚住所的贷款而进行汇款时才想到了这项服务，这个背景也是颇为有趣的。

045
Global Mobility Services
让"低收入者也能拥有车"变为现实的远程操作技术

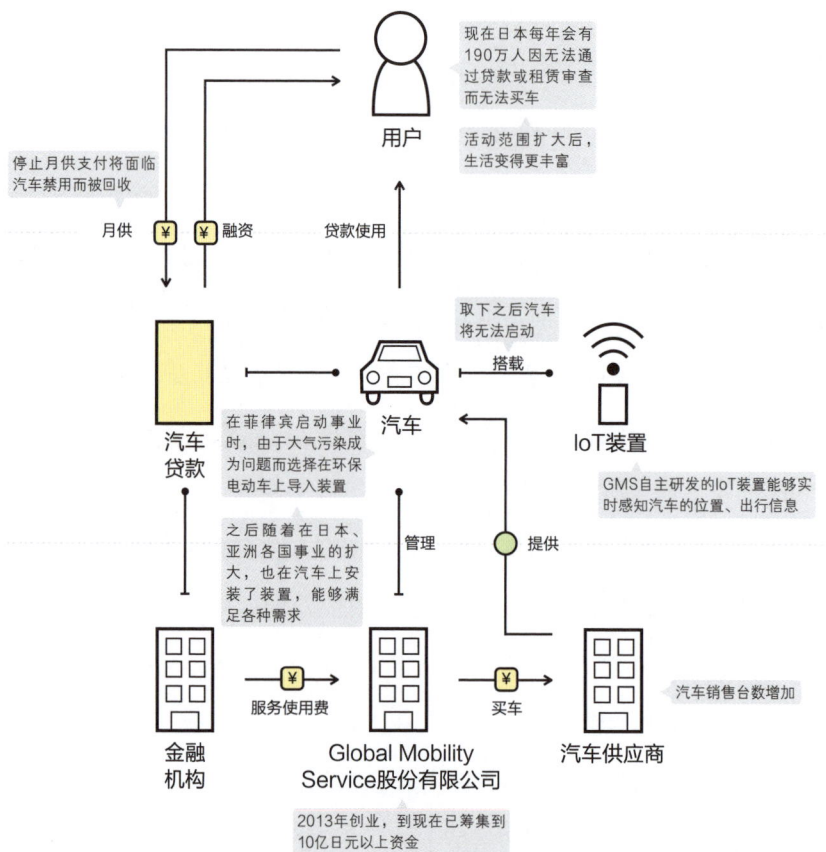

支付滞后时远程操作停车

"Global Mobility Service（GMS）"是一种为了促进汽车销售而开发的系统。与普通经销商等采用的销售方式有所不同，最明显的区别在于会先出借汽车，一旦费用支付滞后就会远程停止汽车使用。购买汽车时通常会有信用审核流程，对于低收入者或有支付能力的人而言，如果授信范围有限就很难达到审核条件。不过这项服务在车上搭载了可远程管理的IoT机器，因此能让那些一度无法拥有汽车的人也能实现买车的梦想。一旦贷款的返还滞后，汽车就会被远程控制停下来。

在亚洲市场中，噪声及废气排放的车辆逐渐被取代，而提供环保汽车，更是有益于解决环境问题。同时授信的速度得到提高，还能大幅度降低了工时。此外，从汽车上获得的信息，也能被二次利用作为一种出行信息而提供服务，进而提升了地区的整体价值。

IoT机器（MCCS）的金额为每月数千日元，大小接近于一个iPhone，在日本国内能够实现随时制动。如果取下MCCS，汽车将无法开动。环保车（电动三轮车）每台在60万日元左右，电气费要比汽油费便宜很多，使用五年之后，相比排气类汽车，环保车的成本会更低。

该公司在菲律宾开展业务时，菲律宾的经济增长率高达约7%，因面向低收入人群而从下往上能促进各种经济增长的可能性。在菲律宾受灾期间，该公司的社长也有过志愿者的经历。2018年，与各股东进行协调后创造出了平台的基础。当时市场还在萌芽阶段，所以不存在竞争对手，可以说是朝阳产业。

今后，在菲律宾的IoT业务领域将以No.1为目标，通过唯有GMS才能实现的活动来对经济发展做出贡献，在亚洲及日本市场的开展也将作为未来的事业目标。这是集社会性、经济合理性、创造性于一体的非常了不起的商业模式。

046
Crowdcredit

将日本剩余资金与海外资金需求匹配到一起的众筹

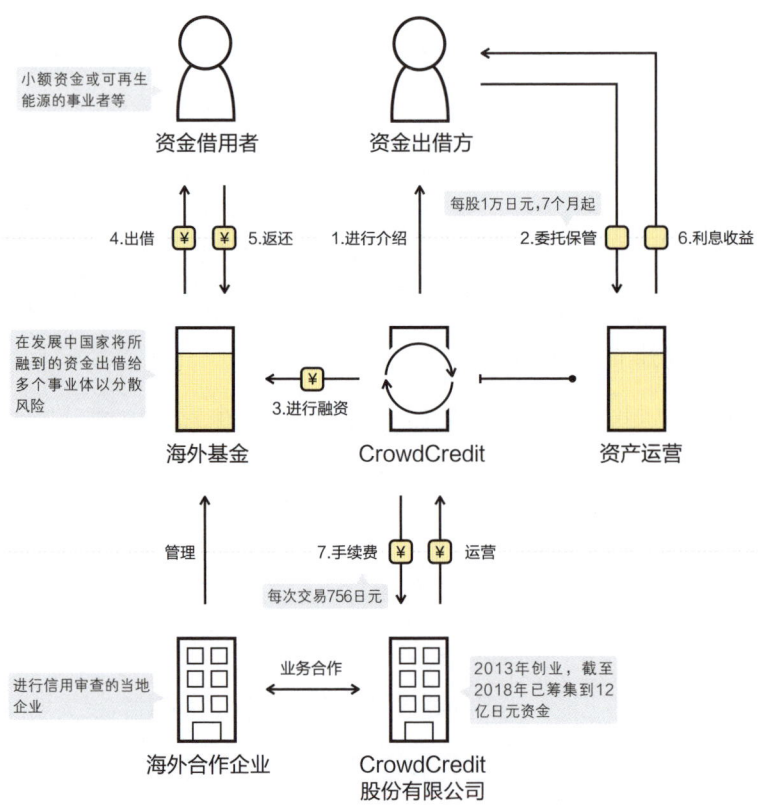

对发展中国家进行融资　出发点 — 定律　需要法人当面进行投资操作
　　　　　　　　　　　　　　　└ 反论　个人也能在线进行投资操作

■ 针对个人或发展中国家进行融资成为可能

"Crowdcredit"是将在日本所获得的投资利润等剩余资金用于海外资金需求者的一种众筹模式。作为融资型众筹，将资金融资给海外尤其是发展中国家，能做到这一点实属不易。

在日本，将家庭收入中的剩余资金与其他资金需求者进行资源匹配的融资中介服务通常只有进行房产个人投资这类国内选项，日本目前针对海外的融资必须要能达到100亿日元规模的银行才可以操作。

然而该项服务是由在对投资所得收益不会发生税费的爱沙尼亚等避税国家设立的子公司，针对发展中国家等基金发行的融资类的债权。日本总部买下该债券后，通过众筹募集资金，金钱方面的回报由金融机构来实现。针对海外投资所存在的汇率变化风险还设计了对冲机制，以解决汇率变动可能带来的隐患。

个人投资者可在电脑中选择想要投资的基金，对小额信贷业者或可再生能源事业者进行出资，最低资金为1万日元左右，最短时间为7个月。正如格莱珉银行[①]对发展中国家进行的融资操作那样，在个人身上也能通过资产运营实现获利。如此一来，这样的模式不仅让发展中国家的事业活动得以推动，还能积极促进当地就业率。

在创业时就想过"开银行"的CEO杉山智行先生认为，若使用日本的剩余资金买入国债会发生赤字而无法运行起来，所以实际上这些资金多集中于银行存款，而该项服务则解决了光靠储蓄却看不到增值的问题。该公司今后对于现金的储蓄将不再考虑单方面依赖于银行，而是大胆预测：未来社会将会是"即便投资股票也不大可能再发生资产变为0的情况""即使证券公司倒闭也能保住投资信托的财产"。

---

① 格莱珉银行：又称孟加拉乡村银行。这是一种利用社会压力和连带责任而建立的组织形式，是当今世界规模最大、效益最好、运作最成功的小额贷款金融机构。

047 镰仓投信

重视"良心企业"的投资信托

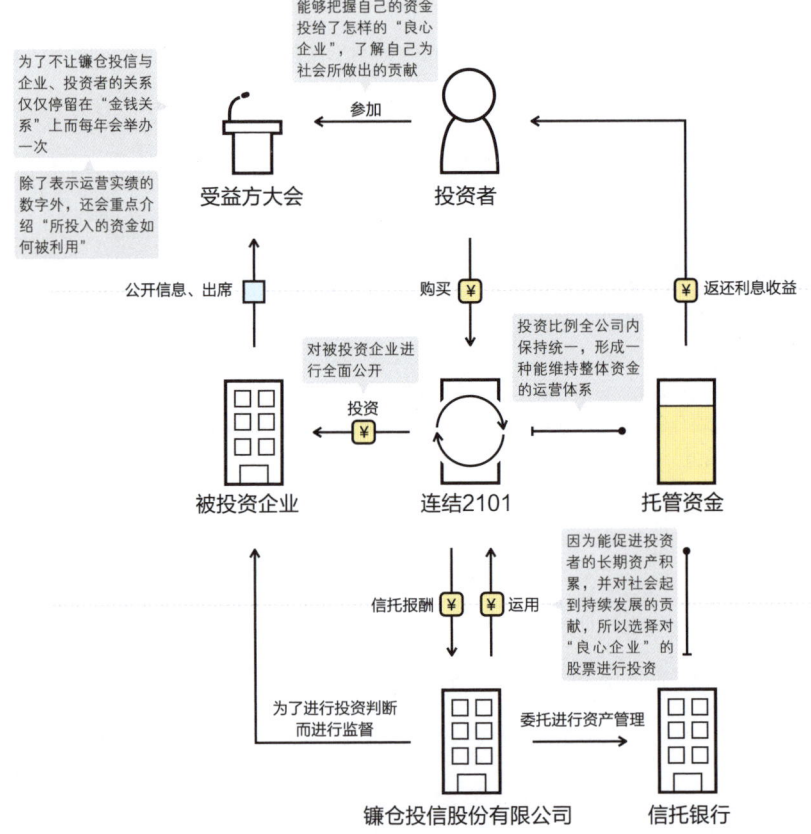

148

■ "社会性"与"经济性"的共存

作为个人投资者，首要投资目的就是形成资产。金融行业因助力于投资领域，主要是从收益方面会带来怎样的正面影响来考量和分析企业，然后判断投资目标。然而"镰仓投信"却将社会性作为第一目的，以"只投资那些通过事业促成好事的公司""重视无法量化的部分"为企业投资宣言，可以说其选择投资对象的眼光完全有别于传统金融行业。最终，获得了R&I[①]基金大赏"投资信托/国内股票部门"的最优秀基金奖等实绩。

镰仓投信在判断投资对象是否属于值得投资的"良心企业"时，提倡的是"八方受益"的思路。所谓八方受益是指，对于员工及其家庭、交易方、债权方、客户、地区、社会、国家、经营者、股东这九类利益相关方所实现的共通价值，也是在日本近江商人的"三方受益"心得基础上引申而来的产物。三方受益是指，对卖家、买家和对社会都好这"三方面"，但这不足以表达当代企业经营的复杂程度。因此，需要频繁往来于企业现场，去听取实际工作者的反馈来进行投资判断。

为何镰仓投信会选择投资"良心企业"，而且还能实现经济合理性呢？这取决于该公司自己的原则。镰仓投信在公司内部会将其对各个企业的投资比例实行完全的统一，这样一来，即便某个企业的股票下跌，其他企业的股票也能进行填补，以此构筑出可维系整体资产的投资体系。

镰仓投信希望让赞同镰仓投信理念的人进行购买，所以会将作为投资对象的所有公司向大众公开。相关的投资产品销售也不会经过金融机构，而是以直接出售为特色，并且每年会召开一次"受益者年会"。该年会是由受益者（投资家）义务性支持而运营的，运营实绩不但会展示数据，还会在"所投资的钱是如何被使用"的方面进行着重介绍。

---

① R&I：Rating and Investment Information，日本最大信用评级机构——格付投资情报公司。

048
&Biz
为中小企业定制的M&A匹配服务

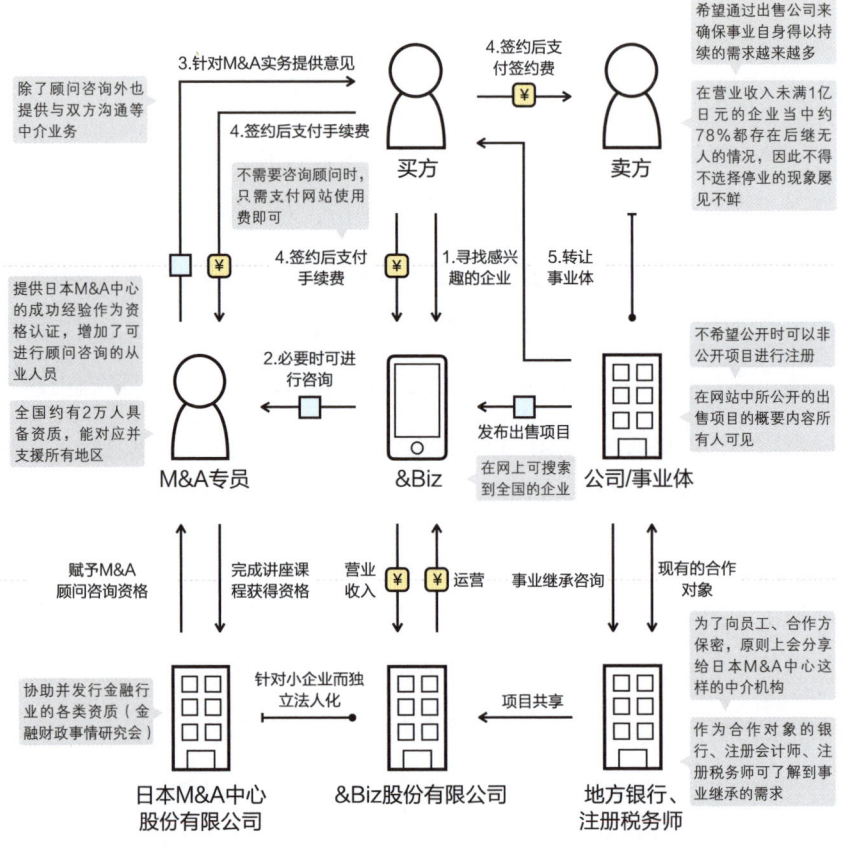

小规模M&A	出发点		中介费不划算
		定律	
	反论		合理的中介费

■ 低廉的手续费促进中小企业后继有人

根据帝国数据银行（Teikoku Databank）[1]的调查，66.1%的日本企业存在后继无人的现象，在营业收入不满1亿日元的企业中更是多达78%，因此不得不选择停业的中小企业不断增加。为解决该问题而产生的"事业继承M&A"也在逐渐增多，因为将事业体转让给其他公司能够使业务持续经营下去，并维持员工、交易方等相关利益者的关系。

"&Biz"最初是以"无论是谁无论何时何地都能进行M&A"为目的而开始的事业。日本M&A中心启动后，2018年4月成立分公司。登录到&Biz的网站后，能够检索到全日本范围内希望卖掉的公司信息。因此，在这个在线平台上，用户可以联系到那些考虑转让公司的潜在人群。

通常在进行M&A交易时，买方会向日本M&A中心这类中介公司提出委托，让其代为寻找卖家，并让咨询顾问提供实际操作及交涉的协助。然而这当中存在两大问题：一是对于中小企业而言咨询顾问的手续费太高难以承受，所以即便有潜在的需求也难以促进小规模的M&A。二是&Biz以外也有其他在线的M&A匹配网站，匹配后在实际操作方面的协助以及买卖双方之间的交涉缺少一定的中介服务功能，导致很多案例最终不能顺利签约。

在日本进行事业继承的瓶颈在于，咨询顾问过少而且咨询手续费过高。对其深有感触的日本M&A中心便构筑了"M&A专员"的资格认证体制。对其传授日本M&A的知识经验，增加咨询顾问人数，还整合了基础资源以针对在线匹配到的中小企业，在其有需要时能够进行咨询协助。线下通常手续费很高，但线上又存在支持不足的问题，这些都通过M&A专员的资格制度而得到了完善，该公司在中小企业间也实现了与其规模相匹配的手续费定价，对促成事业继承起到了一定的贡献作用。

---

[1] 帝国数据银行：Teikoku Databank, Ltd. 简称TDB. 是日本一家有着百年历史的民间信用调查公司，成立于1899年。

049

Jump Rookie!

《周刊少年Jump》开创漫画家培养的体制

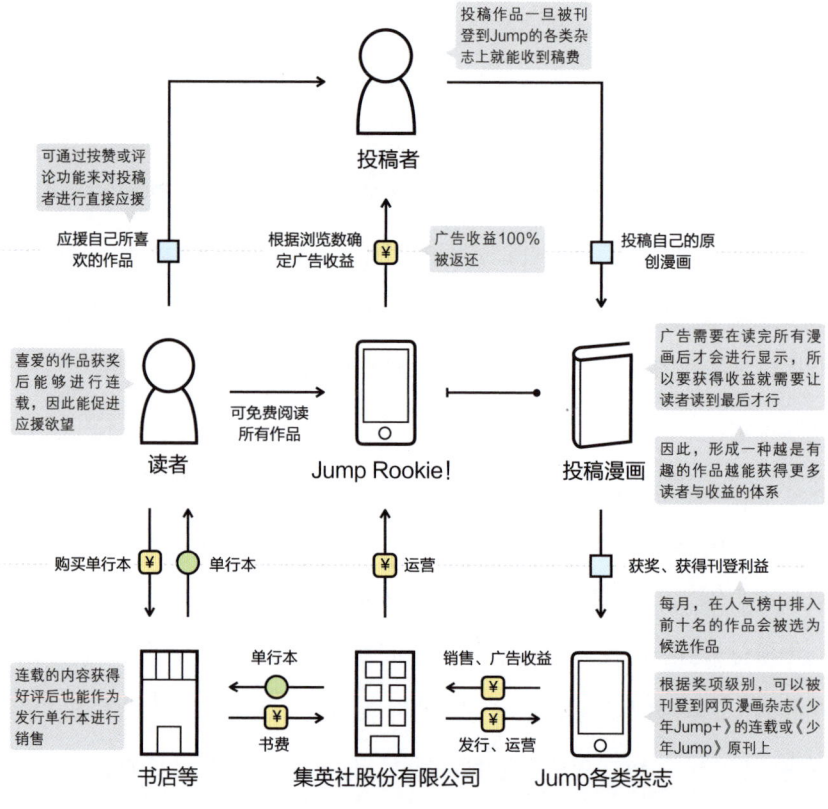

■ 广告收益100%返还漫画家

"Jump Rookie！"是由集英社针对漫画家的后备人才所运作的一种服务。年轻的后备人才为了挣钱，最典型的发展路径就是获得大奖之后在知名的杂志上合作连载，然而在成为畅销作家之前，漫画家后备人才必须在艰苦的条件下坚持奋斗。不过，Jump Rookie！是为了那些没有名气的漫画家也能获得收益而启动的服务。除此之外，如果能有方法轻松增加哪怕一点点的收入，"就算没有考虑过要做职业漫画家，但是对那些单纯爱好画漫画的人们而言"也是一种激发其持续创作的服务形式。

模式很简单，流程大致为"漫画家们在APP上投稿自己的漫画作品→读者免费阅读漫画→阅读完之后显示广告→广告收入将被支付给漫画家"，最大的特点是广告收益将全部分配给漫画家。具体而言，广告收益是根据"广告浏览数=能将自己的漫画阅读到最后的人数"的形式分配给漫画家的。广告因为要在阅读完漫画之后才会出现，所以会激发作者制作出有趣的漫画作品吸引读者读到最后。

而另一个特点在于，缩短了漫画家与读者之间的距离。读者可以通过"赞"功能及留言等形式直接为漫画家表达支持，对于那些还未出道的漫画家们也有机会获得读者们的真实反馈。另一方面，读者也能因为发现了喜爱的冷门漫画家而享受应援的乐趣。

那么，将广告收益100%返还作者的集英社又靠什么产生盈利呢？Jump Rookie！里的人气漫画作品将在每月开展的漫画奖中获得提名，一旦获奖即获得《少年Jump》杂志及Web版《少年Jump+》等各类杂志中刊登其作品的机会。所刊登的作品一旦变成连载，就有可能作为单行本出版销售，所得收入就会变成集英社的收益。总而言之，对于集英社来说，能够吸引到更多漫画家后备人才，也就能挖掘出可以胜任《少年Jump》未来的人气漫画家。

050

Funderbeam

无论谁都能简单投资"未上市企业"

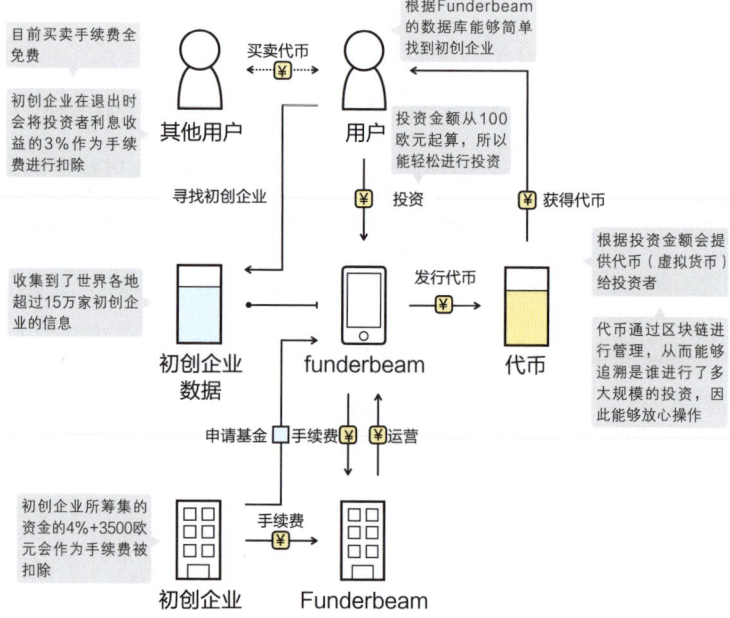

出发点	定律	需要专业人士处理信息与资金
投资初创企业	反论	谁都可以处理的小型资金与信息

■ **投资对象15万家企业/投资金额约1万日元起**

第一次看到这项服务的人大多会以为这不就是"当下流行的区块链服务吗"？然而"Funderbeam"的强项不在区块链，而在于所经营的商业内容。这虽然是进行股票或债券交易的服务平台，但却能对"未上市"的企业股票或债券进行交易。

本来投资就容易给人一种高难度的主观印象，尤其是对未上市企业的投资，更是难以出手才对。首先就要面对信息不足的问题，世界上虽然有相当多的初创公司存在，但要找出有希望的企业时总是无从下手。其次就是资金量的问题，对初创公司进行投资时，有时会需要数千万日元规模的大量资金。而最后就是流动性的问题，大部分对于初创公司的投资最短也需要好几年的时间才能见效。

这项服务最终解决了以上所有问题。首先只需要连接到数据库，用户就能简单了解到世界上有趣的初创公司，这些公司的数量多达15万家以上。甚至投资金额是从100欧元（约1万2700日元）起算，因此实现了较小规模的资金投入。

最关键是，投资所获得的权利也能卖给其他投资家。投资后的权利通过区块链实现虚拟货币化，由谁针对哪一家企业投资了多少金额都能得到严密的信息监管，因此，用户得以安心而便捷地进行交易。初创公司登录Funderbeam之后，也不用通过风险投资等就能轻松筹得资金。

虽然初创投资给人的印象还停留在仅限专业人士才能参与，但变得让任何人都能操作这一点也是该项服务最厉害的地方。到2017年，孙泰藏所带领的基金筹得了200万欧元（约2.4亿日元）资金也成为一时的热点话题，目前更是已成功筹集到1050万美元（约110亿日元以上）的资金。

051

Spotify

4000万首歌曲成为免费享受的音乐流媒体服务

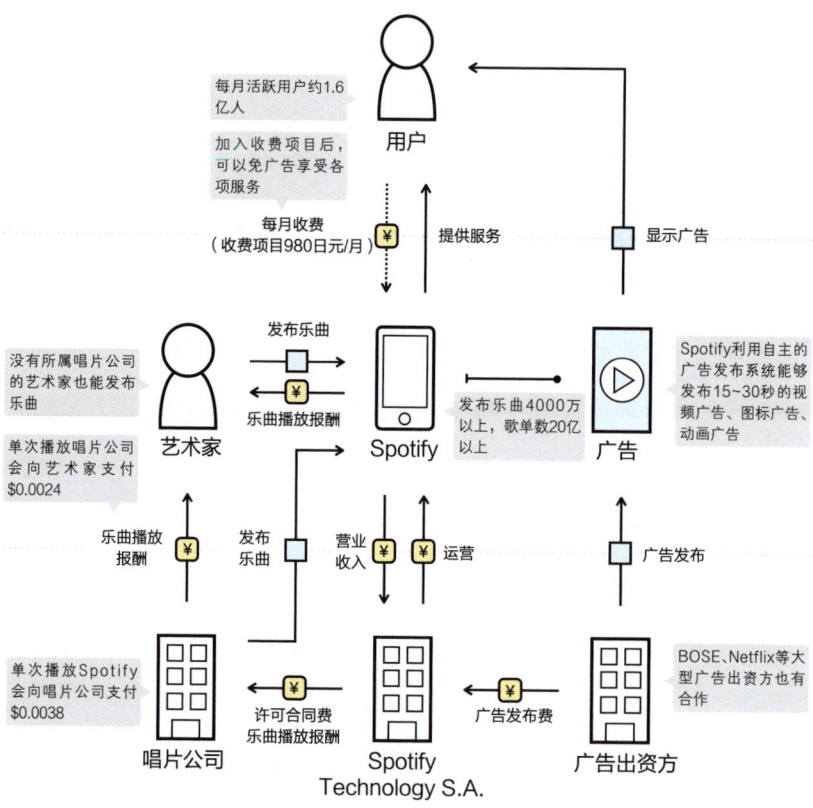

让艺术家、唱片公司、用户全部满意

在瑞典发起的"Spotify"是每月多达1亿6000万用户使用的全球最大音乐流媒体服务。Spotify的登场有一定的背景，在2006年创业时，音乐的违法下载和盗版流通成为社会问题而被提出，这当中最大的问题就是对艺术家的收益分配不均。一起创业的人中有一位是Daniel Ek，针对这个问题设计出了向艺术家或唱片公司支付对价的机制。

实际上，到Spotify发布三年后的2011年，瑞典国内针对歌曲的著作权问题实际减少了约25%，成功的原因之一就在于其商业模式。收益主要来源于用户每月支付的费用和广告这两部分，但最特别的却是它的广告模式。Spotify有着自己独特的广告发布系统和广告菜单，到目前为止已经为Netflix、BOSE等大型金主提供广告服务的实绩。广告上的营业收入再加上每个月的用户使用费已经足够确保盈利，所以即使免费提供服务，也能对艺术家及唱片公司保证报酬的支付。Apple Music及LINE Music等竞争公司都是以用户缴纳月费为前提，虽然也设置了免费试用期，但Spotify除了有一部分会设限之外，其他基本不会限制期限而且完全免费，还能重放或选择歌曲（PC/平板），对于这样让艺术家、唱片公司、用户全部满足的模式深感触动。

除了广告模式外，该服务在收费的营业收入上也存在着优势。980日元的月费是定位于增值计划的收费，用户将能听到更高品质的歌曲，免广告，还能在线重播。44%的用户会加入增值计划，营业收入的九成都来源于增值计划的收费。

虽然该项服务是因歌曲著作权问题、唱片公司及艺术家声讨批判等报道而备受关注，但其实也在积极与科技公司进行M&A并在2018年实施IPO等力图加速成长。为了提升更优质的音乐体验，很期待下一步会采取怎样的战略。

052
WASSHA
在非洲针对"电的计量销售"服务

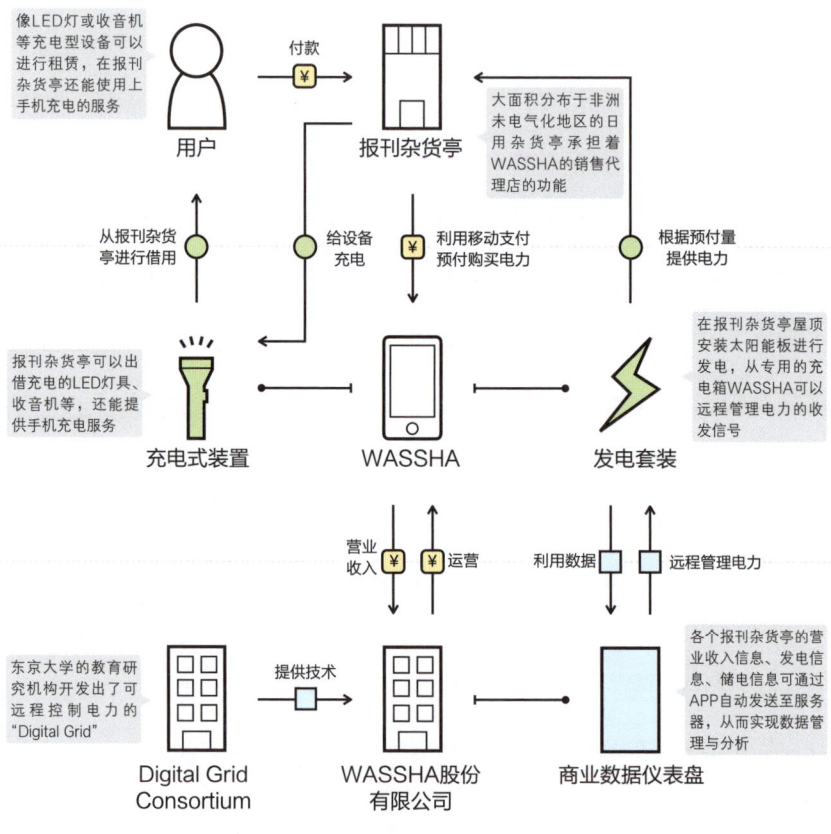

■ 在没有电力的地区为居住的10亿人口提供丰富的电力资源

"WASSHA"是采用了数字电网这种新型电力控制技术，将电力以合理的价格实现无所不在的一种电力计量计费服务。在非洲还未电气化的地区进行开展后，已导入到1000家以上的店铺。值得一提的是，WASSHA本身是个创造新词，据说是取自斯瓦希里语Washa"点火"的含义。

该项事业最大亮点，是在发展中国家未电气化的地区创造出供电模式。在发达国家通过与电力公司签约就能使用电力，所以根据用量收费是理所当然的，然而在未电气化地区能够使用电力恩惠的人却非常有限。在这种情况下用提前支付并采用"计量计费"的形式，能够让未电气化地区的低收入居民轻松地享受到电力的恩惠。

电力实现计量计费的模式主要如下：在未电气化地区将遍布的报刊杂货亭作为代理店家，WASSHA对其无偿出借太阳能板等必要的业务工具。报刊杂货亭将太阳能板所发的电在专用的智能手机APP上用移动钱包支付所需使用的电量，再对LED灯或收音机之类进行充电后出租给当地的居民获得营业收入。此外，平时到店铺采买日常用品的客人也能利用其对手机充电。发电状态及电力的使用情况等会自动发送至WASSHA系统中的商业智能仪表盘中，因此可在远程进行数据分析与管理后确认业务的状况并进行支持工作。

除了供电方面的贡献，该公司在BOP事业（以发展中国家的贫困人群为对象，为消除贫困做贡献并产生利益的事业体）的建立方面也是相当优秀。那些报刊杂货亭的店主通过WASSHA服务能够期待收入的增加，而使用电力的当地居民因为可以享受到电灯，所以夜晚的店铺经营也会创收。WASSHA代理店的开拓与管理团队中一部分是采用当地人员，所以为就业也做出了贡献。目前正以坦桑尼亚为中心开展事业，今后还计划在整个非洲拓展业务版图。作为日本起家的风险投资企业，很期待其能在非洲的未电气化地区建立起事业规范。

053

Doreming Pay

将完工的工资以日为单位实现提前发薪的服务

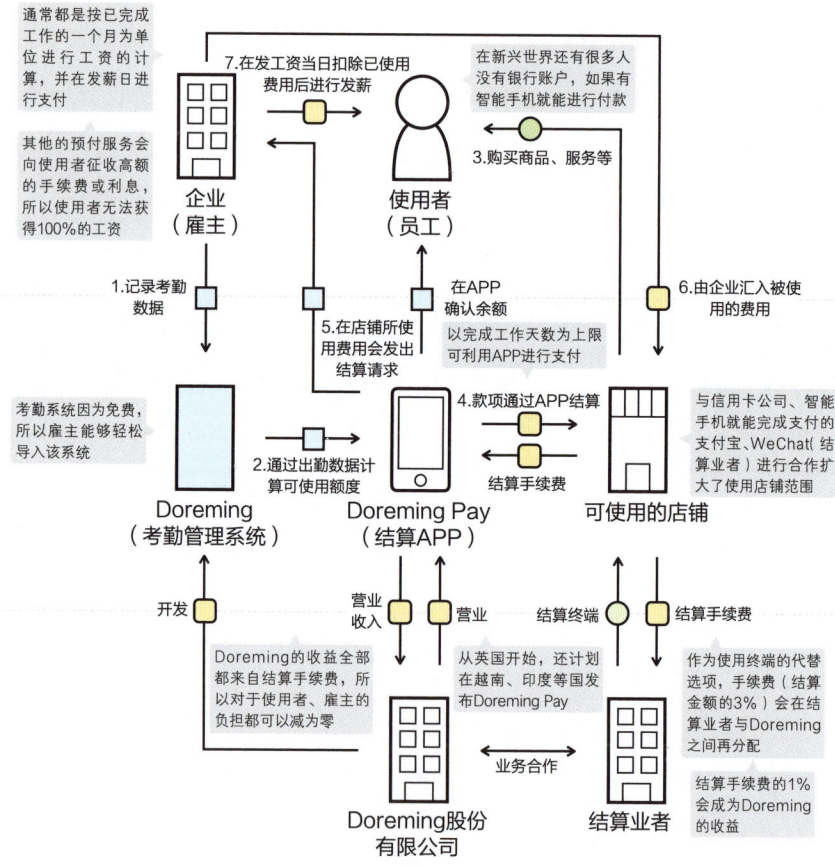

解救无法享受金融服务的20亿人群

这是在世界代表性金融科技企业的"FinTech100"中唯一一家来自日本的风险投资企业。以福冈为据点的Doreming股份有限公司,于2015年由高崎将纮先生所设立,是一家提供薪酬计算与考勤管理系统的公司。根据其父亲意一先生所开发的考勤管理及实时薪酬计算管理系统,开发出了Doreming考勤管理系统。

该公司将Doreming与电子钱包等结算系统进行组合开发出了"Doreming Pay",在英国、越南、印度、沙特阿拉伯等世界各国深受好评,因而被入选到文章开头的"FinTech100"。Doreming Pay计划在上述国家发行,这是一种能将已完成的工资按日结算的服务,构造上根据考勤管理系统的Doreming计算出每日的薪酬,在员工的APP上显示使用上限额度。员工在其金额上限范围内可在店铺购物,也可通过智能手机完成支付,即使没有现金或银行账户,只要有智能手机就不用等到发工资那天就能买东西。

这项服务最划时代的一点是,使用者(员工)不会被收取任何手续费。与信用卡一样,从结算金额中计算出手续费,再由店铺承担的一种收益构造。根据当地的情况也可以调整收益构造,将纮先生在"Mugendai"(无限大)的官网采访中表示"至少原则上是绝对不会从员工身上收取手续费"。

在新兴国家当中,没有银行账户而未能享受金融服务的金融难民据了解在20亿人左右,因为无法借款和贷款,不得不在发工资日前以非法的高手续费或利息来借款度日。而一到发工资的日子就有催债者直接到公司收取工资,因此所剩无几导致很难摆脱贫困窘境,使用智能手机就能利用Doreming Pay拯救这些人群。在法律法规上,虽然还在与各国的当局、政府进行持续的交涉,如果这20亿的金融难民能够享受这项服务,Doreming对世界所带来的冲击将会非常之大。

054
PoliPoli
促进市民与政治家交流的APP

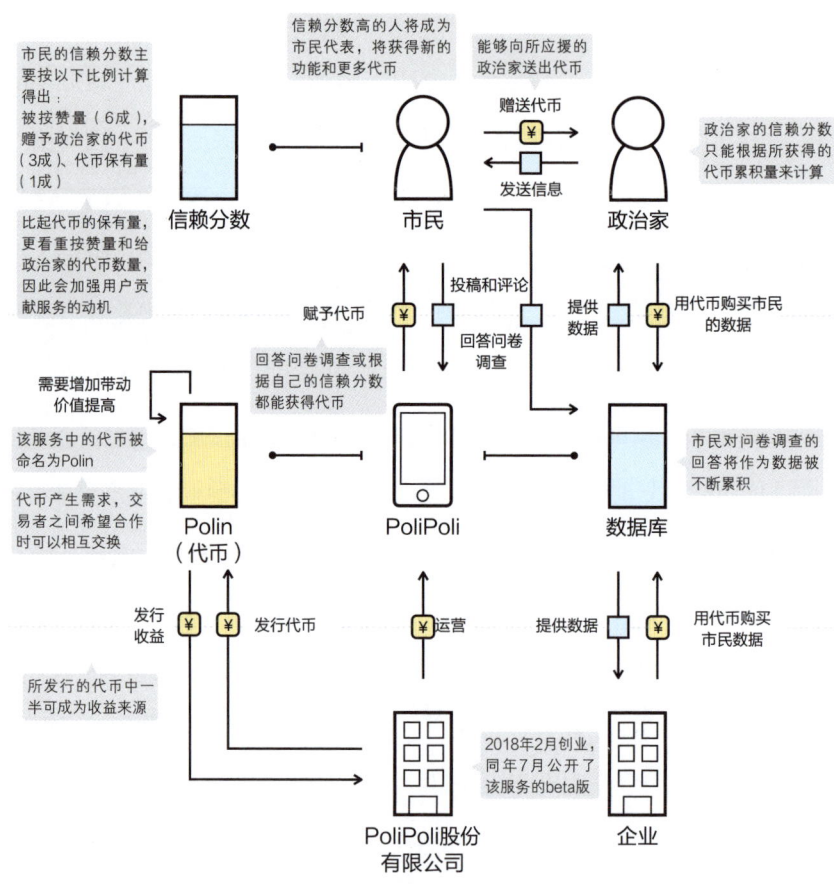

政治	出发点 — 定律	网络中难以形成健康的议论环境
	反论	网络中也能形成健康的讨论环境

在网络上良性议论避免"攻击诽谤"

尽管科技为各行各业都带来相应变革，但仍有一些行业还未被科技所涉猎，那就是政治的世界。在尚未发生改革的领域却已然感受到了市场可能性，这正是"PoliPoli"APP。

"PoliPoli"是一种能促进大众与政治家在网络上友好交流的APP，依靠科技的力量，将网络中那些对于政治话题趋于白热化阶段的讨论变成更加友好的交流，使市民与政治家的相互关系实现了革命性的改变。

这项事业主要有三大亮点。

首先，是将对政治引起诽谤中伤的言论变为友好的制度。在APP内的发言会由市民之间相互进行评价，正如图中所示，在市民间对于发言的评估将获得信任分数，因此，能避免针对特定人群的批判，而变为具有建设性的讨论内容。

其次，市民与政治家之间能够进行直接的交流。市民不仅能在PoliPoli回答问卷调查，还能向政治家提出问题，通过这样的途径发表自己的意见，政治家也能在APP中针对市民提出的问题进行直接回答。APP作为市民熟悉的工具而被使用，尤其年轻的市民不再远离政治而开始建立兴趣。

最后，"Polin"作为PoliPoli所发行的货币被市民、政治家、企业购买后，能起到虚拟货币一样的用途，从而形成一种独特的经济圈。在PoliPoli内部的所有信息交换都将通过Polin来实现，因此PoliPoli可以凭借Polin的发行收益来获取利益。

附录2:"资金"的商业模式汇总

在"资金"一章所介绍的案例可以根据"利用资金实现了怎样的创意"而分为"转换系""诱因促进系""流通系"这三类。

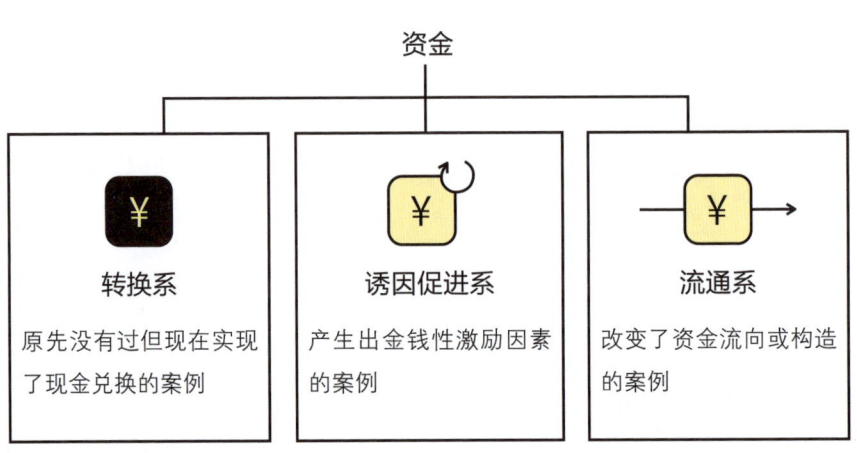

转换系

时间银行　Cansell
Global Mobility Services
镰仓投信　Medicalchain
&Biz

Global Mobility Services让有支付能力但不能通过信用审核的人,能够免信用审核获得贷款、设计出未付款时能让汽车停止制动的机制。时间银行创造出了买卖时间的市场环境

诱因促进系

SHOWROOM　Unipos
Mobike　Lemonade
Funderbeam　PoliPoli
Jump Rookie!　ALIS

Unipos让同事之间能够互赠奖励金,让员工对公司内部不起眼的业务也能自发行动。ALIS发行代币进行ICO而从投资者处获得融资,并利用媒体而非广告模式形成自发的动机与诱因

流通系

CASH　TransferWise
POLCA　CrowdCreit
Spotify　DoremingPay
paymo　WASSHA
Fundbox

TransferWise在全球各地开设银行账户,通过两次的汇款操作来代替跨境汇款,实现了更合理的手续费。WASSHA在非洲未实现电力化的地区利用预付形式替代了计量收费制

第 3 章

信息

采用新的
"科技"

BUSINESS MODEL 2.0 ZUKAN

AI（人工智能）、IoT、大数据……新的科技催生出划时代的商业形态，曾经难以实现的领域通过信息技术或利用数据获得了突破的商业模式。

第 3 章　信 息

采用新的「科技」

055
Farmers Business Network
"农户+大数据"带来生产的急剧提升

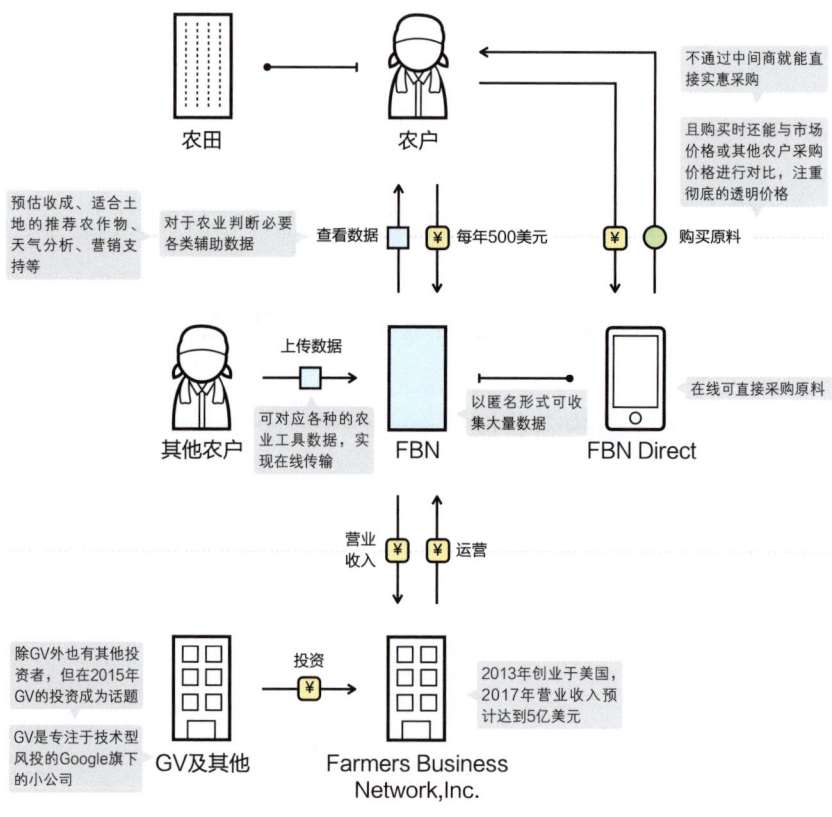

连其他农户买了多少肥料都可知晓

"Farmers Business Network"（以下简称FBN）是来自美国的一家为农户实现更有效管理自家农田的服务平台，每年只需支付500美元，就能浏览农业相关数据，例如"何时收割最合理""自家农田最适合种植哪些农作物"等信息，还能链接到天气分析、营销策略等相关信息。

如此庞大的农业数据采集自其他农户。FBN的优点在于设计了独到的商业智能仪表盘（将多种信息汇总后进行可视化的报表功能），因此在上传自己的农田数据后，就能预测出相应的收益。在整个体系上，农户所上传的数据会以匿名的形式汇总到一起，并在不侵害隐私的前提下能够浏览其他农户的数据。

在收集到大量数据后，能了解到诸如"其他农户以什么价位采购了该肥料"的信息。此外，FBN还实现了在线采购原材料的功能，能将市场价与其他农户实际采购价等进行比较，且无须通过中间商就能直接以实惠价格进行采购，如此重视价格透明性这一点也正是FBN成功的因素之一。

农户每年只需支付500美元，就能浏览大量的数据库，有助于做出易于实现高收益的判断决定。而且还拥有以低价采买的渠道等优势，因此加入的成员越来越多。

虽然"将科技导入第一产业的农业"是早就存在的方向，但FBN利用大数据信息技术进行了正面迎战。独立的农户们根据FBN所分享的知识经验提高了自家农业的生产性能，也期待能因此解决未来的粮食危机。

056

Petit Lawson

罗森所发起的"办公室内便利店"

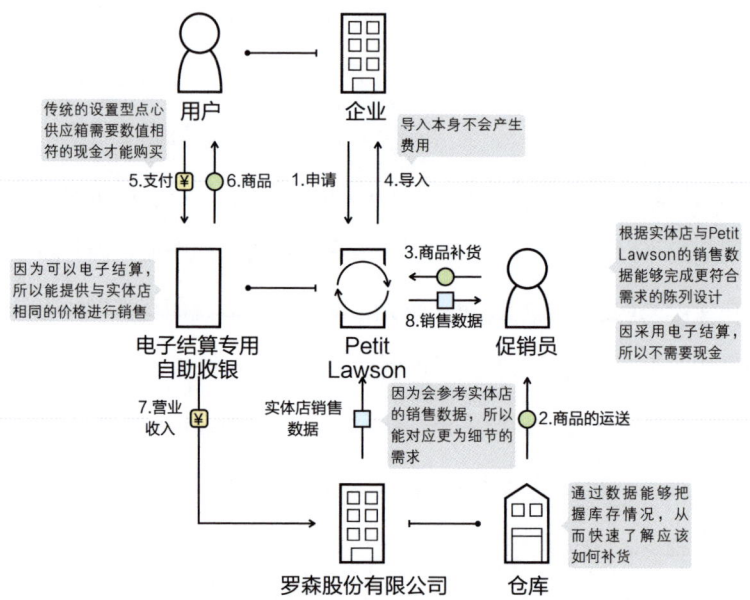

陈列点心服务	出发点 — 定律	需要现金支付，导致可陈列的商品种类少
	— 反论	可以电子结算，所以可陈列的商品范围丰富

备用点心服务的无现金化

2017年7月，大型连锁便利店罗森做好充分准备后推出了备用点心服务"Petit Lawson"。

以"Office Glico"（办公楼内无人收货站）为代表的，现有办公楼内的备用点心服务通常以现金支付为主，考虑到收款时的便利大多设置为100日元等固定的价格。这样一来，与100日元价格差距较大的商品就会难以上架，导致所陈列的商品阵容受到限制，而且因为善意而设计的现金回收据了解有时也会出现回收率很差的情况。

Petit Lawson的特点在于，导入了业界首次的电子支付系统，因此，不需要再将金额限制在固定范围，从而商品的价格区间不再受限制，商品的陈列阵容也更加丰富。作为可选项，除了点心之外还能放置有饮品的冰箱与有冰激凌等的冰柜以及咖啡机等。当然，全部都能进行电子支付。

此外，灵活地利用到了罗森的便利店销售数据，能够分析销售趋势后安排陈列内容。对于销路情况能够进行实时数据可视化，从而利于快速应对缺货、补充畅销商品库存。提前进行数据分析后能够选择库存并安排运输，让销售员的回收效率也得到了提高。

作为竞争对手的"全家"在2013年率先推出了"办公楼全家"这种类似服务，但还没有电子支付，不过，想必对手也会逐步完善起来。虽然Office Glico才是备用点心服务的先驱者，但是电子支付的流行将推动加速发展，拥有除点心外大量销售数据的便利店作为后手出发也完全有可能扩大市场份额。在如今推崇无现金化的社会潮流中，即便是小小的备用点心服务也会受其影响而不得不调整转型。

057
ZOZOSUIT
ZOZO开始涉猎"以量尺寸为目的的连体泳衣"

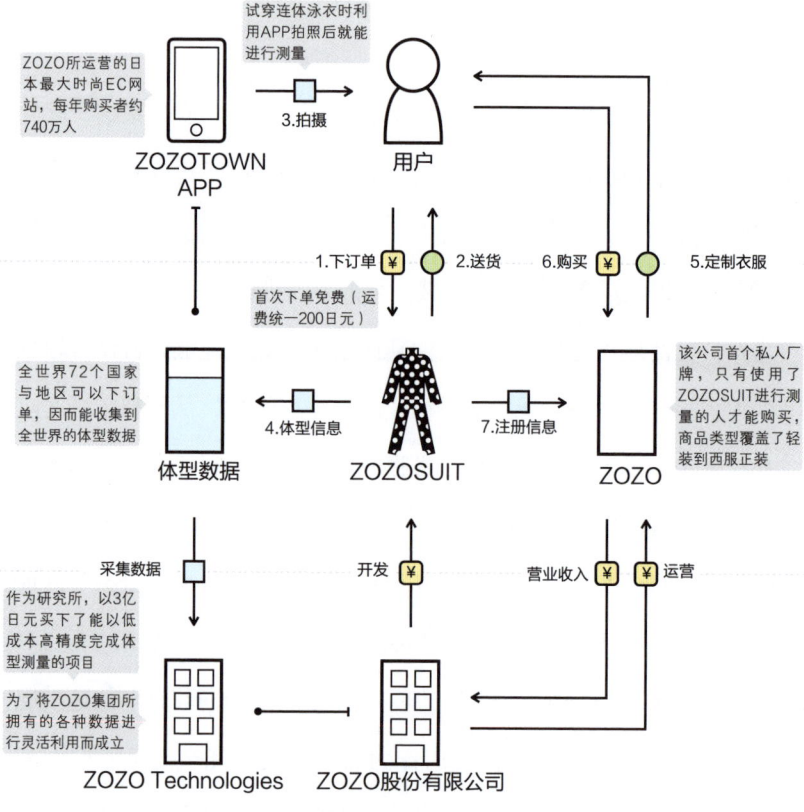

服饰商品的电商化	出发点	定律	不试穿就无法确定是否合身
		反论	不试穿也能确保合身

在试穿时能够瞬间测量必要的身体尺寸

"ZOZOSUIT"因在2017年11月底开始接受预定"量尺寸用连体泳衣"而一度成为热门话题,这是由经营时尚购物网站"ZOZOTOWN"的ZOZO股份有限公司(2018年10月1日更名为ZOZO Today股份有限公司)负责运营的。

一直以来,在网上购买服饰的最大缺点在于无法试穿,所以无法确定是否合身。因此,ZOZOSUIT采用了一种简单的解决方案通过试穿就能自动测出自身的尺寸,为世界所震惊,这让连体泳衣的免费提供而成为一时的话题(实际需要200日元的运费)。

在同一时间发表的私人品牌"ZOZO"是一种通过ZOZOSUIT进行体型测量后能提供"与您尺寸匹配"商品的品牌。在此之前一直都在贯彻平台的管理,而在做好充分准备后的这个时间点发布私人品牌也可谓是非常明智。

ZOZOSUIT在全世界72个国家和地区都能操作订单。不限于日本,如果能够收集到全世界的测量数据,将会成为ZOZO非常有用的资产基础。对于EC网站而言,最大的优势就是"能了解客户的尺寸"。

试穿就能测量,通过ZOZOSUIT在全身分布的300~400个标记点,利用智能手机的相机进行360度拍摄并读取数据。搭载了可进行高精度测量的新科技后,测量用连体泳衣能将全身24处的尺寸保存到ZOZOTOWN的APP上。不仅能在APP上查看自己3D的体型数据,还可以与同自己身高体重相符的用户平均值进行对比。"休闲、正装、basicware都能在ZOZO找到"是其目前的经营目标,因此正在不断发布以T恤、西服等为代表的新商品。

058
Air收银
能够提高商铺魅力与客户匹配度的免费收银APP

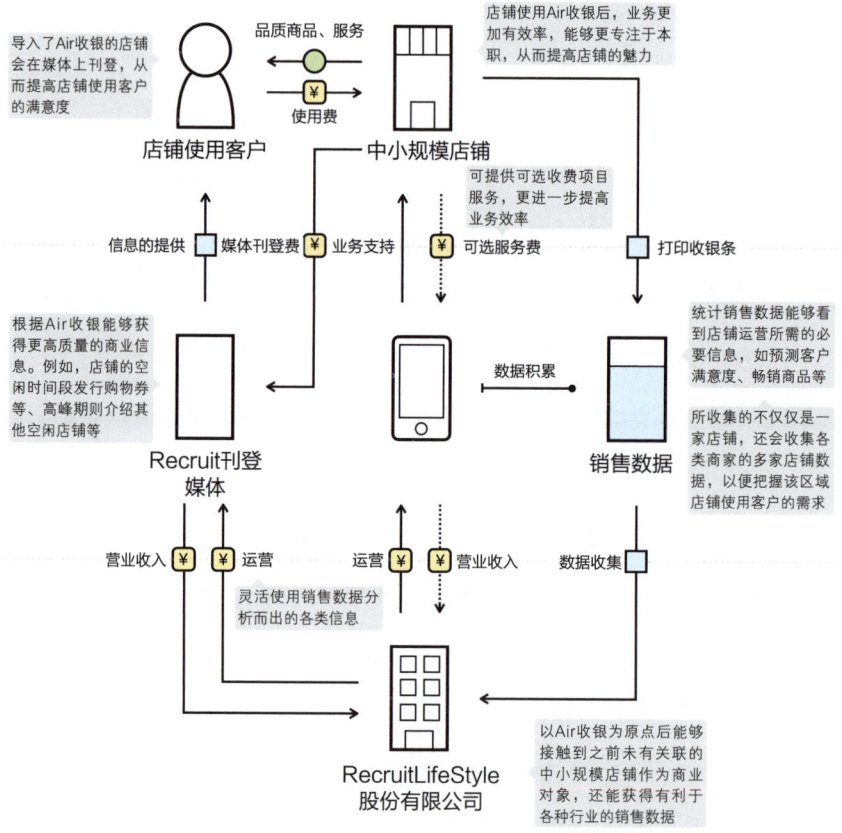

中小型商铺也能导入POS收银系统灵活利用数据库

"Air收银"是由Recruit Life Style所运营的面向中小型商铺的一种免费收银APP，使用中的商铺已经超过33万家（截至2018年3月），并正在持续扩大中。

商铺使用Air收银服务后的好处在于能够积累销售数据，销售数据的收集、客户满意度、预测、畅销商铺等商铺运营过程中所必要的数据都能进行确认。可以说，导入POS收银系统后店铺所拥有的效果它都能实现。

一直以来，商铺为导入POS收银需要花费数十万日元的成本，但该项服务只需拥有iPad就能免费使用。商铺通过导入Air收银后在营业收入管理及菜单变更上都更简单，减少杂项事物的负担。可以说，Air收银使传统的看似毫无价值的收银业务重新实现了价值体现。

如今虽然也有其他好几个免费的收银APP服务存在，但Air收银的服务模式凭借Recruit Life Style已经覆盖了各个领域和行业，所以能够不断积攒来自各个商铺收银的庞大销售数据，这不仅是针对某一家商铺，而是为了把握整个地区的客户需求。

不仅如此，通过灵活使用Recruit Life Style所拥有的媒体资源后，能够接触到更多的商铺使用者。比如，在商铺空闲时段发行优惠券，或是在客满的情况下介绍该区域其他空闲的商铺，等等。

对于Recruit Life Style来说，通过衔接各个商铺便能获得相关信息，从而用于该公司的其他事业领域，真可谓是一种一石二鸟的商业模式。

059

Amazon Go

Amazon在西雅图推出的"无人便利店"

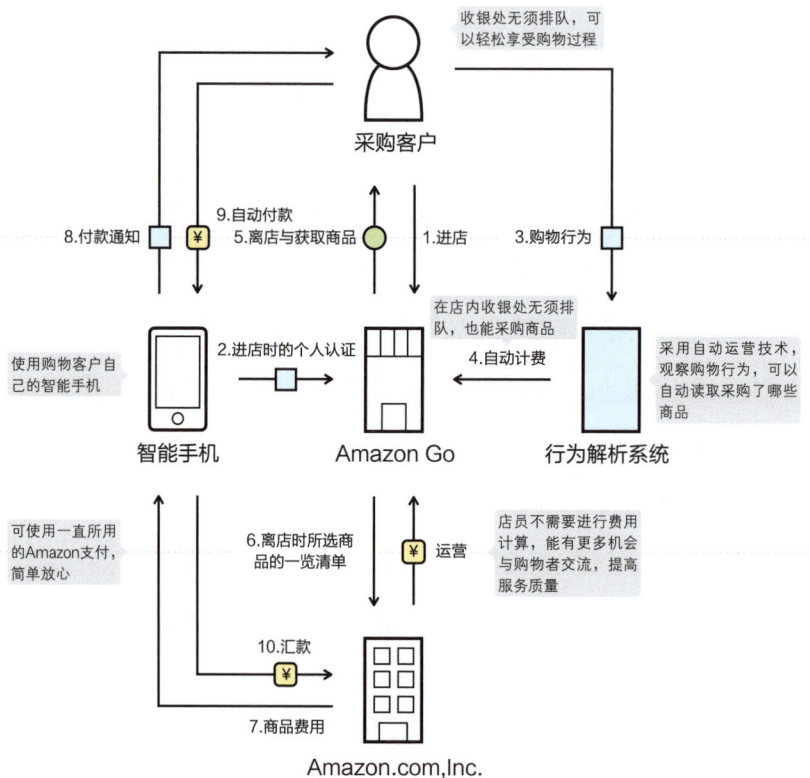

免收银手续带来无压力结算

"Amazon Go"是由Amazon首创的无人便利商店，2016年12月发布之后引发热议，1号店于2018年1月在西雅图开店。

一直以来，购物者最容易感受压力的就是"收银时的排队"。在离开店铺之前完成结账是理所当然的，但Amazon却利用科技实现了无人支付系统，由此购物者不再需要在店内完成支付，因而得以轻松体验购物之旅。在进入店铺时需要以扫描的形式完成个人认证，但进入之后再出店铺就能完成神奇的自动结账手续。

Amazon Go的核心是能够分析个人行动的系统。在店内设置有可追踪人体行动的传感器，观察购物的具体行为，并了解具体采购了哪些商品。这样的系统采用了AI的deep running技术，并且已取得了相关专利。

在商铺运营方面，与收银业务相关的运营成本、人手不足等问题都得到了解决。然而Amazon Go不仅追求效率，凭借收银业务实现自动化，店员可以缩短库存补充的时间，增加与客户的交流机会，还能应对面对面的下单服务等，从而专注提高服务质量。在这种层面来讲，Amazon Go不单单是一家零售商店，更期待它今后开展更多形式的面对面服务。

在中国也在盛行无人便利店的开发，尤其以阿里巴巴集团的"BingoBox"为代表。Amazon Go虽然还没有进入日本市场的计划，今后在这个领域不管是日本国内的各大便利店先推出，还是Amazon先进入，抑或是中国先行动，竞争想必都只会越来越激烈。

060
芝麻信用

将人脉与品性等"个人信用"进行点数化设计的模式

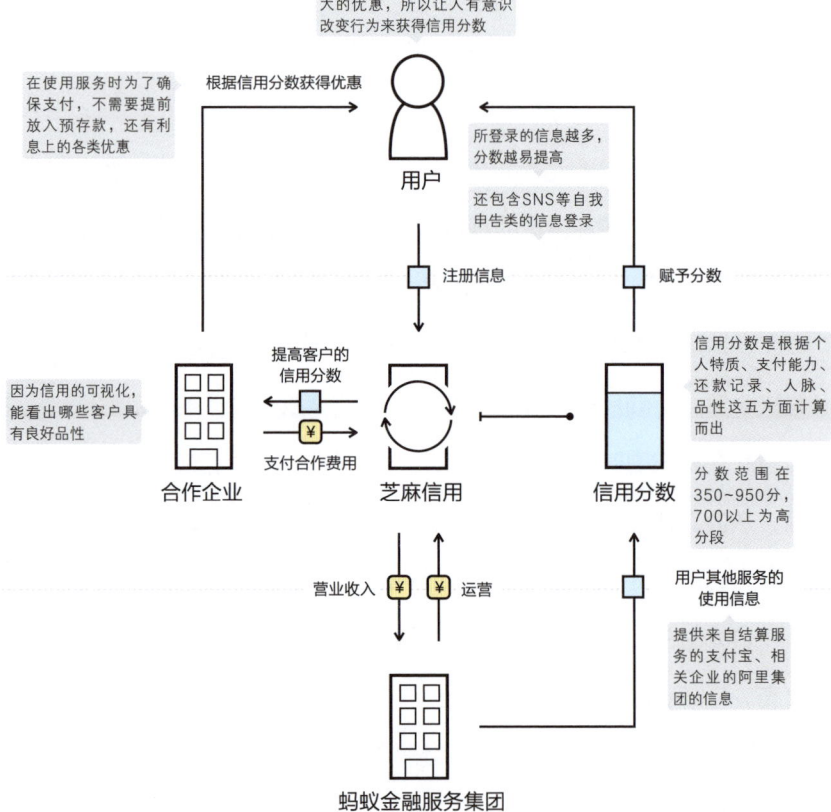

信用信息	出发点	定律	为了借钱的分数
		反论	包含了生活各方面优点的分数

■ 信用分数越高的人越能享受利率优厚等优惠

说到信用信息，也许最先想到的是"为了借贷的点数"，而于2015年在中国开始的"芝麻信用"却将信用信息的范围拓宽到了"能够利于生活各个方面的点数"。而且，还能提供"将个人的信用程度点数化，点数高的人能够获得各种优惠"这种服务。虽然之前还只是科幻世界的话题，却已经在中国得到了实际运用。

信用点数会根据"个人特质""支付能力""返还记录""人脉""品性"五个类别进行计算。根据信用点数而确定的优惠在使用服务时不需要存入预备金就能享受利率优惠，为了获得更大的利益，用户会自然意识到信用点数的存在而在行动上有所改变。

这样的服务之所以能够实现，与中国的支付网络比较完善有很大关系，从房租到公共费用等都能在网上完成支付。换言之，企业一方能够对用户日常的现金流进行确认。

此外，因为是由阿里巴巴关联企业的蚂蚁金服所开发的系统，在统计点数时能够使用到阿里巴巴各项服务所收集到的数据，所以具备丰富的数据采集方这一优势，而且来自政府的助力也是其一大优势（中国政府在2015年就将信用系统的许可授予8家企业，其中就包含了蚂蚁金服）。

虽说这样的体制在方向上很有可能加强社会的监管，但对于日本还无法确定可以实现到何种程度。不过，能做到将肉眼看不见的信用实现可视化正是该模式的有趣之处。

061
MUJI passport
为了理解"无印良品"客户的APP

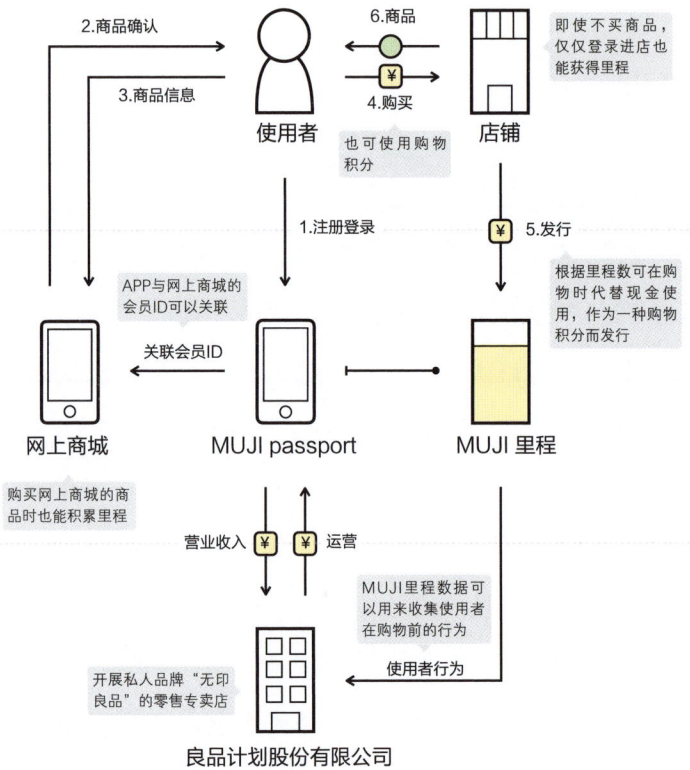

会员维护项目	出发点	定律	难以整合客户数据
		反论	可以实现客户数据的整合

■ "MUJI里程"收集使用者行动记录

"MUJI passport"是由运营"无印良品"的良品计划股份有限公司所开发的，能够整合使用者行动数据的APP。2013年发行到现在，在日本国内已突破700万的下载量，并在海外四个国家进行了业务开展。

使用者能够免费使用，在无印良品实体店或网上商城使用该APP还将获赠该公司特有的"MUJI里程数"，之后可被用作购物积分。

在当今的零售行业中，想要获得回头客，主要策略之一是用纸质的积分卡。然而在收银数据方面如果仅仅是获得谁在何时于哪一家店进行了采购这样的数据，却无法了解到商品采购前后的使用者行为，因而无法获得最恰当的反馈，也就无法形成最有效的市场策略。

另一方面，该APP为了更广泛地利用客户的行动数据，在如何获得使用者方面下了不少功夫，这就是独自开发的"MUJI里程"体系。除了商品采购的当下，从登录进入店铺、关联到网站ID，都可以授予里程，这些里程能够成为积分被用于实际的购物。对于企业而言，使用"MUJI里程"的数据后，就能收集到使用者更广泛的行动记录。

由此通过创造各种各样的体系能让使用者自然自发地利用APP，MUJI passport能够在网店和实体店等无界限关联用户行动数据，承担这样的作用非常了不起。

062
Kurashiru

视频数量世界第一！辞典级的食谱视频APP

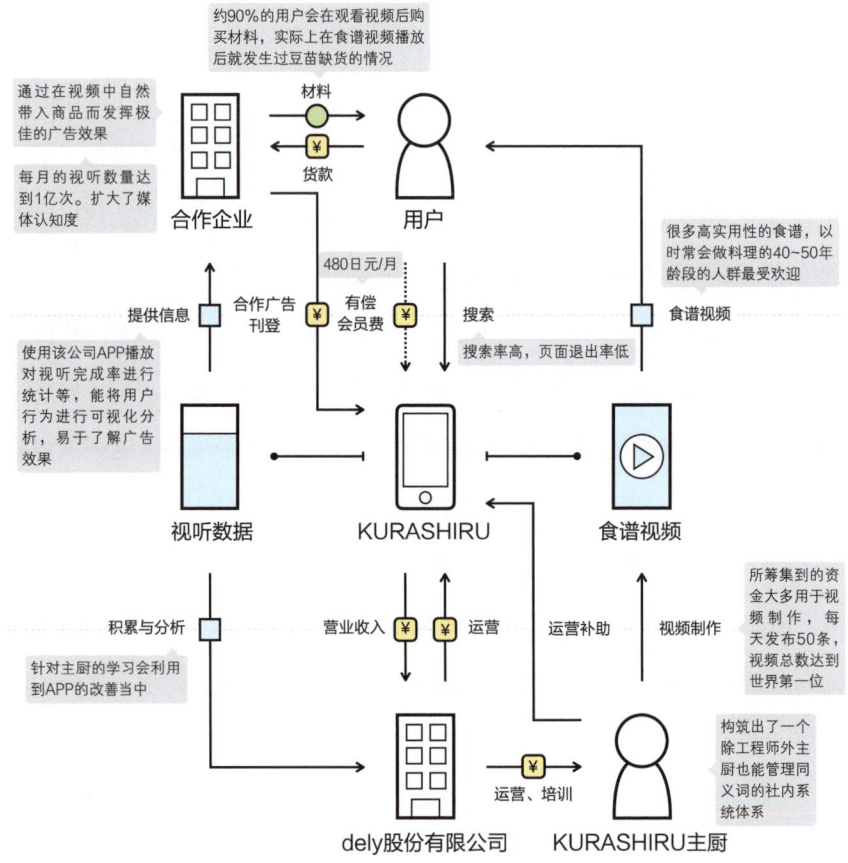

■ 从"看"到专注于"做"

"Kurashiru"是于2016年5月创立的食谱视频服务平台，在被称为"Kurashiru主厨"的职业厨师主持下，每天会制作多达50个视频，在2017年8月达到了"世界第一的食谱视频数量"。因其能够通过APP轻松看到丰富的食谱而被生活中苦于做菜的人们所吸引，现已成为能够影响食谱视频行业级的存在。

提到食谱视频，以BuzzFeed公司所经营的"Tasty"为代表，在日本"DELISH KITCHEN"通过SNS等其他媒体率先推出了分散型媒体传播。随着其热度的扩散，视觉夺目的视频不断在SNS上活跃传播，但也因为夺目的特性，让参照视频做菜变得非常不容易。

Kurashiru在第一时间意识到了这种不足，将关注点从"看"转移到了"做"上面，通过更实用的方式吸引到了更多的用户。在烹饪菜肴时最重要的就是搜索食谱的简单性和制作的简单化，相对于其他公司通过分散型媒体提高"扩散度"的特点，Kurashiru却选择专注于在必要的时候能够提供必要的东西而重视"搜索性"和信息的收集APP。与分散型媒体那样追求视觉冲击的方式不同，而是重在操作的简便和收集实用性很高的食谱，于是，Kurashiru在APP DL数和重播次数上都成为日本第一。

食谱网站通常会选择按月收取增值会员费这种主要的货币化手段，但Kurashiru却有些与众不同。将用户的视听与采购行为进行汇总，实现了广告效果的可视化，这让其与企业的广告合作成为可能。此外，广告食谱因为与Kurashiru主厨制作有关，让视频以一种更自然的形式呈现出广告商的产品。用户因此能无抵触地进行视听，与传统的食谱网站形成明显对比。

截至2018年1月，从软银等企业已经获得了33.5亿日元的资金，在7月被雅虎收购为关联子公司。发布"每天为70亿人创造3次幸福"的企业使命，这无疑会将"食谱视频"渗透到人们日常生活的点滴之中。

063
Flexport
在充满各种物理条件的国际物流世界导入统一数据管理

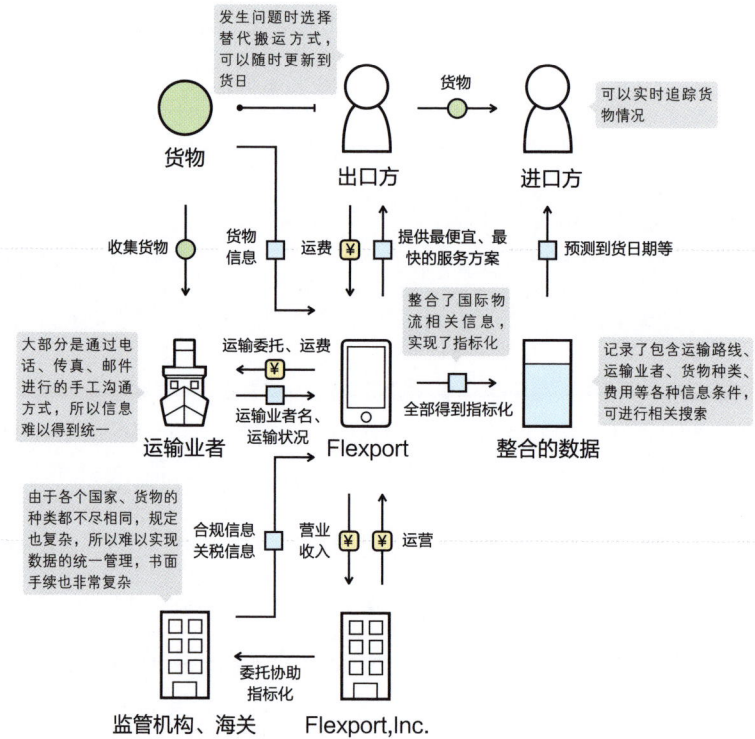

国际货物运输	出发点 — 定律	因为手工管理，难以实现追溯
	反论	电子数据管理，可以得到追溯

"透明性"压倒性地提高了客户满意度

在国际货物运输行业，存在两个很大的问题。

第一个问题是，在运输环节涉及的相关人员众多，所以信息管理与通信方式难以实现统一。有些企业通过Excel进行管理，而其他企业却采用大量的手写文件管理，因此存在"无法选择最合理的运输方式""无法了解正确的到货时间"等问题而使得整个过程透明性很低。

第二个问题是，各个进口国的法律、法规不同。根据全球关税形势不断在变化，需要高度的灵活应对能力。

"Flexport"针对国际货物运输的这两个问题，构筑出一个物流数据平台来进行解决，实现了新的物流模式。因为数据得到了统一管理，实现了透明性服务，客户的满意度提升了，分数能达到70（运输公司的平均分数为-30）。

此外，该公司分别在2016年获得2690万美元（Y Combinator）、2017年获得1亿1000万美元（Series C）的资金。物流的市场规模在数兆美元，随着产业的发展、全球化的推动，势必将飞快扩大自身潜力，成功吸引到更多投资者。利用这些投资金额，今后可以计划购置仓库，并在仓库内实现这一流程。具体将落实仓库内货物的尺寸数据、出入库数据的管理，以期待让不同委托者的运输效率、紧急送货地变更等灵活应对能力得到显著提升。

不过，问题尚未完全解决。尤其针对上述两个问题，随着流通网络的扩大，难度也在上升，还有可能带来法规上的问题隐患。正因为所涉及的是敏感的业务内容，一旦失败将很有可能关系到企业的存续问题。因此，更需要时时关注眼前的每个细节，必须确保"所有流程都按照规定执行"来稳步推进。

064

Tokyo Prime

能够根据出租车乘客提供相应广告的服务

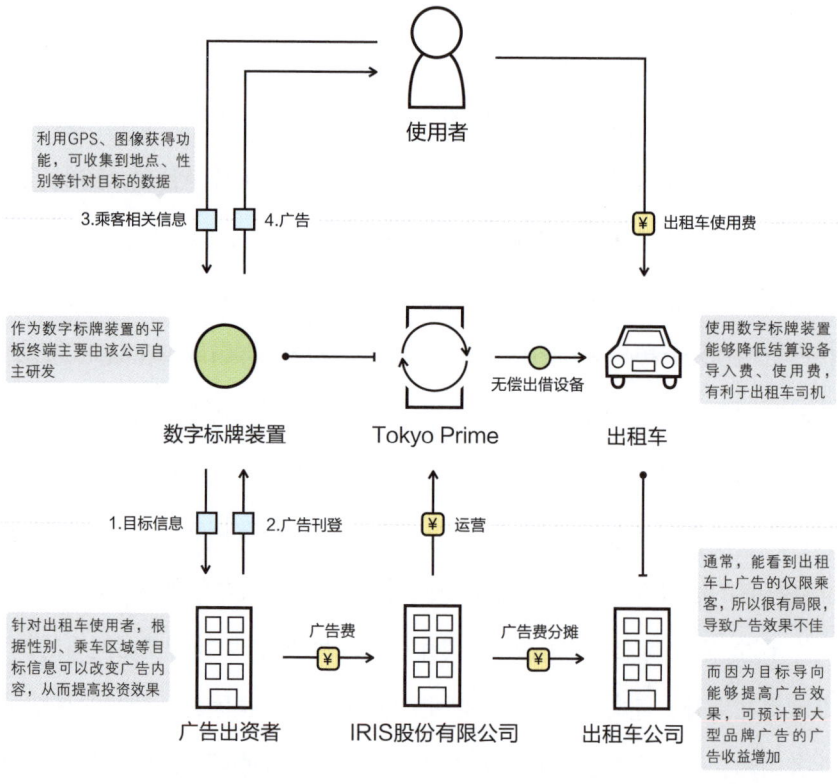

成本效益比很好的"定向广告"

大家是否知道"定向广告"呢？这是一种在网络上利用所连接到的信息等锁定目标进行广告发布的方法，将这种定向广告实现到出租车里的就是"Tokyo Prime"的广告发行服务。

该服务为了锁定目标客户，导入了一种数字标牌装置。该装置可用于定向，在出租车内的广告类别中，可以算是成本效益比较好的一种广告媒体了。

一说到出租车广告，大多都是减肥、治疗秃顶等一些小众广告。乘坐出租车时免不了会被半强制地看广告，如果看到恰当的广告则会起到良好的成本效益比。在这样的空间中导入数字标牌，判断出性别与状况后再对乘客播放针对性的视频广告，才有可能引发有效诉求，这是一种更容易被接受的广告模式。

负责运营Tokyo Prime的"IRIS股份有限公司"是由日本交通集团的"JapanTaxi股份有限公司"与广告界著名的"Freakout holdings股份有限公司"共同成立的合资公司。Tokyo Prime合理利用了与出租车公司的密切联系，在最初的一年内营业额增长超过14倍，并在经过累积两年之多的连续盈利之后，开始进攻海外市场。

导入仪器需要花费成本，因此在地区及个人的出租车上难以实施信用卡支付，然而Tokyo Prime的策略却是免费提供具备支付功能的数字标牌用装置。并且，通过各式各样能利用到数字标牌的服务，让用户在使用出租车时能感到更多的便利，今后预计会与更多出租车公司开展合作。

065
Timescarplus

大型停车场企业"Times24"所经营的共享汽车服务

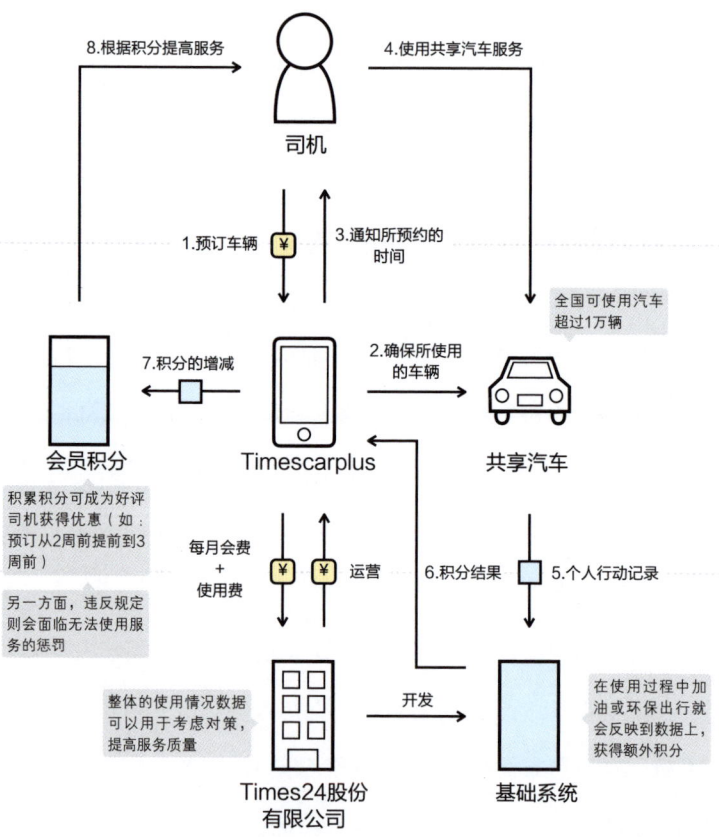

| 汽车共享 | 出发点 | — 定律 | 用规定来管理服务质量 |
| | | — 反论 | 通过培养司机来管理质量 |

良好的司机更能获益的模式

在日本共享汽车模式已经渗透到了城市的中心范围，最近几年因其便利性在汽车租赁和替代出租车方面都显示了极大的魅力，因而个人或企业司机会员的注册数不断增加。在这个领域占有最多份额的就是运营"Timescarplus"的Times24股份有限公司，原本其从事停车场业务，为了对汽车资源进行利用来确保车站的优势，在2018年Times24已经将1万7000辆汽车投入到服务当中，相比第二位的约2600辆明显占据着垄断性的市场份额。

共享汽车因为不需要面对面接待客户，而是轻松使用24小时在线服务，因此会遇到多个不特定人群共同搭车的情况，容易造成无法守时或影响车内清洁的隐患，进而导致无法维持服务质量的问题。不过该公司利用IoT和GPS技术，从车辆和使用情况所获取的数据而采用了积分制度，让重视礼仪的司机能够接受到更好的条件，这样不但确保了良好的司机资源，还能实现高品质服的目标。例如，在使用过程中进行加油或经济驾驶模式等会给使用者增加积分，最终反映成折扣等优惠。而积分等级上升后所获得的优惠还会变化，比如预约从原来的两周前可以提前至三周前，等等。这对于司机来说都是很大的差别对待，所以会促使司机积极争取积分。

增加积分后，服务关系也能得到改善，这一点值得赞许。如果接受E-Learning来学习该服务的操作手册也能获得积分，在这个学习平台能够了解到一些不为人知的便捷服务，还能学习安全开车的知识，因此成为培养优良司机的固有流程。如此积攒下去，就能提高服务的最终质量。

当然，司机的行动也会被累积到该公司的数据库中，用以计划最合理的车辆配置、使用者出行目的地等信息，有利于市场营销，进而提供更好的服务方案，能够造就良好的循环才是这个商业模式耐人寻味之处。

066
獺祭

利用数据和IT实现"菜鸟酿酒制"

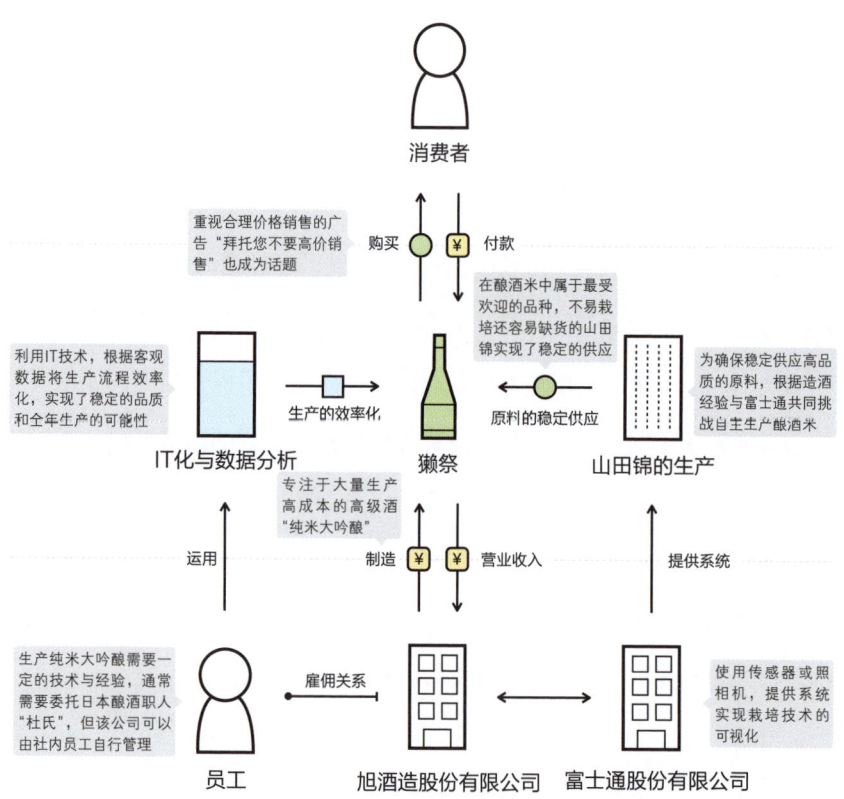

■ "全年生产"所带来的大量试行与报错反而成为优势

浓烈的香气是日本酒的魅力之一，将作为原料的大米进行清洗，除去产生杂味的成分后，才能获得发挥高度香醇的"纯米大吟酿"。在纯米大吟酿限定的产品线中有一款格外有名的品牌就是"獭祭"，曾与已故的法国餐饮界巨匠"世纪厨师"Joel Robuchon先生联手在巴黎开店等，是近年来清酒潮流的关键角色。

原本在酿酒世界里最不可或缺的就是"杜氏"（酿酒师）了。杜氏酿酒师是有着熟练技术与经验的专业团体，根据酿酒季节的到来企业大多会从外部招募很多临时酿酒师。然而生产"獭祭"的旭酒造股份有限公司里却看不到杜氏酿酒师的身影，因为能够承担重任的人并不多，所以与其依赖匠人的技艺，不如转变为在企业内部能够自行消化的模式。

换言之，就是由"非专业人士"来酿酒。之所以能打破常识进行挑战，在于其灵活使用了彻底的数据分析与IT技术。将之前一直依赖匠人们的直觉与经验而进行的酿酒工程进行了可视化，根据数据与操作手册对作业流程进行分解细化。通过这样的举措，高水平地实现了品质的稳定，并且不会被气候和季节等外部因素所影响，让全年顺利生产成为可能。通常由1名杜氏酿酒师所指导参与的次数每年可达到50次左右，而在獭祭却能做到1700次。

另外，獭祭所酿制的酒不可或缺的是高品质的酿酒米（山田锦），因其产量有限所以容易发生争夺原料的状况，因此无法按需实现及时的供应，獭祭不得不需要溢价交易。为了打破瓶颈，獭祭在酿酒米的生产方面找到了能够利用数据和IT技术的捷径，与富士通一起导入了生产管理系统，分享了酿酒米的栽培农户资源与知识经验，以期待生产性的提升。

2018年，在美国纽约设立了办事处据点，使用当地的原料开展酿酒产业。对这样一种颠覆了"日本酒"常识的挑战精神，非常期待其在今后的成长。

067

Google Home

声控的Google智能家电

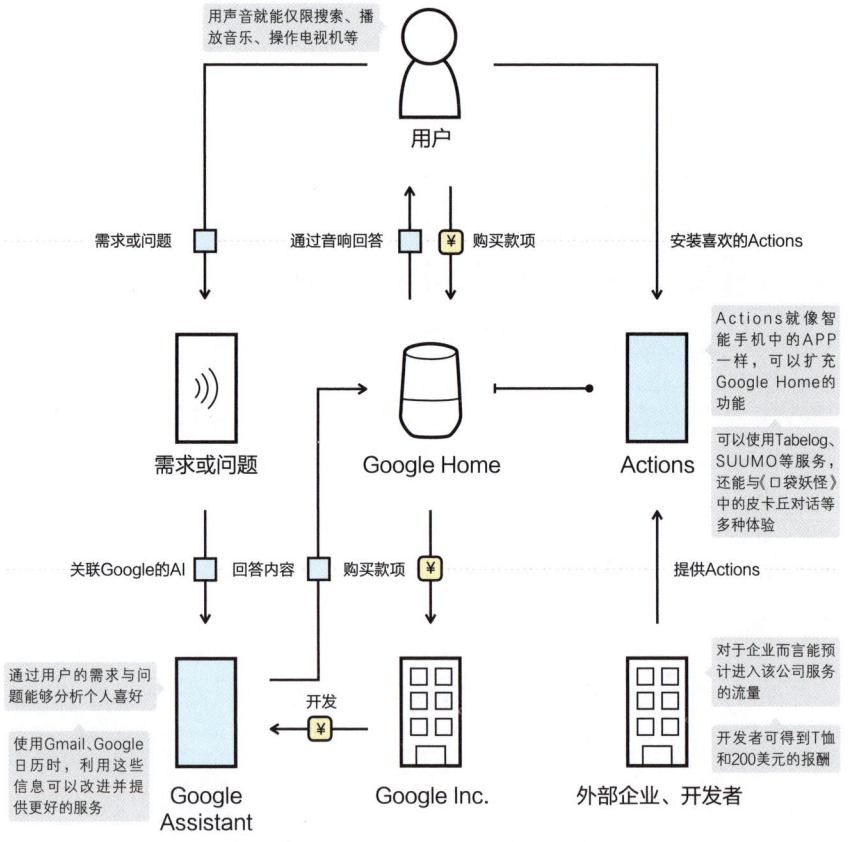

可作"应答装置"的音响

"Google Home"是一种被称为智能音响的新领域商品。传统的音响功能仅限于发出声音,而智能音响的功能却更丰富,既可作为计时器,也可打开电视机或照明灯具,还能对天气、货币换算等各种问题进行解答……这样的商品被Google定位为个人的"助理"角色。比如要了解气温,可以回答出用户家里的某个场所的气温,"回答给对方一个相符的答案",这正是这个音响的新颖之处。

相对于传统音响只是一种"输出装置",智能音响还具备"应答装置"的"输入、数据处理、输出"功能。通过对声音的各项调查分析,对于不太会输入文字的儿童或老人,期待其用户范围有更大的扩展。

智能音响为了回答用户提出的问题,需要先高水平地实现在音色识别、翻译、检索、发话等各方面的自动能力。在这些功能当中,最核心的部分就是被命名为Google Assistant的智能手机APP。其关键在于,将音色数据传至云端进行处理,而Google花了很长时间所开发出的检索技术,能对音色数据进行相关处理。

Google Home的销售对于Google有两大目的:一是能够获取之前难以获得的个人空间信息,二是通过对这些数据进行利用能够开创出新的事业内容。

对于前者,现在搜索引擎及Google的服务(Google日历等)所获取的信息中无法包含的信息也有可能被取得,从而能够更好地了解用户,进一步提高对个人数据的使用价值。对于后者,则能对用户制造出"向谁""提供怎样的服务或信息"最合适的服务内容模式。今后从Google Home所获得的信息是否还能催生出新的业务,对此非常期待。

068
FASTALERT
改变了取材方式的"无记者通信社"

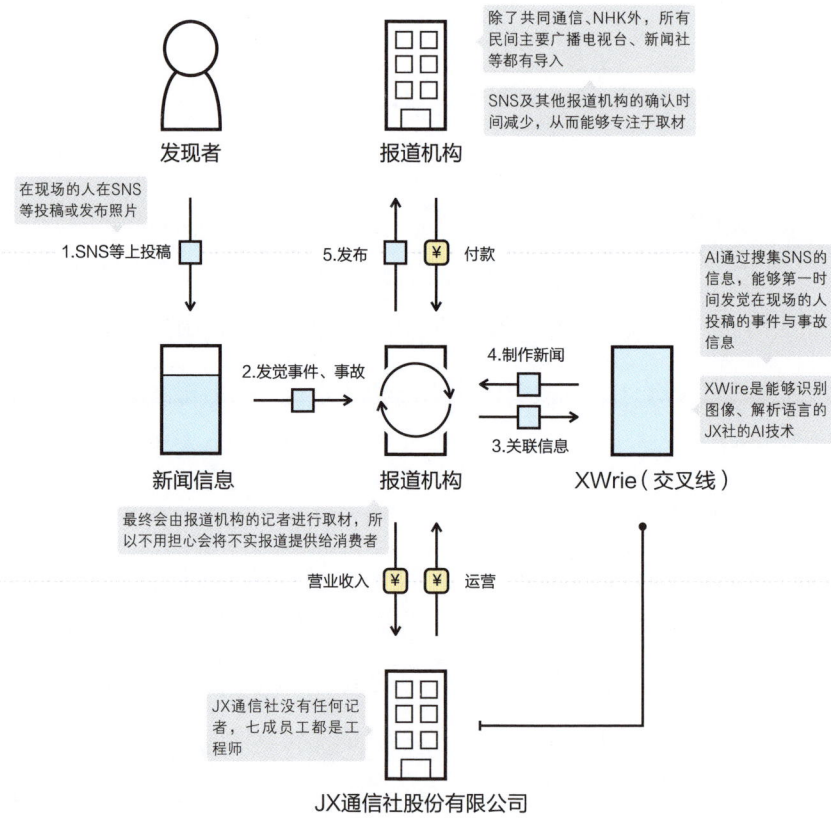

新闻	出发点 — 定律	记者发现的东西
	反论	AI发现的东西

■ 利用AI在SNS等平台挖掘潜在的新闻热点信息

当刚知道"明明是家通信社却没有记者"的时候，我有被震惊到。虽然这和餐厅没有厨师的情况有所相同，但是这家经营着"FASTALERT"服务的JX通信社股份有限公司确实貌似连一个记者都没有。

那么，它们是如何获取新闻的呢？事实上是由AI代替了记者的角色。FASTALERT的AI会在SNS及其他公司的媒体等平台上时刻搜索潜在的新闻热点信息，一旦发现类似事件或事故等一线情报时，便会通过FASTALERT向各报道机构进行发送。而报道机构的记者再实地取材进行对证核实，因此不用担心会报道虚假信息。

媒体运营业者通过导入FASTALERT后，在事件、事故、灾害等一线信息发生时或在临近报道前获得情报并进行确认，让报道的监视时间、精力都有可能大幅度减少。

虽说"AI是在抢夺人类的工作"，但依靠这种服务报道机构的记者们才能专注于唯有人类才能处理的工作当中。作为董事长的米重克洋先生据说也是意识到传统的报道行业因为劳动集约的构造、广告和收费收入在减少这导致取材方面所耗费的成本随之减少，从而造成报道新闻的质量也在降低的现实问题，才着手于此项服务事业的。

如此大的冲击，只需要看其主要的交易对象和股东就能明白。日本国内的主要电视局都有使用该项发送服务，而股东方面则有共同通信社、QUICK股份有限公司等大型的通信社参与其中。值得一提的是，针对个体也使用了与FASTALERT同样的AI技术来经营"新闻速报"的特别APP"NewsDigest"，而且范围已经扩大突破至100万的下载量。

069

KOMTRAX
建设大型机械企业的小松所开创的IoT事业

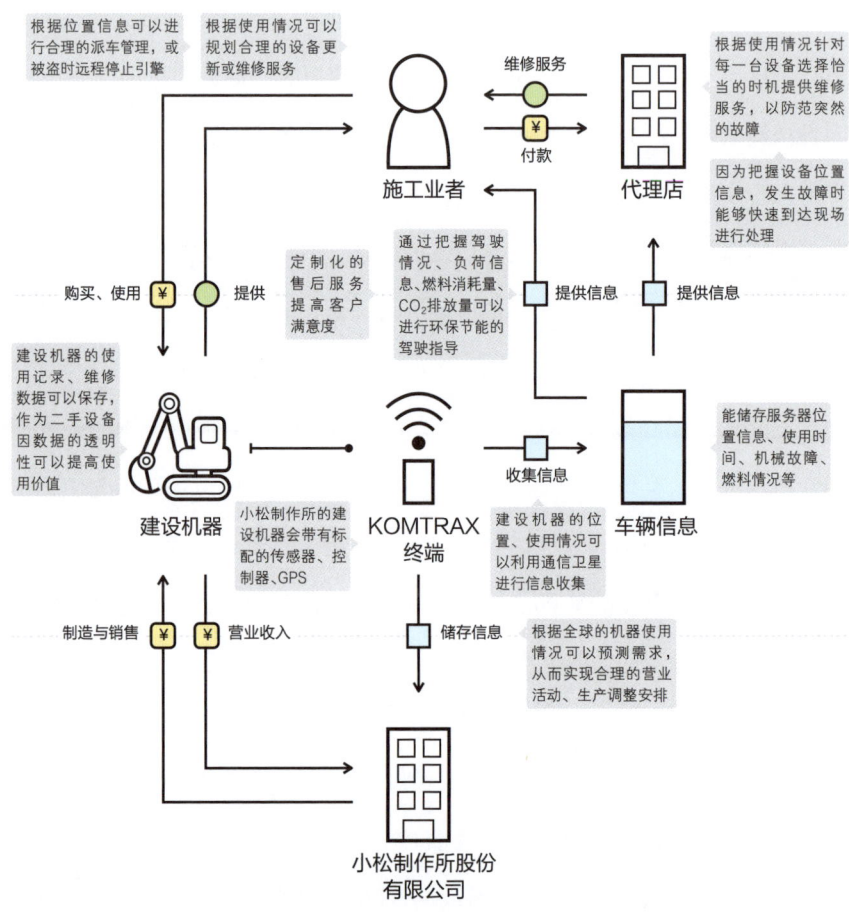

监控全世界的建设机器

"KOMTRAX"是指世界第二位的建设机械制造商小松的机械稼动管理系统。像是推土机这样的建设机械上，有GPS和其他传感器进行监测，通过安装可以发送信息的元件就能传送出数据，从而即便是在小松的办公室内，也能了解到哪一件机器在哪里，引擎是否有动作，燃料剩余量还有多少，机器的稼动时间及稼动率等信息。

KOMTRAX通过将建设机械的管理主体从用户转为制造商的同时，将小松从建设机械的销售角色转变为信息服务商的商业模式，可以说KOMTRAX正是日本在IoT领域的实践先驱。

在20世纪90年代，日本时常发生用盗走的油压挖掘机来破坏ATM的事件，因此有人开始考虑机械被盗的解决对策。当时参考了饮料厂商利用自动贩卖机的数据传输来远程了解哪些产品发生了何种程度的消费等监控信息，决定出发送GPS的位置信息进行管理。在1998年开发出从引擎、泵的控制器上收集信息并将数据传送至小松中心的模式，正是KOMTRAX的开端。在这之后每移动500m就会有邮件通知自动发送，从服务器上来停止引擎，使得被盗的机械无法移动，从而让小松机械因改善了被盗情况而获得好评。

依靠KOMTRAX时常监测零部件的状况，能在故障发生之前采取预防措施，确保机械耐久使用，从而削减了成本。对于客户，从机器使用方法的数据中能够了解到操作者技能的优劣，还能对提高技能提供建议，并针对工资、经费的削减等提出方案、意见。由此，"没有小松不行呀"的呼声越来越高，进一步稳固了事业基础。小松根据全世界每个地区每件机器正在如何稼动的数据信息，还能进行需求预测和制订生产计划等，在经营的层面也能灵活利用KOMTRAX的数据资源。

070

YAMAP

即使在范围之外也能了解目前所处位置的地图APP

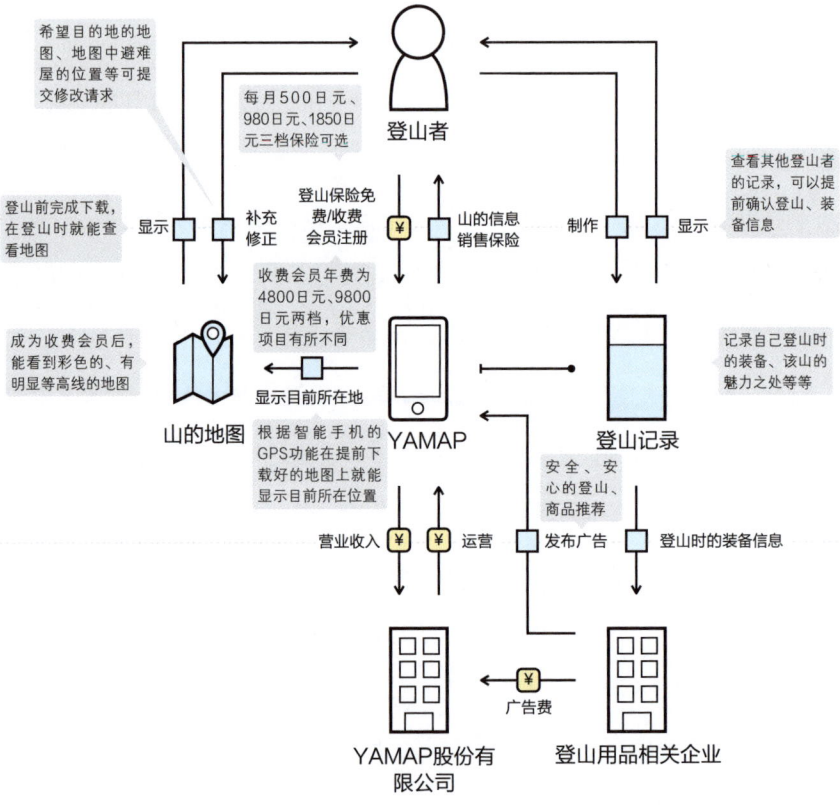

| 登山 | 出发点 | 定 律 | 信号范围外无法使用地图 |
| | | 反 论 | 信号范围外也能使用地图 |

■ 利用智能手机的GPS也能享受安全的登山体验

在时常能听到"健康寿命"的当代社会中，登山可算得上是备受男女老少青睐的户外运动。但是，随着登山人数的逐年上升，遇难事故每年也在增加，主要原因在于"不了解自己所处的位置"。为什么这么说呢？在山里的时候由于接收不到信号，所以没法正常使用地图APP。针对这个问题，利用智能手机的GPS功能让登山等户外运动变得更加安心安全的就是地图APP服务"YAMAP"。

在登山之前，提前将地图下载到智能手机上，即使身处接收不到信号的山里，也能确认自己所处的位置。现在虽然也有一些能协助了解自身在山中定位的专业仪器，但不仅价格昂贵，还难以操作。YAMAP着眼于扩大登山体验者的受众范围，将大多数人所持用的智能手机变成一种"保命道具"而创造出自己的服务内容。

在YAMAP里面，有能够保留用户登山记录的名为"活动日记"的揭示板。在这里，不仅能够获得预计登山的相关信息，还能了解登山时所需准备的物品清单等，也成为一个新的社区场所。

该APP下载量已经超过了80万，在业内已达到领先地位。活动人数有50万，每月的PV数有1亿次，用户投稿的活动日记约155万件。如此惊人的数字，可以说是良好客户满意度的体现。

2014年，以获得Good Design奖项的Best100奖为开端，被日本经济产业省评定为"新型事业创造的专家，支援人才培训等事业"，以及入选杂志《AERA》"撼动日本的风险投资100家"等多个奖项成果而成为备受瞩目的服务平台。此外，2018年累计有14家企业为之提供了总额12亿日元的资金，以扩大其与行业内外的合作，并推进基盘的构筑。

071
旅馆结合
能拯救苦于提高效率的旅馆的经营管理系统

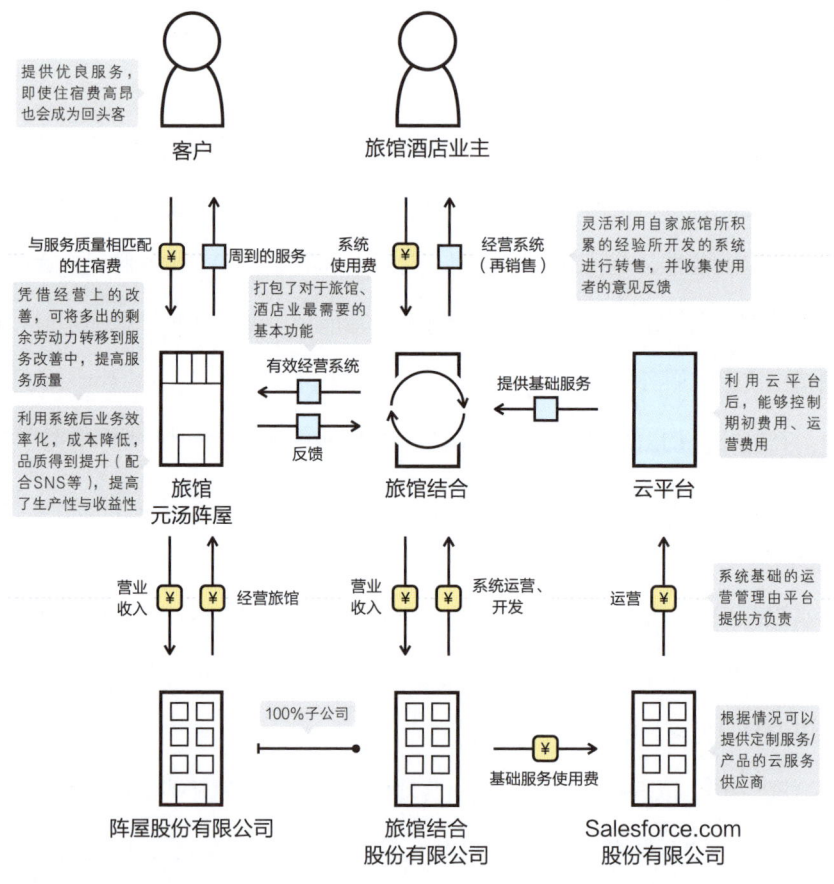

旅馆、酒店的经营管理系统

出发点 — 定律：为了自己使用而导入
       — 反论：为了其他公司也能使用而开发

将自己公司的改善成果扩大到业界全体对象的"招待之情"

提供旅馆管理系统的"旅馆的结合"是一种原本为了解决自家负债而从工程师的角度分析经营问题以改善自家经营为初衷的系统。

在继承了经营旅馆的任务之初，负责系统开发的宫崎富夫先生在《日本版赫芬顿邮报》的采访中讲述了如下关于推广旅馆的结合的理由："日本旅馆的有趣之处在于它们各有各的品牌特色与个性，在发挥各自个性的同时，还会发挥招待之情。如果这种趣味就这样消失不在，那就太寂寞了，不想它消失。"

然而，因为其他知识经验及资金的不足，很难实现系统性的效率化。了解到这样身处困境的旅馆不在少数，因此开始将自己公司所开发的系统提供给其他公司使用，这就是现在的"旅馆的结合"变为云服务的原因。

最初为了这个系统而采用了大型外资云服务提供商，因为在业界小有名气而将旅馆的结合视为日本的成功案例之一。而在对该服务进行调查的过程中，发现还有很多行业都没有进行系统化的情况。

如果不能填补拥有系统和使用系统的人们之间的空白，就难以往前切实发展。因此，身负重建旅馆重任的经营者，因其工程出身的背景才得以实现了旅馆的结合的成功。在这段过程当中，让人感受到经营者投入了热情才是最为重要的事。

虽然旅馆集团难以在图鉴当中完美呈现出来，但我仍然觉得它的存在"让日本的旅馆和旅游观光变得更有希望了"，在旅馆的结合以外也在进行各种各样的努力，今后的事业开展非常值得期待。

072
COESTATION

将"希望提供声音的人"与"希望使用声音的人"联系到一起

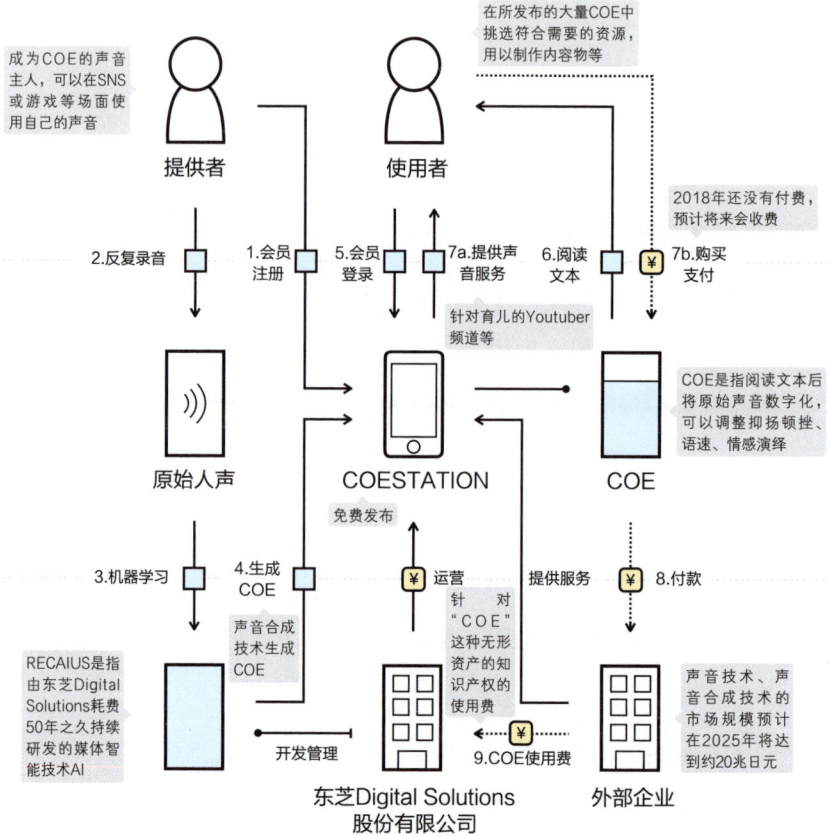

声音服务的声源	出发点 — 定律	数字的、机械的
	反论	天然的、带有情感的

由东芝相关企业运营的"人声"平台

"COESTATION"是将声音的提供者与使用者联系到一起的平台,其使用的是交流AI"RECAIUS"的音声合成技术,对录音的肉声汇总成数字化。在这项技术研究上,在声音、影像、知识处理领域有着50多年的技术积累,由东芝数字解决方案股份有限公司所运营。

在APP上注册为会员之后,就可以提供声音或使用声音,希望提供自己声音的人AI的音声合成技术就能将此肉声生成"COE"。

另一方面,希望使用"COE"的人在庞大的数据当中根据自己的需要选择"COE"再输入文本后,就能对Youtuber等渠道的内容进行诵读。

传统的声音服务的声音都是对现有的文本条进行朗读,基本上都是一种无感情的朗读,而这种交流AI却可以对自由的文本进行抑扬顿挫与速度控制来表现情感。

使用COESTATION,就可以制作影像视频的解说词,也能选择喜欢的声优声音进行导航解说,因为在SNS上也可能进行提供、使用,因此今后SNS上的交流也会更贴近原始设备(非数码)。

声音技术、声音合成技术的世界市场规模预计在2025年将达到约20兆日元。在现阶段,APP通过免费提供还不能实现收益,但作为平台,开始使用的COESTATION能够引导出客户新的潜在需求,期待其创造出前所未有的新型服务事业。

073
SmartHR
能够减轻麻烦的人事劳务手续的在线服务

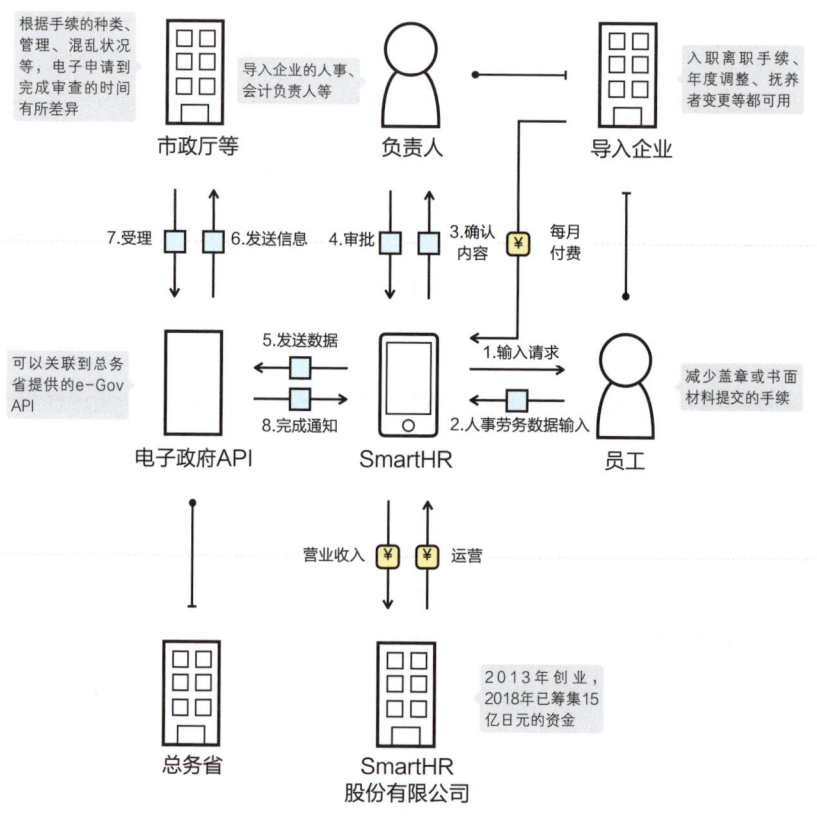

人事劳务的手续　出发点 — 定律　麻烦的书面材料制作
　　　　　　　　　　　　反论　简单的在线制作

原始的手续书面材料可在web上完成制作

针对员工入职\离职手续、年底调整、抚养者变更等人事劳务的工作可以在线完成手续办理的服务正是"SmartHR"。

2013年1月创业后，2015年11月正式发布了该服务。目前已导入约1万家企业，这些企业的规模涵盖了大、中、小企业，而且服务的继续使用率高达99%，到2018年1月已成功筹集到15亿日元的资金。

该项服务的背景在于日本的社会保险、劳动保险领域的各项手续并没有得到很高的在线普及率，如企业登记手续的在线普及率为68.4%，国税手续的在线普及率为60.1%，与之相比该领域的系统化使用率却只有11.8%。

因此，在企业内部的社会保险、劳动保险等各种手续都是手写完成，对于人事劳务负责人与员工而言都是较为麻烦的操作。每一位员工花在入职文件的填写时间约为1个小时，而将该书面材料递交到政府行政机构时更是要花上4个小时之久。

而另一方面，使用Smart HR后，员工只需输入自己的信息就能自动生成各种文件，人事劳务负责人可在线审核内容并完成确认步骤，从而能大幅度削减在社会保险、劳动保险方面所耗费的操作时间。

此外，利用了日本总务省所提供的电子政府的外部API后，能够在线完成一部分文件的手续。所导入企业的人事或会计负责人无须特地前往养老保险窗口或职业介绍所等政府机构，从而免去等待办理手续的排队时间。

为了进行在线手续办理，通常需要认证机构所发行的"电子证明书"。对此，SmartHR通过代为导入企业或咨询社会保险劳务师来发行从而实现在线手续的可行性。今后在社会保险、劳动保险领域的云自动化方面，应该会有更大的变化。

074

PIRIKA

能将"随手扔的数据"进行收集的垃圾回收SNS

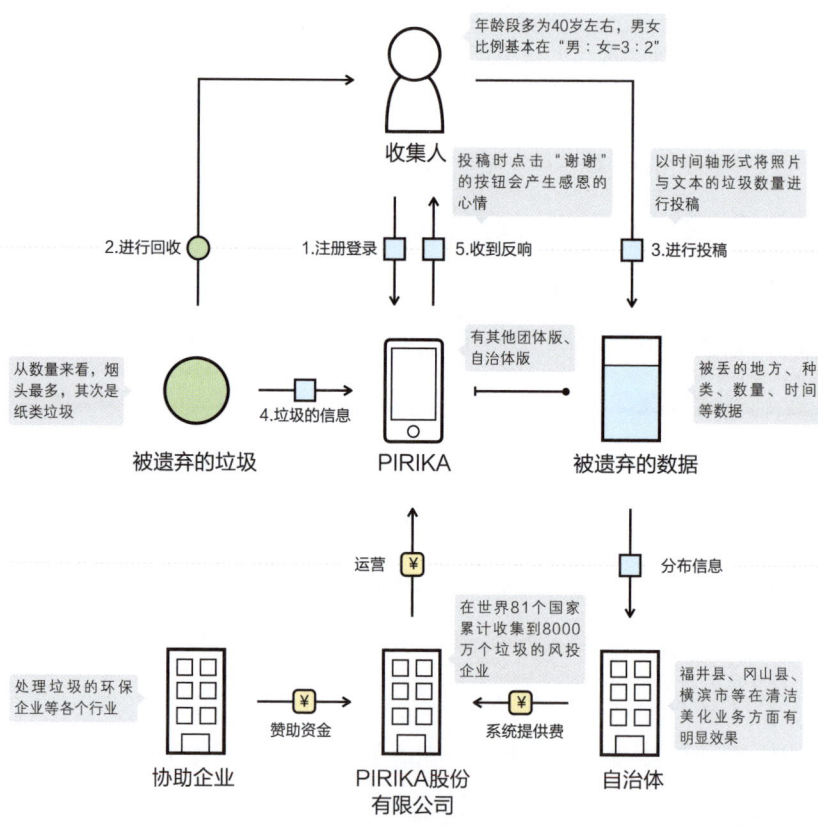

随手扔的垃圾数据生出新价值

"随手扔垃圾"在日本属于轻度犯罪的违法行为,然而,由于无法追溯是何时由谁扔的垃圾也存在一定的执法难度,实际上在实施这些垃圾回收的大多数是来自保护街道清洁的志愿者的自发行动,因此,难以持续是个大问题。

"PIRIKA"是一种针对垃圾回收者的免费SNS APP,通过将"何时有什么东西被扔到了何处"进行可视化,SNS上用户之间能够形成相互感恩的反馈机制,促进垃圾回收得到持续进展的良好环境。

APP的用户在回收随手扔的垃圾时,拍下照片进行投稿即可。这对于曾经谁都无法把握的垃圾场所和种类、时间等都可以实现数据的积累与可视化,还能对所回收的垃圾数量进行定量化,从而让信息生出新的价值。比如福井县、横滨市等自治团体就将数据应用在了促进清扫活动与城市美化改善措施当中,虽然对于用户没有提供金钱方面的回馈,但服务已经被60多万人使用,并在2014年实现了盈利。加上广告、地区贡献活动的PR等企业赞助,也获得了自治体的美化推进与环境启蒙的预算,从而实现了收益。

截至2018年,通过PIRIKA收集到的垃圾在世界81个国家已累计超过8000万个。该公司利用AI的图像识别技术,还开发和提供了能对街道随手扔

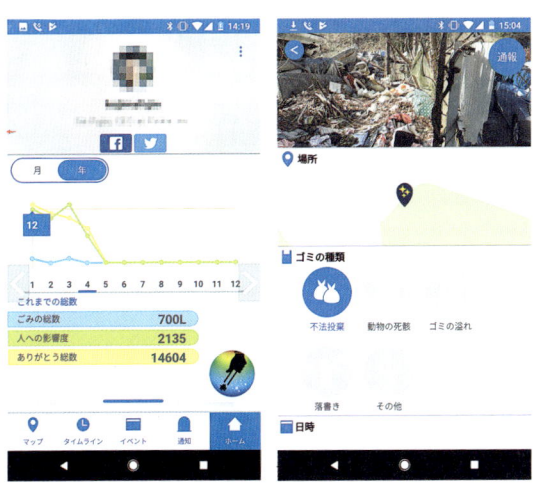

垃圾进行数量和种类测量的调查系统、对流入江河大海的塑料垃圾进行数量测算的硬件等,以应对随手扔垃圾的问题,并试图从根本上解决这一挑战。

075
Marklines

在买方市场中"重视卖家"的汽车产业信息门户网站

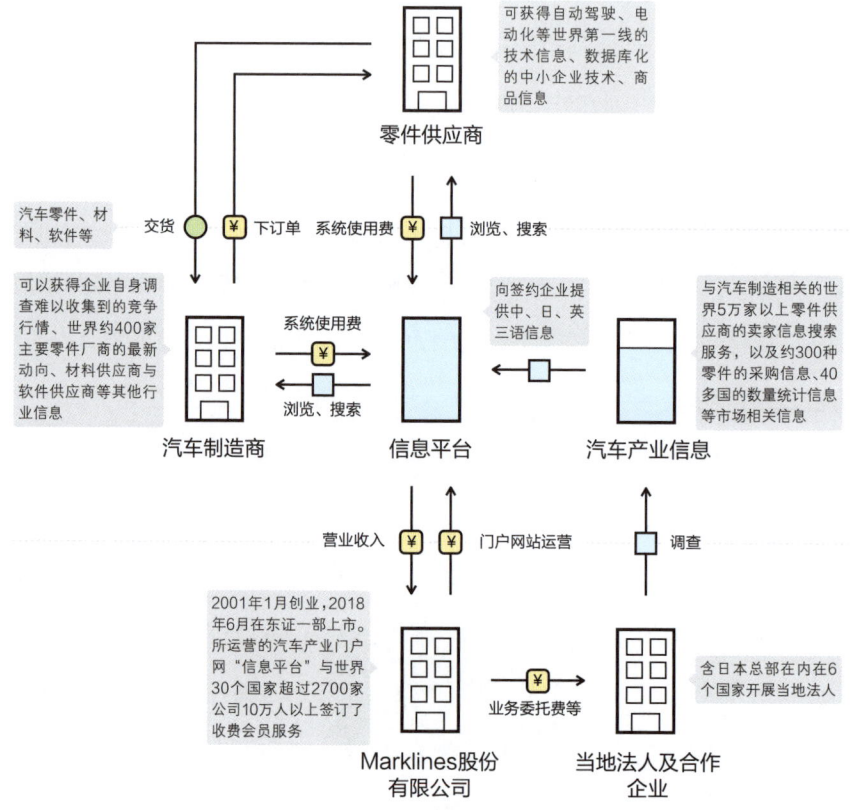

在买方优先的汽车产业掀起革命

连续7年刷新最高收入（截至2018年7月），世界上唯一提供三国语言（中、日、英）的一体化汽车产业信息，而负责经营这个信息平台的正是"Marklines"。

零部件制造商作为汽车产业中的供应商，向作为买方的汽车制造商供应着约占汽车整体70%的零部件。在日本国内传统的汽车产业中，汽车制造商主要从自家关联的零部件供应商处采购零件，是一种金字塔型的企业分工构造。因此，作为买方的汽车制造商一直处于强势的市场地位，而作为卖方的零部件制造商时常需要面临被降价的要求。并且，随着汽车制造商不断拓展海外市场，更要求汽车制造采用最尖端的技术。因此，零部件制造商不得不在有限的经营资源中寻求设备投资来提高技术改革与产量的提升。

一直习惯于体制内封闭环境下运营的零部件制造商，要在体制外寻求汽车制造商以及扩大海外市场的销售机会，并获得最尖端的技术，收集信息就变得非常重要，但这也需要耗费大量的成本与时间精力。在这样的市场背景下，2001年担任过日产汽车时代的零部件采购部门负责人，之后又经历风险投资及二轮车（自行车、摩托车等）门户网站运营公司社长等经历的酒井诚先生便成立了Marklines股份有限公司，该公司重视以卖方为中心而非买方为优先来构筑汽车产业相关信息的B2B平台。

Marklines所提供的汽车产业门户网站"信息平台"每月收取4万~10万日元的使用费，签约者就能收到综合的汽车产业信息。与全球超过30个国家、2700家企业和10万人签订了有偿会员制，被作为汽车开发、生产、销售等供应链组成部分的汽车制造商、零部件制造商、原材料供应商、设备/机械制造商、软件供应商、货贸运输公司、政府或研究机构等多方使用，已经发展成为可提供世界上独一无二的汽车产业信息的专用平台。

076
GitHub
为了开发软件而共享源代码

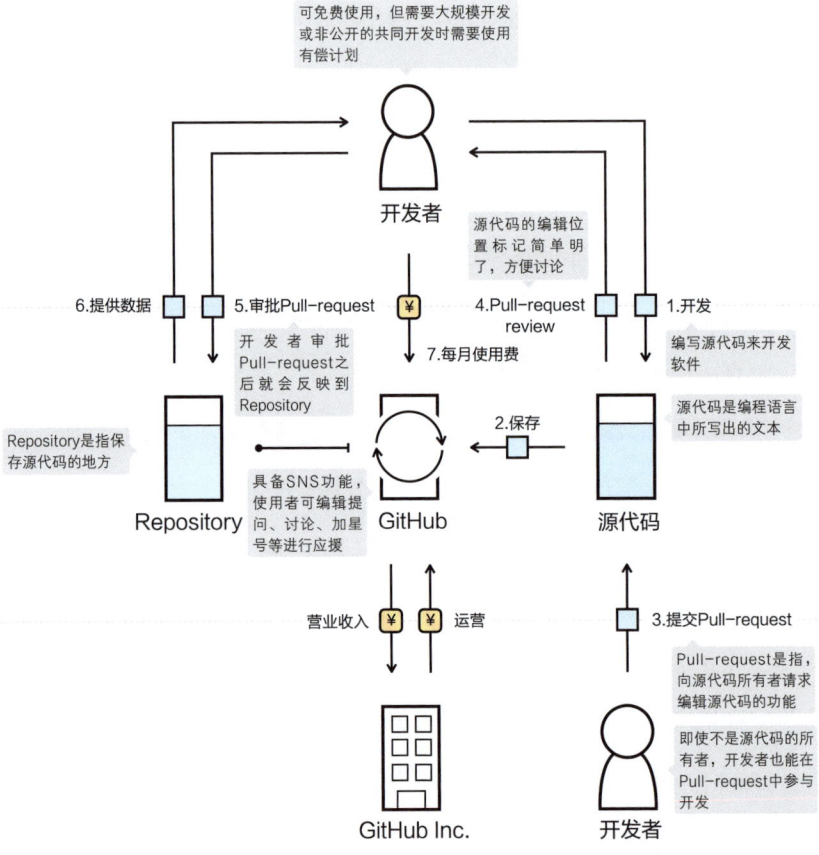

■ 连Microsoft都在关注的开发平台

你是否了解现在我们所使用的互联网服务是如何发展起来的？不管是怎样的网络服务，一旦追溯起来，都是由程序员开发者所写出的一系列被称为源代码的电脑能读懂的文字列所形成的。

开发者们所使用的语言工具、源代码编写方法各不相同，而且开发方法也存在多种类型，即使在现实生活中同事伙伴之间能够解决的问题，一旦放到网上与未曾谋面的人共同开发，就会耗费沟通成本，而且若不能给予成员足够的支持时，就会对开发者的技术水平和专业性有更多要求，这并不是谁都能够参与的简单任务。

"GitHub"将开发所需的源代码进行分享，还将Wiki、社区都放到一个服务内容当中，为全世界的开发者们提供了一个在网络上即使面临不同方法、语言也能简单实现共同开发的服务。

具体而言，对某人所编写的源代码进行编辑时只需要对更改的部分以Pull-request（委托反映）的形式就能简单表示。这样做会产生两点好处：一是多个开发者能够同时进行简单开发，因此，开发效率获得极大改善。二是以源代码为中心能够形成工作交流，对数据存储器（repository）进行评估确认，记录对代码的评语和讨论，章程文件能像Wikipedia一样得到编辑保存。此外，开发者们聚集到一起针对代码进行审议，能够激发出新的开发方法。

虽然其竞争对手的服务也有同样的功能，但GitHub的功能开发领先了一步，急速增长下吸引了大量的用户，已发展成开发工具的业内标准，Microsoft还发表了将以75亿美元进行收购的计划。

077

Checkr

能够简化个人身份调查的统一检索引擎

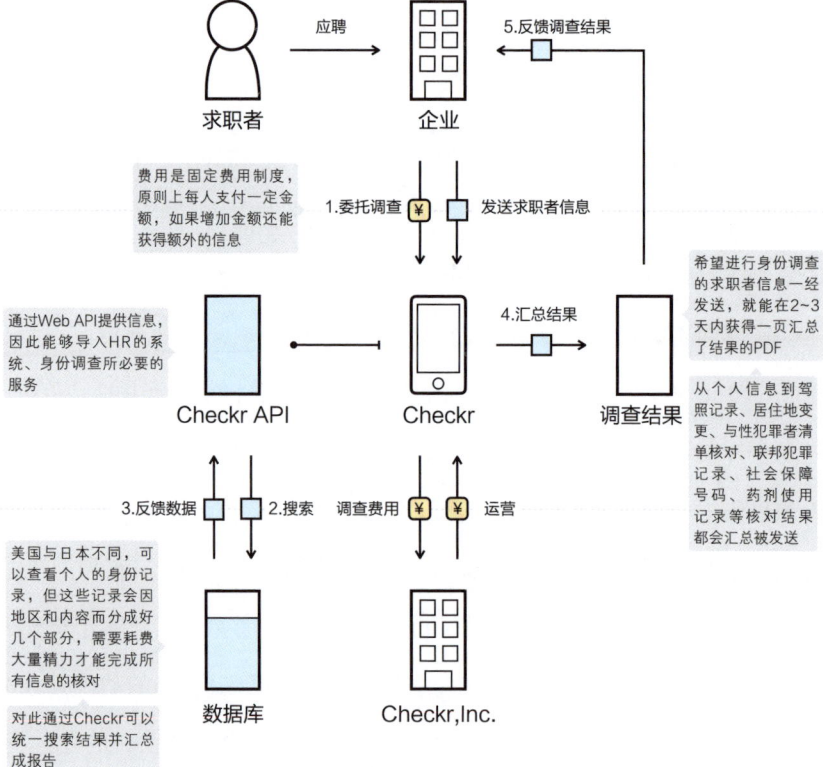

| 身份调查 | 出发点 | 定律 | 需要耗费大量人力 |
| | | 反论 | 不需要人力 |

■ 共享服务的扩大带来身份调查市场的活跃

"Checkr"是由美国所创的提供身份调查服务的代理企业,该公司获得成长的背景在于,美国的个人背景调查市场十分活跃。其理由主要有两点。

一是伴随着共享服务的急速发展,对于用户身份透明性、可靠性的呼声越发强烈。共享服务是指将用户所持有的资源(时间、空间、劳动力、知识等)提供给有所需要的其他人,正如字面意思是一种分享的服务,Airbnb、Uber都被归类为共享服务。该服务原本存在还未对用户进行身份调查就被输入到平台内的大问题,在美国由于瞬间扩大了该项服务事业,导致还未对个人进行详细的身份调查就增加了用户数量的情况,而现状已经实质上发生了凶险的问题。

二是美国独特的个人信息管理体制。美国与日本的不同之处,以个人信息为代表,还有犯罪记录、药物使用记录等只要提交申请任何人都能进行查阅,由于所有的信息未进行整合,就连犯罪记录在一些州和联邦之间都被分开管理保存。因此,要进行完整的身份调查需要耗费过多的时间,而最终所形成的资料也可能有数十页之多。

着眼于这样的窘境的,正是Checkr。为了进行身份调查,对被分开的数据库进行整合实现统一搜索,并将所搜索的结果汇总到一页PDF上,开发出相应的Web API体系。在企业针对求职者进行身份调查时,只需在该体系中发送社会保障号码或个人信息,Checkr就能在数据库中统一进行搜索,将搜索结果(驾驶证记录、住所变更记录、性犯罪名单对照、社会保障号码、药剂使用记录对照结果等)进行整理汇总后反馈。通过提供这样的服务制度,将耗时的身份调查时间最短缩短至1小时,最多2~3天。在急速成长的服务中发生的恶性案件,可能造成用户终止服务,所以今后Checkr仍然需要重视并创建一种能让用户可信赖的担保服务。

附录3："信息"的商业模式汇总

在"信息"一章所介绍的案例，根据"使用了何种科技"可以分为"技术革新系""利用数据系""网络系"三类。

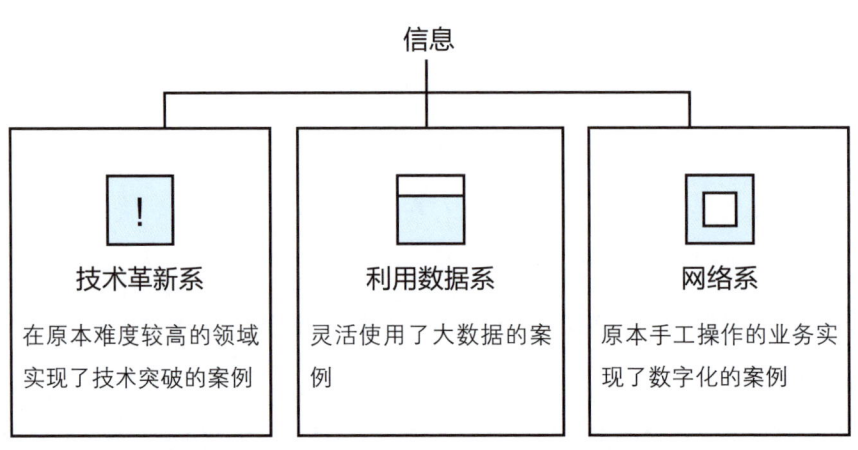

技术革新系

Amazon Go　FASTALERT
COESTATION　Checkr
Google Home　芝麻信用
GitHub

Amazon Go采用自动运营技术，实现了自动读取所售商品及收银的无人化服务。COESTATION开发出读取声音的AI让声音可以合成。FASTALERT通过图像识别与语言解析技术能够快速发现新闻事件。

利用数据系

Farmers Business Network
ZOZOSUIT　KURASIRU
Timescarplus　PIRIKA
Petit Lawson　Air收银
Tokyo Prime　KOMTRAX

Petit Lawson将办公楼内的便利店实现电子结算以获取销售数据，让陈列商品更符合市场需求。Timescarplus利用了司机的数据实现了更完善的服务体制

网络系

Flexport　旅馆的结合
獭祭　MUJI passport
YAMAP　SmartHR
Marklines

Flexport将国际物流的货物全部数据化，实现了搜索功能。Marklines实现了汽车制造领域全球超过5万家零件供应商的信息搜索功能。獭祭将唯有专业职人才能处理的酿酒工艺通过IT技术实现了有效生产与稳定供应

第 4 章

人

引入新的
"利益相关者"

BUSINESS MODEL 2.0 ZUKAN

为了提供出可盈利的新商品或服务，并促进事业的发展，人力是最不可或缺的因素。本章将介绍有效引入至今未发生过关联的企业、团体的案例。

第4章 人 引入新的「利益相关者」

078
Humanium
将违法枪支改变为时尚钟表或自行车

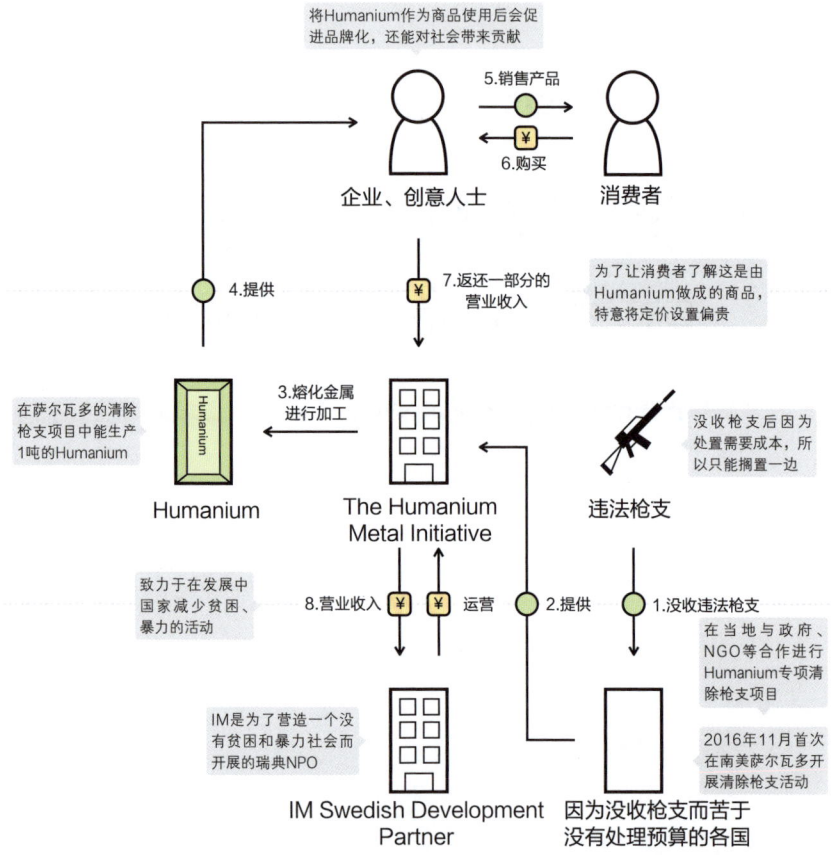

将违法枪支变为金属原材料进行供应

"Humanium"是指一种产自南美萨尔瓦多的金属,在2016年曾荣获专门表彰世界广告、PR活动的"戛纳国际创意节"大奖。

由于处理违法枪支需要花费大量成本,萨尔瓦多政府一直苦于应对所查收的枪支。为了解决这个问题,The Humanium Metal Initiative将违法枪支进行收集,再通过金属加工生产出了Humanium,再将Humanium提供给企业或创意人士作为原料,用于制作钟表或汽车等商品。

就企业而言,将Humanium用在商品上能够提高品牌的价值,因为这也是对社会做出的一种贡献。再将销售商品所得收入返还给致力于减少暴力和贫穷的NPO"IM Swedish Development Partner",这样一来,对于违法枪支所引发的各类问题就会推动公众去了解。

该模式最厉害之处,就是凭借良性循环能够创造收益,并将其再次用于持续的枪支回收或减少发展中国家的贫穷及暴力问题,这俨然已成为持续减少违法枪支的行动方针了。据说为了形成这样稳定的供应链,足足花费了超过两年的时间。

2016年11月,在萨尔多瓦发起的该项目已经蔓延至东南亚和非洲等世界各个国家,并在当地创造出了收益。根据The Humanium Metal Initiative的数据,目前全世界拥有数亿以上的违法枪支,平均每天造成1500人丧生。为了让未来不再有暴力,期待这样的运动能在今后持续得到推广,并深入到更多的地方。

079

Social impact bond

颠覆了"公共事业耗费资金"固有认知的优秀模式

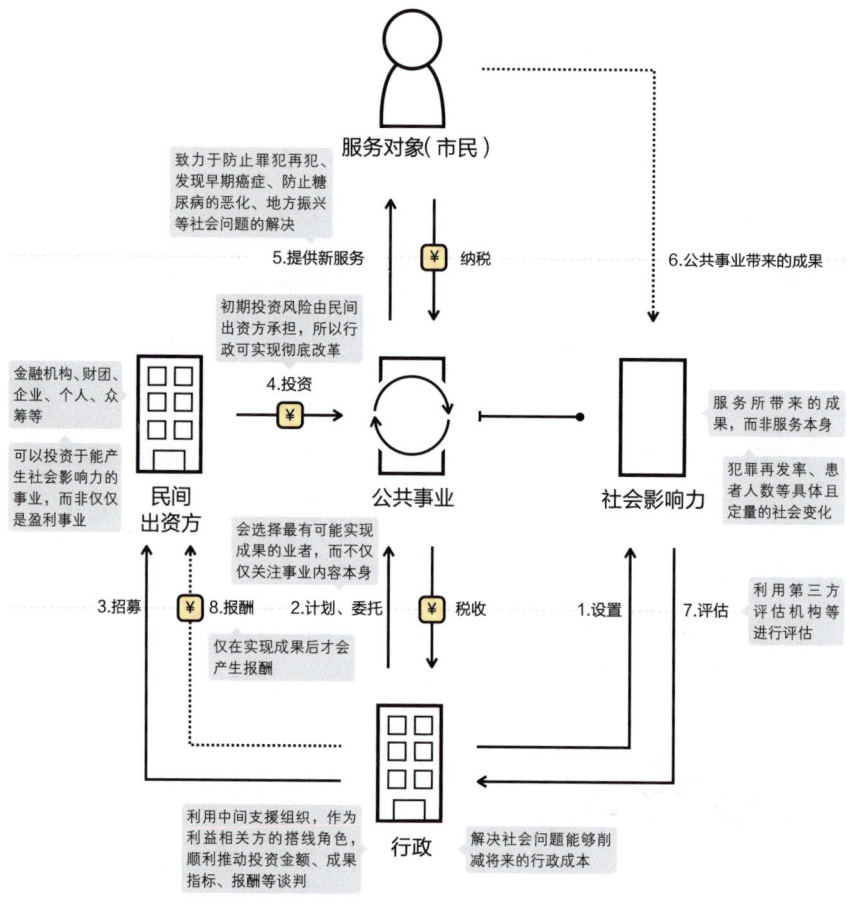

将民间投资家引进来的行政主导型方针

"Social impact bond（SIB）"是在2010年诞生于英国，由政府与民营企业一起利用民间资金来解决社会问题的模式。

这样说也许不太好理解，总而言之，就是将以前由政府负责的服务业务委托给民营企业，如此便不用再对活动支付预算款项，而是针对成果支付相应报酬即可。一直以来，不管有没有成果政府都需要负担行政业务成本，或者如果没有实现成果就会造成预算的浪费等情况，所以按照成果导向型的业务委托合同支付报酬，就不用再面临这样的问题了。

在计算成果报酬时，本来还存在"业务开始初期需要多少资金"的问题。SIB的解决方法是引入民间资金来保障初期投资，对于资金的提供者而言，只要能够实现双方事先所约定的成果，就能有所回报。这不仅仅是为解决社会问题而做出贡献，更因为有了使用资金的新渠道，而备受投资者及民营企业的关注。

采用这样的措施后，政府能够避免财政上的风险，也能更利于公共事业的推进。

如今，SIB在全世界都在行动，在日本也已完成试运营，并开始在神户市（兵库县）和八王子市（东京都）开始具体运作。根据有关日本财团的信息，其已经在16个国家实施了超过60个项目，发展到了约220亿日元的规模。

现在的成功案例还不多，更多都是在试验阶段，但是将民营企业或NPO引进来的行政案例确实越来越多，这对社会有着巨大的意义，后续发展值得期待。

080
SCOUTER
灵活利用了"朋友、熟人网络"的跳槽代理商

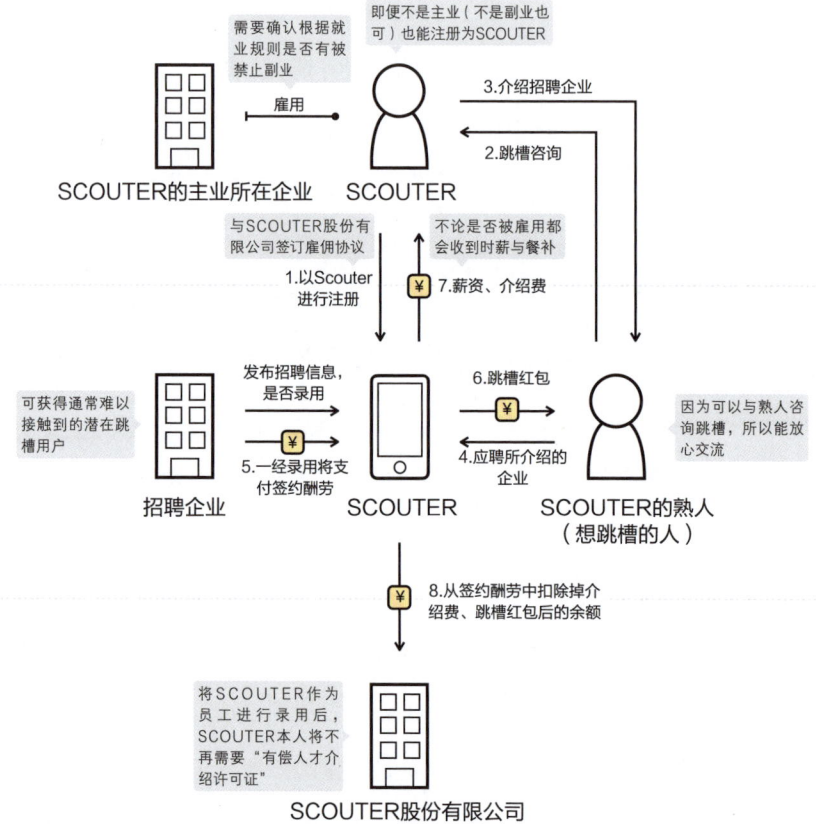

跳槽代理	出发点	定律	需要专业人员专职应对
		反论	个人也能以副业形式应对

用个人的联系来实现"副业猎头"

在跳槽市场中，希望换工作的人大多会在人才服务商处进行注册，由该服务的运营公司代理人来介绍新的工作。不过，"SCOUTER"却是由注册服务的用户当事人来作为代理人（SCOUTER）。这是一种针对招聘企业的需求，从用户的朋友、熟人等身边有跳槽意愿的人当中推荐匹配的对象而获取报酬的模式。

SCOUTER的最大特点是代理人可以"副业"形式进行注册，传统的人才代理人都以人才介绍公司的正式员工为主。然而，SCOUTER凭借"朋友、熟人介绍"这样的私人社交网络而形成了匹配准确率和质量都更高的商业模式。而且，认可副业的代理活动会更易让更多的（结果而言也会是更多元的）用户进行注册。

事实上，"副业"这种形态对于SCOUTER的商业模式的确立也起到了很重要的作用。原本"就职（跳槽）意向者成功与招聘企业签约后，代理人要想获得介绍手续费的收入"，是需要有偿职业介绍许可证的。换言之，以代理人身份进行求职介绍时必须要获得个人许可证才行。

然而，SCOUTER在与劳动局进行确认时，却成功地跨过了这道阻碍。拥有职业介绍许可证的"SCOUTER股份有限公司"与用户签订雇佣合同后，后者作为该公司的"雇员"来开展业务，就可以不再需要"雇员"每个人都具备许可证了。因此，无论用户是否成功促成签约，都能作为雇员活动而获得相应的时薪（约1000日元）。

虽然现在也有其他针对用户所相识的人介绍工作的服务（员工推荐），但那都是由内部的员工介绍外部的熟人。在这一点上，该公司打出了"social hunting（社交猎头）"的口号，以此扩大了获取人才的渠道。如此一来，SCOUTER能够通过独特的竞聘形式来接触到传统跳槽市场中未曾涉猎到的潜在人群。

081 POP TEAM EPIC

在粉丝当中相当有人气的恶搞漫画

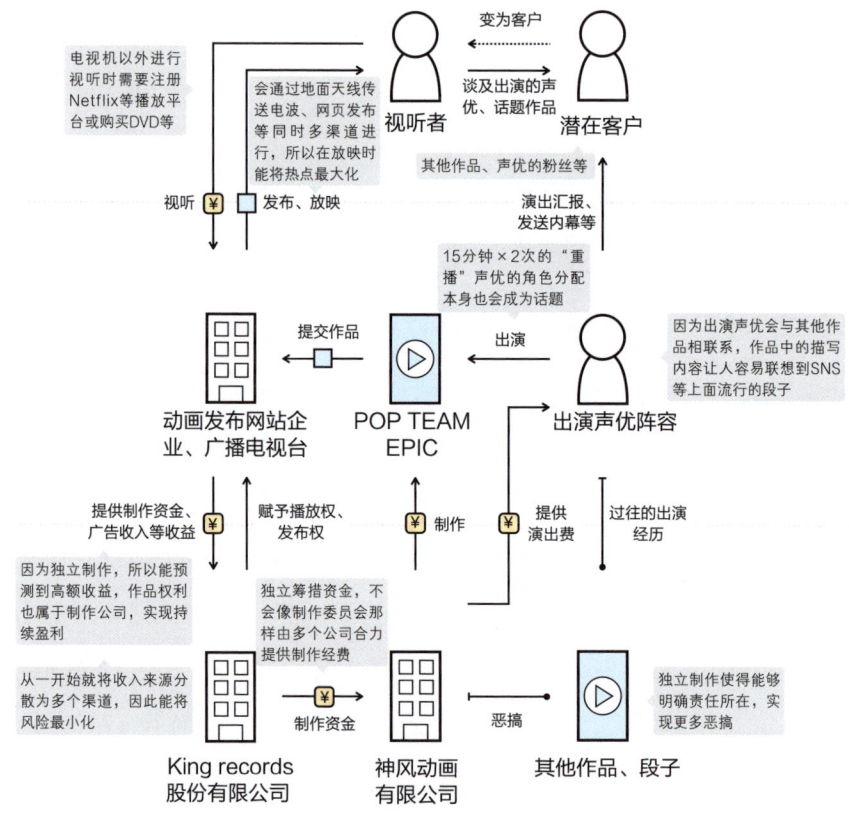

敢于放弃"制作委员会形式"而承担风险

"POP TEAM EPIC"是在NICO NICO动画等平台引发了超人气好评的动漫视频，总共12集，在NICO NICO动画上播放次数超过了100万次，第一集更是突破了史上最快的100万次播放量，目前已经超过300万次。虽然仅仅只有30分钟时长，在最初的15分钟之后就收尾，接下来的15分钟完全是重复之前的内容（只是所用的声优不同），可以说是前所未有的作品。

为何会聚集这么多的人气呢？这其中自然包含了各种因素，尤其在商务方面最重要的是选择了"单独出资"而非"制作委员会的方式"。

所谓制作委员会方式，是由多个公司共同出资，用所筹集的资金来进行动漫的制作。由非动漫制作出身的多家公司进行投资，根据动漫的相关权利，能够开展出各式各样的商业模式（游戏或者相关书籍等）。但这种方式也存在缺点，因为会根据出资比例来分配最终利益，就算成功了，最后获得的收入也并不多，而且很多相关者都参与制作，在内容上每每要进行调整就会变得很难协调。

POP TEAM EPIC是由King Records单独制作，所以责任所属非常明确。由于实现了很多恶搞内容，容易面临更多风险。该公司为何愿意承担高风险呢？其中一个主要原因在于，赚钱的方式已经变得很多样化了。在放映的同时，因为也会在各类动画网站进行发布，由此引发的话题又会促成循环效应。实际上，POP TEAM EPIC可以在NICO NICO动画、Amazon Prime Video、hulu等各大视频网站进行浏览观看。

原作者大川Bukubu先生原本是在竹书房出版社的四格漫画家，他在最后一集的动画中，提及了竹书房并未在这次动漫制作中出资，因此图解中也就未列入到相关者里。

082

GO-JEK

除了人还能运输物品的"印尼版Uber"

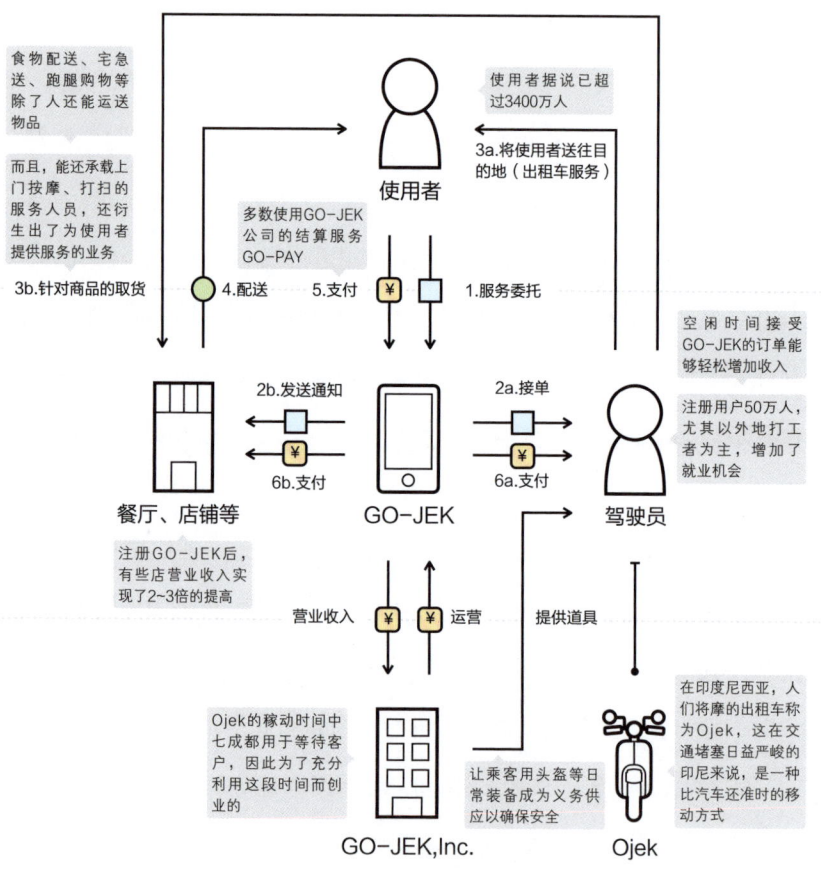

| 摩的出租车 | 出发点 | 定律 | 一种交通基础设备 |
| | | 反论 | 一种物流基础设备 |

把正宗的"Uber"逼到撤退

"GO-JEK"在印度尼西亚是拥有超过3000万使用者的摩的预订系统。在印度尼西亚,人们会在日常生活中使用叫作"Ojek"的摩的。这是因为从前交通堵塞特别严重,相比于汽车,摩的能够更好地确保时间,从而让其备受欢迎。

GO-JEK的亮点在于并没有将自己局限在运输人的"交通设施"上,而是转变为从宅急送、餐饮快递到代购等能运输多种物品和服务的"基础物流设施"。甚至还衍生出了接送上门按摩、保洁等人工服务,感觉几乎快要做到无所不能了。

一打开GO-JEK的APP画面,就像Uber(诞生于美国的打车软件)一样,已经深入当地的基本交通设施得到了组织化运行,这正是其一大优势。

值得一提的是,Uber曾一度进驻过东南亚市场,但又在之后退出市场(将业务转让给了GO-JEK的竞争对手Grab[①]),这应该是有特殊地域的商务因素。对于开展全球业务的企业来说,确实有必要考虑地域性,只是套用常规的做法并不能搞定所有的市场。

最初开启GO-JEK这一服务的契机,是因为创业者听说GO-JEK的稼动时间中有七成是在等待客户,才想到"能否将这些空闲的时间利用起来做点其他什么服务"。事实上,GO-JEK的司机在闲暇时通过接受委托业务让赚取收入变得更容易了,这反而是为当地的更多司机提供了稳定的职业机会。

司机们可以挣到更多的钱,使用者能够收到各种各样的服务,GO-JEK也能从中获利。能够形成让多数人受益的模式,才是其最终能够成功的原因吧。

---

① Grab:创始于新加坡,目前是东南亚最大的打车服务平台,有东南亚六个国家的30个城市经营业务。

083
BIGISSUE
为了支援无家可归的人重获生活主导权的杂志

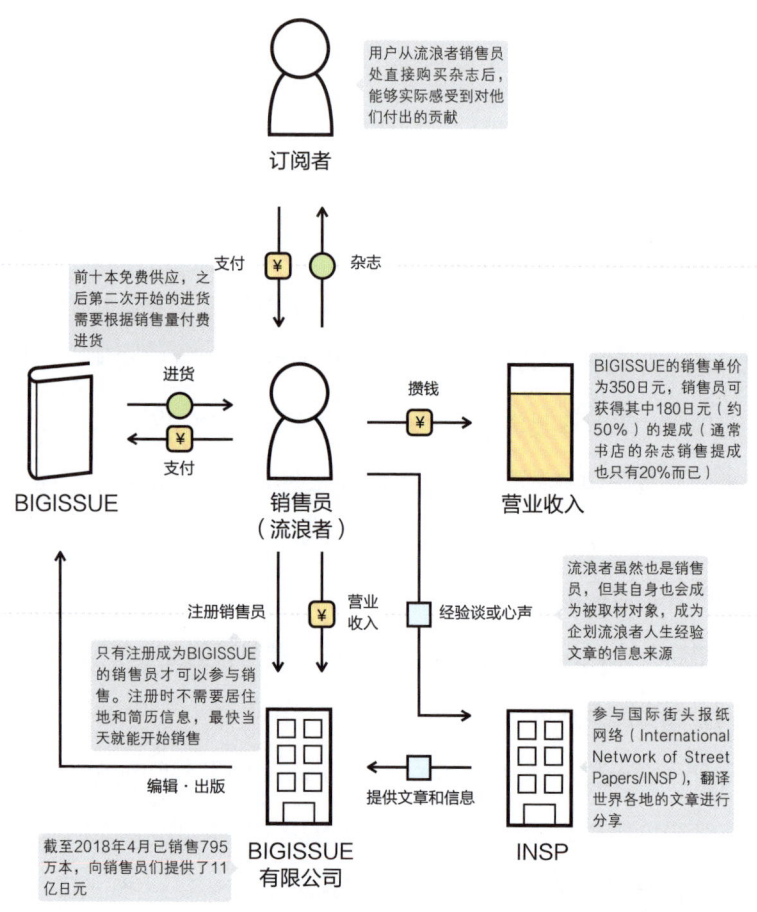

援助流浪者	出发点	定律	通过捐赠或捐物进行援助
		反论	提供岗位促进自立的方式进行援助

■ 不以捐赠施舍为目的的支援事业

"BIG ISSUE"是为支持无家可归的人重获生活主导权为目的而制作的杂志,它创始于英国,在包括日本在内的世界各地进行销售。

无家可归的人成为在路边等地方销售杂志的角色,能将销售后的一部分收入作为自己的收益。每一本的价格虽然低廉,但由于不通过中间商(书籍杂志批发商)所以能收到50%的提成,要比常规获得的多。现在每本售价为350日元,其中180日元会成为无家可归者的收入。截至2018年4月,已销售795万本,超过11亿日元的金额被提供给了负责销售的无家可归人群,可以说是相当多的金额了。

该模式很厉害的地方在于,为了拯救无家可归人群并未选择捐赠或施舍,而是让其作为事业的协助方。这容易产生一种我们是在"帮助"社会弱势群体的感觉,但BIG ISSUE让无家可归人群亲自进货,亲自销售,这便实现了自助者天助的经济独立。而关于销售渠道方面,普通的商业都希望销售渠道越多越好才是王道,然而该公司却为了达到"援助无家可归者"的目的,选择将销售者仅限于无家可归者。

日本版的BIG ISSUE创刊者在创刊初期据说受到了身边很大的反对,对于其能够最终跨过这些障碍所付出的激情,笔者深表感动。在近10年当中,无家可归的人数从18564(2007年)减少到了5534(2017年),同时销售人数也减少了3成左右。由于"无家可归者的减少"会影响该项活动本身的成果,他们把这种现象称作是"BIG ISSUE的窘境"。

另一方面,在最后的销售者能够独立之前,为了能够稳定发行杂志,面向没有销售者的地区,也实行了定期订阅制度。在2019年3月,将达到了1000人,并且以3000人作为定期订阅读者为目标,一切还在继续招募推广中。

084
minimo
由Mixi发起的沙龙员工可以被"直接点名"的APP

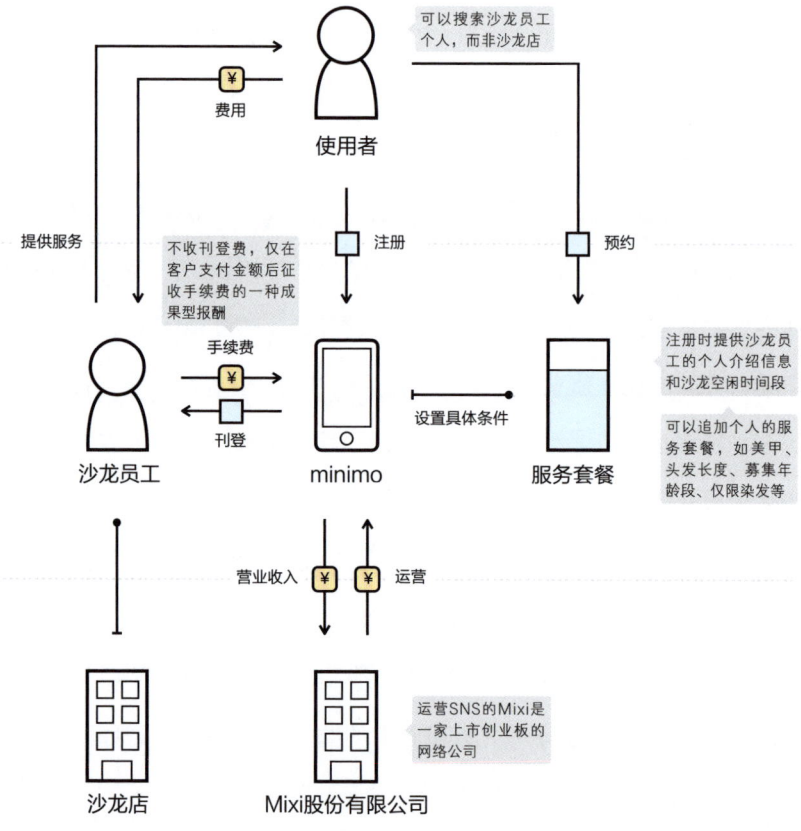

美容类匹配型APP	出发点	定律	挑选沙龙店而非员工
		反论	挑选员工而非沙龙店

沙龙员工与使用者可以直接交流的工具

"minimo"是可以针对美容店、美甲沙龙等的工作人员进行直接点名预约的APP，截至2018年6月，已累计超过300万次下载量，每月预约申请量超过45万件，所刊登的沙龙工作人数达到了4万人。

一直以来，沙龙使用者大多都是根据地点、价格、氛围等来选择店铺。然而在minimo上，可以指名具体的工作人员进行服务的预约，还可以提前通过APP与员工进行交流。

根据员工的工作履历可以设置相应的费用与服务内容，对于使用者来说因为价格更实惠所以更具魅力。

负责运营minimo的是Mixi股份有限公司，该公司的mixi SNS中因为有很多招募发型模特的社区而引发关注。由此考虑到是否存在着市场需求，于是在2014年开始了minimo。

在美容行业一直就存在着"离职率高"的问题，通常一年之后约50%，三年之后约80%的美容技师会辞职，除了长时间劳动与工资不满意之外，还与技术类职业特点有关系。为了提高自身技术，需要增加更多理发经验，太年轻就需要多做其他人的助理工作，因而很难有上手机会。在这种行业背景问题中，产生像minimo这样匹配员工与使用者的私人APP，在我看来也是一种必然的发展趋势。

SNS的扩大也促进了个体化的发展，这样的潮流也波及到了美容行业中。通过增加员工的固定客户，员工也不会辞职而能持续进行服务。针对行业结构，minimo这次也许能从根本上解决了问题。

085

Mikkeller

每年创造100种新商品却"没有设备"的啤酒制造商

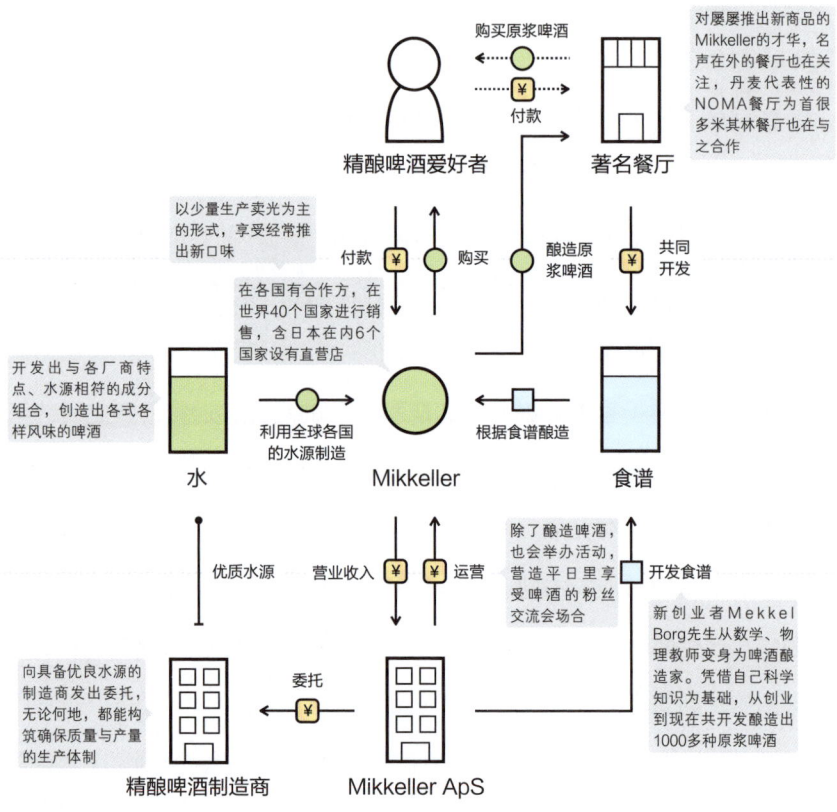

精酿啤酒	出发点 —— 定律	用自有设备制造
	反论	用其他公司设备制造

委托生产能够发挥产地和酿造厂的魅力

啤酒制造商新贵"Mikkeller",创立了在其他企业不多见的丰富产品线,让精酿啤酒粉丝们无法自拔。

虽然只是啤酒,但因为原料和制作方式的不同,却能形成各式各样的款式。闪耀着琥珀色的拉格(Lager)、香味浓烈的司陶特(Stout)、果味四溢的艾拉(Ale),这种每次根据当下的心情自由选择的乐趣,能做到如此讲究的,除了大型企业外,小企业也能钻研出来的商品,就要数精酿啤酒这一类了。

Mikkeller在极具个性做派的精酿啤酒领域备受瞩目,自2006年创业起到现在已经有1000多种,每年能创造约100种原创啤酒,速度惊人。

该公司的特点被称为"空头"或"吉普赛",是源于他们在生产模式中选择不使用自己的设备。由数学、物理学教师出身的Mekkel Borg先生根据学院派的知识体系所制作的细致配方,在当初的各种赛事曾获得过非常高的评价。这样的名声吸引了丹麦当地的代表餐厅NOMA,以及美国的Alinea、西班牙的El Celler de Can Roca等世界知名餐厅提出合作的愿望。

一方面,为了对应增加的需求,就需要庞大的设备投资,而他们采用的是OEM(以委托者的品牌来生产商品)的方式,在制作精酿啤酒时,能够吸收委托地的特点是一种优势。该公司专注于配方的研发,再将每种啤酒委托给最适合的酿造厂,从而发挥产地水源及酿造厂的独特魅力,还能根据需求确保生产量。这样一来,不会失去原创性核心的强项,才是让Mikkller能够成为Mikkller的根本原因。

包括日本在内,其在全球6个国家已经推出了直营店,随时展示着20多种啤酒,而且每一款的完成度都相当高。最近还推出了搭配该公司啤酒的拉面店等,专注于各种新的可能性。Mikkeller改变的不仅仅是饮料本身,而是享受啤酒的方式。

086
Dialog In The Dark
体验完全黑暗的社交娱乐

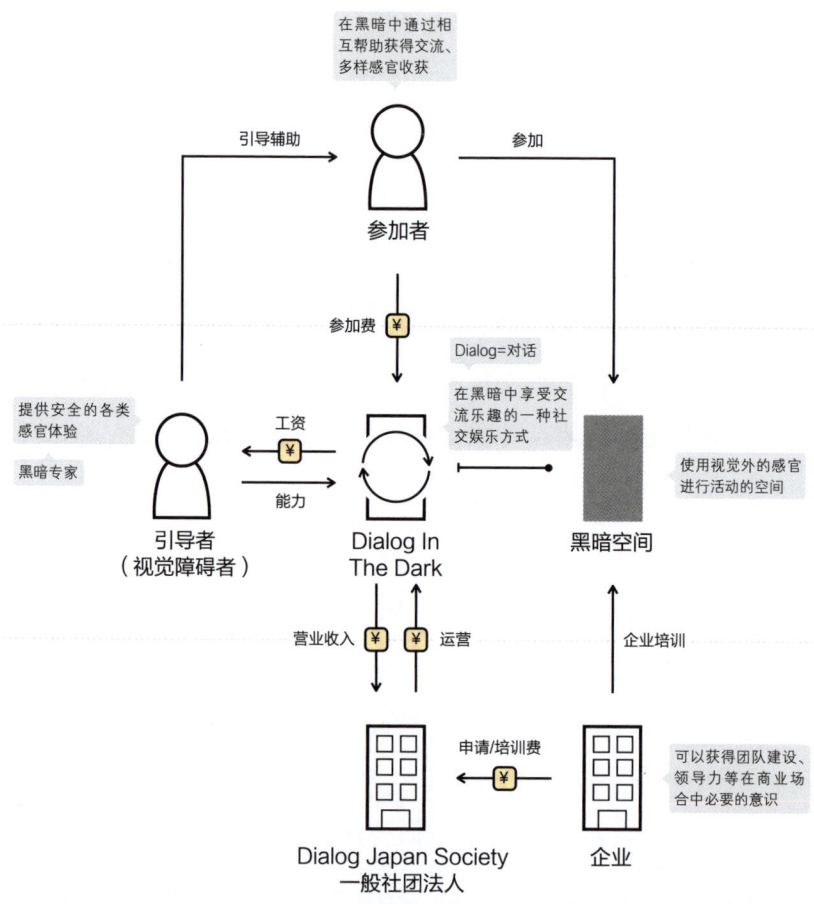

| 体验型空间 | 出发点 | 定律 | 利用所有感官进行体验 |
| | | 反论 | 利用视觉外的感官进行体验 |

接待者为视觉障碍者

在100%黑暗环境中能提供各种各样娱乐体验的"Dialog In The Dark"。

亲自到现场看时确实非常暗，完全看不见任何东西。参加者会被带到逐渐暗下来的地方，最终置身于黑暗当中。我参加时有5～8个人，因为太过黑暗所以有些不安，但接待者在旁有进行仔细说明，这位接待者是一位患有视觉障碍的人士。

随着季节变化，主题也会有调整。我参加的时候，正好是运动会。当时身处完全黑暗的环境中，首先是把篮球投进篮子里的项目，说实话，到底能不能投进去我都不知道，因为靠得很近，居然投进去了。

最让我吃惊的是，接待者在旁嘱咐"再往这边走就会撞到墙了噢"。为何会知道我在走路呢？为何他会知道正在走近墙边呢？我甚至还怀疑他是否戴着夜视眼镜之类的装置。除了视觉感官之外，很难把握住空间的概念。容易被视为"社会弱者"的视觉障碍者其实并非真正的弱者，反而我觉得这种优秀的体验才真正反映了"他们只不过是缺乏发挥才能的机会罢了"。

自1988年在德国创始以来，该项目在世界超过41个国家的130个城市都有所开展，据说目前已有超过800多万人进行过体验。在1998年开始有了"Dialog In Silence"这种体验无声世界的活动，由听觉障碍者负责接待，顾客们戴上隔音的头戴式耳机后进行各种各样的体验。2017年，才首次在日本举办过相关活动。

就商业性而言，作为企业培训的一部分，已经导入数百家企业，这是一种让人单纯觉得"希望类似企业培训以后越多越好"的体验性培训班。

087
KitchHike

通过烹饪让"希望做的人"与"希望吃的人"走到一起的社区

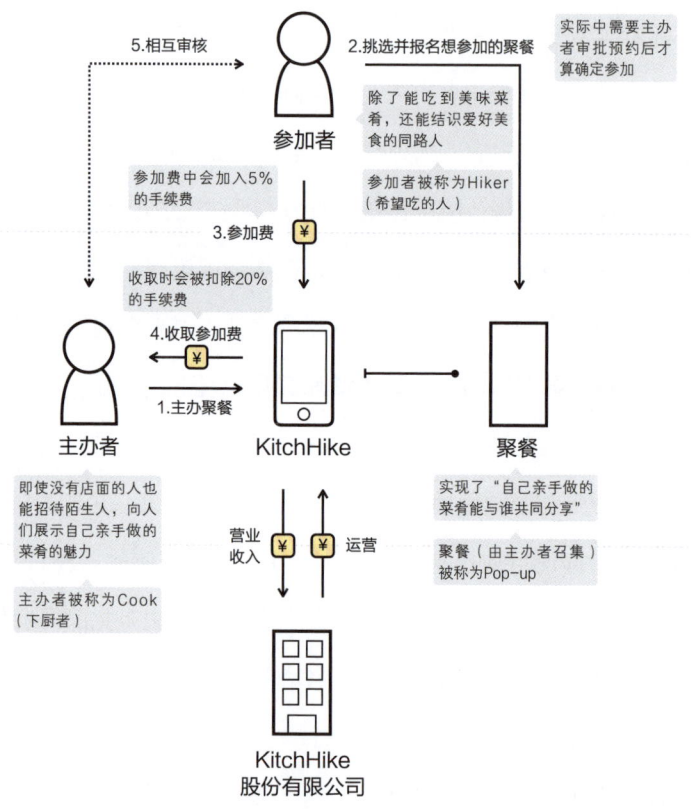

既不是在外吃也不是在家里吃而能享受手工烹饪的新尝试

"因为做了菜招待别人"而感到快乐的大有人在，就像"喜欢大家一起聚餐"而快乐的大有人在一样。这都是很多人能在日常生活中体验美食的魅力，KitchHike股份有限公司所运营的"KitchHike"就是将喜爱做菜的人与爱吃的人联系到一起的服务，这也是一项能够象征该公司愿景"提供以食而生"的事业内容。

参加这项服务时，负责烹饪招待的人被称为"Pop-up"，可以举办聚餐会。而希望参加的人（想吃的人）可以进行预约，一旦通过确认就能参加。说到手工烹饪，大多会联想到招待家庭成员或朋友的场合，而该服务却因为"招待初次见面的人享受自己做的美食"这一反论达到了效果，这非常不简单。

我因为单身，通常一个人吃饭的时候比较多，烹饪就会更像是"家庭作业"，所以，完全没有机会享受"亲自下厨请大家品尝"的乐趣。对我这样的人来讲，这确实是一项非常有吸引力的服务。

KitchHike的创始人山本雅也先生在开创这些服务之后，也会在全世界往来，享受各个国家的美食，由此，更能了解他在这项事业中所注入的深深热情。在KitchHike的行动方针中有提到"用信息实现模式化""抛开常识选择反论的点子"，因为与我们商业模式研究具有共通之处，所以深有好感。

自2013年开始服务以来，其与东京汤储（soup-stock-tokyo）股份有限公司、德岛市等企业或自治团体一起举办了各类活动。2017年10月，从Mercari和Venture United等获得了总额2亿日元的资金，这将更进一步拓展其事业版图。下次，我也打算找机会前往家附近的Pop-up体验一下。

088

WeLive

跟随"WeWork"（共享办公室）而推出的重视社区的居住方式

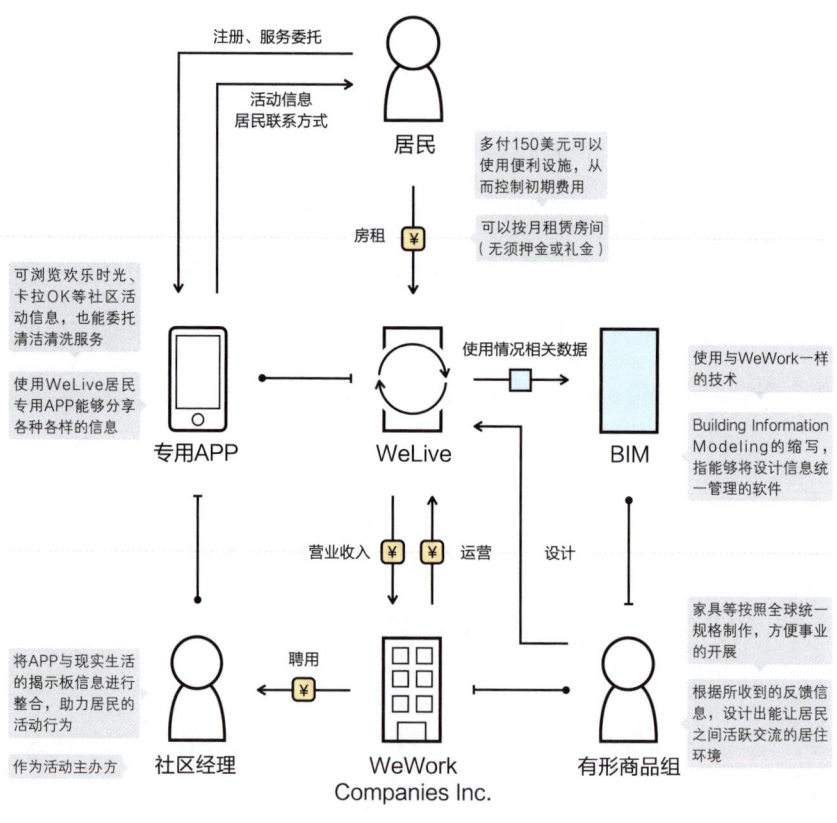

共享住宅　出发点 ── 定律 ── 没有社区经理
　　　　　　　　　└─ 反论 ── 有社区经理

共享居住者的技能与兴趣爱好

以共享办公室闻名的独角兽企业[①]WeWork Companies所运营的居住版就是"WeLive"。共享房间通常需要分享厨房、浴室、起居室等生活必需的场所和物件等,WeLive就是一种"Coliving"的居住方式,各个居住者会分享职场中的技能和兴趣爱好,是一种将工作生活一体化、能够积极交流的生活场所。

在借住时,美国也与日本一样,以年为单位,通常需要签订长期合同,而WeLive可以月为单位签订住房合同。使用居住者专用的APP能够共享各种各样的信息,还能浏览Happy hour、卡拉OK等社区活动信息。还特别设有社区经理作为这类活动的主办者,促进居住者之间的相互交流。这样的特点正是贴近了千禧一代当下的生活方式,因此希望入住的申请蜂拥而来。

WeWork Companies与其他共享房间的运营公司不同之处,就在于"创造"和"运用"这两点。建筑行业与房地产行业几乎不太交流,设计建筑的人与负责运营的人往往又不是同一人,因此时常出现没有把握好居住者需求的设计,或是好不容易设计出的好房子却没有得到充分的利用,等等。因此,WeWork Companies导入了BIM(Building Information Modeling)系统,用以将建筑物的形状、成本、完工情况等进行数据化管理。将在现场获得的多样信息反馈给设计方,在提高设计效率的同时,也致力于打造设计的品牌,通过超出行业领域而得以提供促进居住者相互活跃交流的空间。

2018年5月,该公司宣布其设计团队将由率领建筑设计事务所"BIG[②]"的建筑家Bjarke Ingels(比雅克·英格斯)就任主要建筑师一职,现在主要致力于室内的设计,今后该公司也许会承担建筑物整体的设计。

[①] 独角兽企业:估值超过10亿美元的非上市企业。
[②] BIG:位于丹麦哥本哈根的国际化事务所,是一家由建筑设计师、产品设计师、设计思考者组成的多领域合作组织。

089
LifeStraw
能够喝到安全水质的吸管型净水器

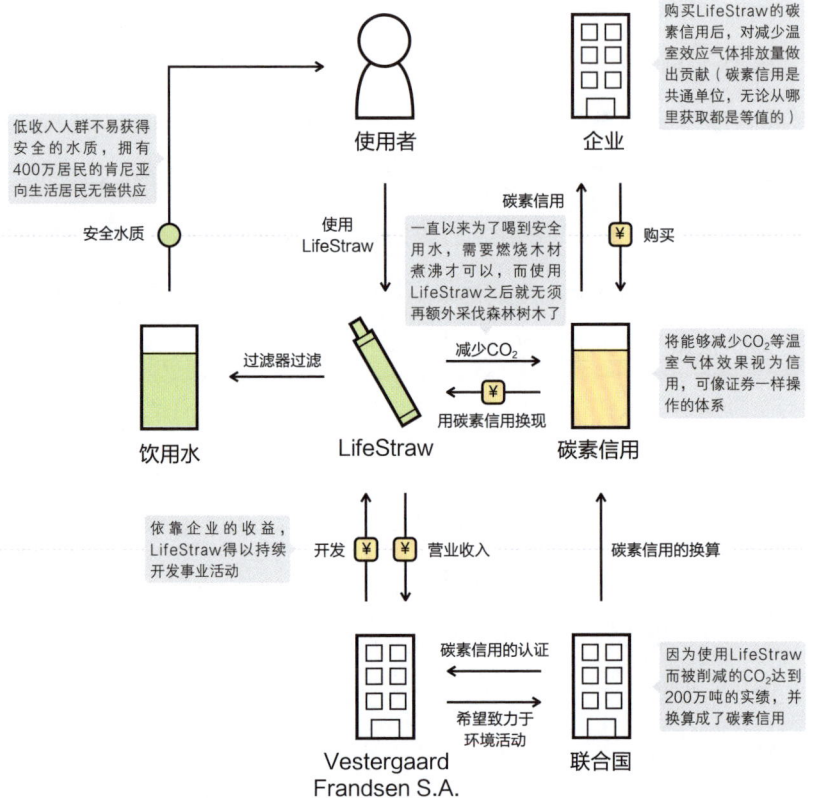

解决困境的商品	出发点	定律	有需求的人支付对价
		反论	关注社会问题的企业来支付对价

■ "会用产品的人"与"会花钱的人"是不一样的

让泥水通过过滤器变成饮用水,这就是"LifeStraw"。开发出这款商品的Vestergaard Frandsen公司并不是针对发达国家用户进行销售,而是针对难以实现安全饮水的非洲等地开发了此产品,因此其目标用户扩大到全球范围。

不过,需要LifeStraw的地区所得收入都很低,当地生活的人们很难直接采购,于是该公司没有直销,而是选择向住在肯尼亚的400万人进行免费供应。由此,当地住民能够获得安全饮用水,结果该地区的环境也开始发生变化。之前因为要砍木做燃料烧水,现在当地的森林不再面临采伐了。这对于削减CO_2排放做出很大的贡献,产生了积极作用。

因此,LifeStraw的活动因为在防止地球变暖、削减CO_2排放、贡献健康指标方面的措施而获得了联合国的认可,发现到这种价值而想要致力于这种CSR(企业的社会责任)的企业也开始削减CO_2排放和购买碳信用[①]。如此一来,即便需要LifeStraw的居民不直接购买,也能通过联合国、企业的协助将商品提供给更多需要的地区。

这种商业模式最耐人寻味的两点在于,一是LifeStraw没有停留在"安全饮用水"这个层面,而是着眼于削减CO_2排放上,从而获得了联合国和更多企业的商业关系。二是采买商品的不是使用者而是企业。LifeStraw因为具备确保安全用水和削减CO_2排放这两种价值,也成功区分出了使用者与付款者两类人,让这个商业模式得以成型。

---

① 碳信用:旨在通过减少温室气体排放的方式延缓气候变化,联合国把温室气体按照其对大气的制暖效应进行评级,气体的危害越大,发展中国家的生产商通过减少排放量获得的补偿就越多。

090 Studysapuri

为了学生更好地学习和未来的授课视频发送服务

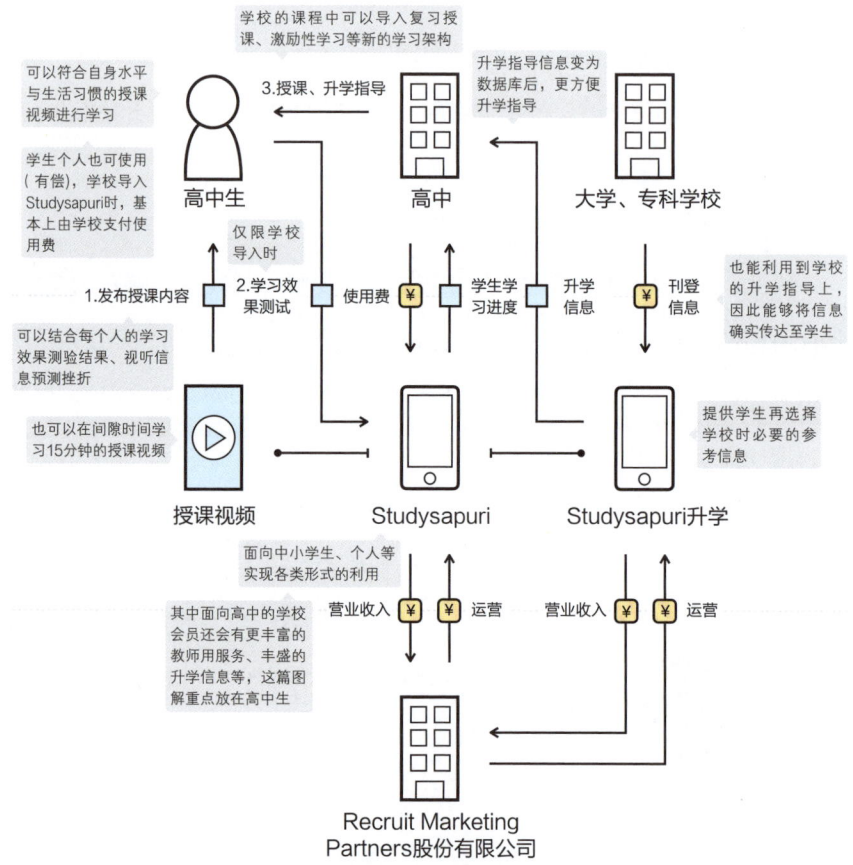

| 学习类服务 | 出发点 | 定律 | 价格高昂,仅限部分学生可用 |
| | | 反论 | 低价格,且大部分学生可用 |

日本全国有四分之一的大学在使用

"Studysapuri"是向那些有学习欲望的学生提供学习机会的同时,又因为减少了教师的负担而备受关注的工具。

在与学校签订企业合约时,针对教师负责人还会单独准备"Studysapuri for Teacher"的管理画面来统一汇总学生的学习状态,由此可以向各个学生分配相对应的教学视频,还能在听课完成后进行考核测试等充实指导。原来需要花很多时间在课程的预习和复习环节上,换成Studysapuri之后,教师们能够根据每个学生的水平集中指导,诸如回头重新教学或是加强主动学习等。

另一个重要的原因,"Studysapuri升学之路"可算是持续了40多年之久的"RIKUNABI升学"的升级版本。原本依靠从大学、专科学校等升学处收取信息刊登费,将升学相关的信息提供给学生们,这也是比较单纯的商业模式。然而搭配Studysapuri的教学视频在灵活应用到学校升学指导方面,比以前获得了更多与学生的联系,在大学、专科学校看来也无疑是种非常值得刊登升学信息的选项。对教师而言,通过将升学信息放在Studysapuri中统一管理,可以比之前进行更顺畅的升学指导。

能将希望提高学习效率和升学指导效率的商业与希望提供升学信息的大学、专科学校联系到一起,这形成了RECRUIT最引以为傲的"蝴蝶结模型"[①]。由此不仅RECRUIT能够收获稳定的收益,也让原来只有富裕家庭才可能接受到的教育以一种低成本的形式提供给广大学生们。到目前为止,日本全国已有四分之一的大学在使用,且正在向小学、中学、在职学习领域展开推广。在学校里,仍然需要完善Wi-Fi环境确保使用,希望今后能够作为教育基础设施标配进行更多推广。

---

① 蝴蝶结模型:B2B2C的模型,连接学生与学校,通过匹配,为学生和学校双方提供新的价值。这种模式既是一种双边模式,也是一种生态思维。

| 091 |

Good Job! Center KASHIBA

联系障碍人士与社会的新型工作方式

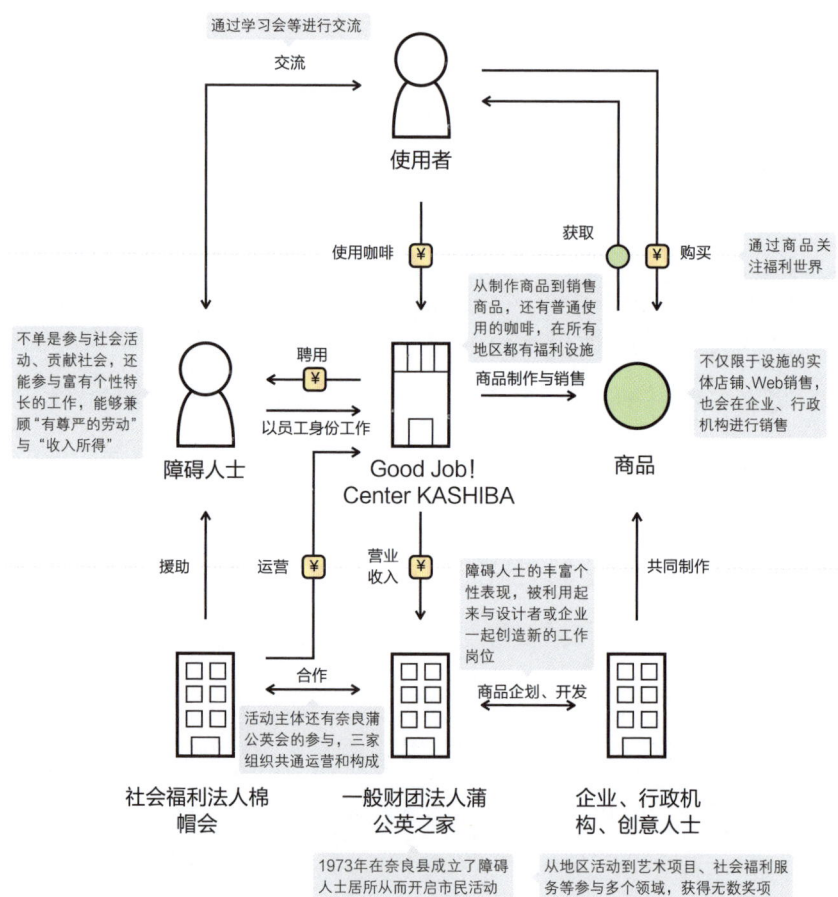

障碍人士的工作 —— 出发点 —— 定律 —— 可以选择的工作很少
               —— 反论 —— 可选择的工作很多

244

■ **为障碍人士提供可能性的福利设施**

工作到底是什么呢？回答应该有很多种，比如"与社会的联系"就是其中一种吧。然而，障碍人士的工作选项却十分有限，与社会的联系更是备受局限。为了解决这样的问题，1973年，市民活动（团体）"蒲公英之家"在奈良县首次发声。

蒲公英之家主要由三个组织所构成，分别是"一般财团法人蒲公英之家""社会福利法人棉帽会""奈良蒲公英会"，而"Good Job! Center KASHIBA"福利设施则负责棉帽会的运营管理。

蒲公英之家的活动从其在1980年所获得的奖项数量就能了解其优秀之处。最近，"Good Job! "更是从4085件被审查的项目中脱颖而出，被选中为"Good Design大奖"的金奖获得者。作为蒲公英之家的理事长，同时也是棉帽会的理事长的播磨靖夫先生，因其对日本和亚洲的活动推广方面所做出的贡献而获得了好评，在2009年还获得了年度艺术推荐文部科学大臣奖（艺术振兴部门）。

因为奈良县香芝土地的捐赠者也想把蒲公英之家所积累的经验利用起来创造工作机会、生产新的商品，并作为物流的据点，所以才有了"Good Job! Center KASHIBA""希望其能成为今后障碍人士福利模型的事业"。该设施与各种各样的企业、创意人士一起创造了新的商品，这其中离不开两大要素的助力，一是与蒲公英之家总部有往来的"Able Art Company"负责管理着障碍人士的创意作品的著作权，二是能接触到企业和创意人士来对作品加以利用。而所完成的作品通过企业的营销渠道或经"Good Job! Center KASHIBA"实体店都能购买到，让商品使用者们通过商品能够接触到障碍人士的内心世界并拓宽自己的价值观。

蒲公英之家还在继续衔接障碍人士与社会的关联，在这些活动、行动、价值观中所产生出的，不正是超过了工作领域能够成为更多商业范本的东西吗？

092 彩

将当地所采集的花草变身为高级餐厅中的装饰菜

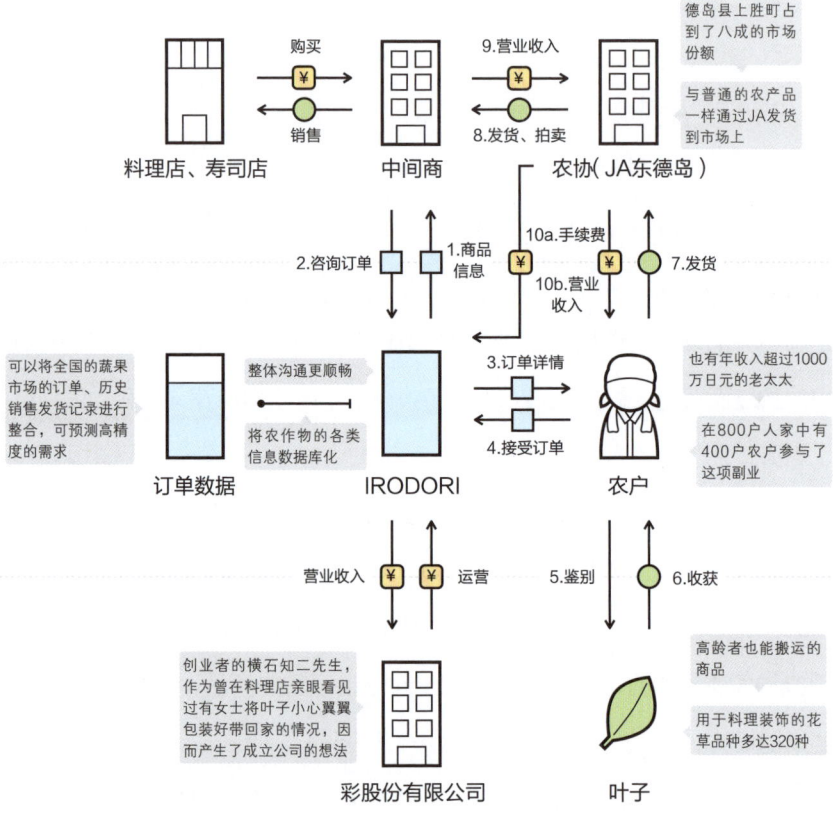

叶子（装饰品）	**出发点**	**定律**	供应量不稳定的农作物
		反论	根据需要轻松收获的农作物

叶子拯救了边缘村落

"彩（Irodori）"是为高级餐厅供应装饰所用叶子的发货企业，在2012年甚至被拍成电影《多彩人生》，在地方振兴方面是非常有名的成功案例。

在日本的地方自治体中，由于高龄化和人口减少问题愈演愈烈，高龄者占到整体人口一半以上的"边缘村落"越来越多。不少自治体面临着因"劳动力减少引发产业的衰退→工作场所的减少造成年轻人不得不进城打工"这样的恶性循环，即使努力要振兴却往往四处碰壁走投无路。

德岛县的上胜町就是一个高龄者比率达到51.49%的典型边缘村之一，在20世纪80年代，因其主要的木材产业与温州柑橘面临着与进口产品的价格竞争以及天灾的影响导致衰退后，甚至险遭村庄灭绝的危机。在这样的背景下，由当时隶属农业协会的职员横石知二先生发起了叶子的买卖生意。

叶子属于农产品，与其他农作物一样需要通过JA（农业协会）才能进行贸易。上胜町在很早之前就有交易叶子的先例，但由于预测需求存在难度，经常供过于求，价格容易下跌以及难以换现等不稳定因素。上胜町最终选择了彻底的市场营销，依靠IRODORI重新构筑出订货网络的方式来实现用叶子商品换现的目的。

将高龄者与叶子组合到一起，是这个商业模式的一大亮点。因为叶子变为商品不需要耗费体力，所以高龄者和女性都能轻松胜任。该业务本身也能在短时间内完成收获，几乎不需要花费太多精力，大部分的农户都能以此作为副业参与进来。在高龄化严重的村落，这是无论谁都能轻易参与的产业。

除金钱之外，还有其他方面的影响也在蔓延开来。高龄者因工作而更健康了，街道上也难见到老人院了。如今，还有一些活跃的高龄者会使用电脑或智能手机进行工作。

093

留职项目

通过新兴国家的志愿活动培养人才的项目

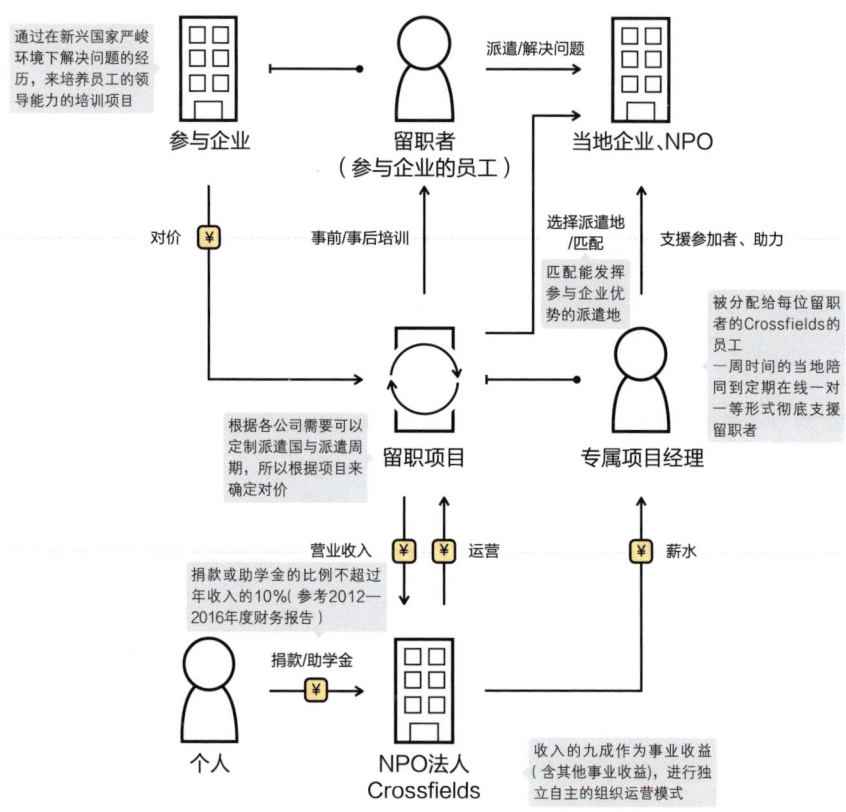

■ "志愿者活动"与经济合理性实现并存

在新兴国家存在很多社会问题，诸如贫困、能源、教育、卫生、雇佣……不胜枚举，而"留职项目"就是针对企业提供的一种通过解决新兴国家的社会问题来进行人才培养的项目。"解决社会问题"从字面意思很容易联想到志愿者活动。原本是一种个人参与的贡献社会的志愿者活动，而留职项目却将企业引入"解决社会问题"的层面，与一般的志愿者活动有所不同，正是其最大的特点。

最妙的地方在于，引入企业之后，从结果而言产生了利于每个当事人的好处。具体而言：

①将拥有资金实力的企业作为目标，能够通过"留职项目的运营"获得收益。

②针对企业的强项、技能来选择匹配的派遣目的地，能够为派遣目的地的"当地企业、NPO"提供高水平的问题解决能力。

③通过在新兴国家的艰苦环境中体验项目，能对"参加企业、留职者"提供高密度的培训项目。

像这般转换了"解决社会问题"的看法与销售的方式之后，形成了一种win-win-win的商业模式，尤其从挖掘出企业需求的这一点来说，确实让人印象深刻。

在呼吁企业全球化及人才培养全球化的今天，究竟有多少企业正在制订具体的行动方针呢？比起在会议室参加培训讲座，或是参加MBA培训，都不如留职项目这种全球化人才培养项目来得更具体、更具实践性。

负责运营留职项目的NPO法人Crossfields在事业部分的收益占到整体的约90%，而捐款与补助金的比例相当少（根据该NPO法人事业报告书）。对于NPO法人来说，我觉得这是一个在商业之外，对那些更近似志愿者活动及社会贡献的人来讲，能够学到不少新鲜事物的案例。

094 共享育儿

与所在地的人一起共享育儿的APP

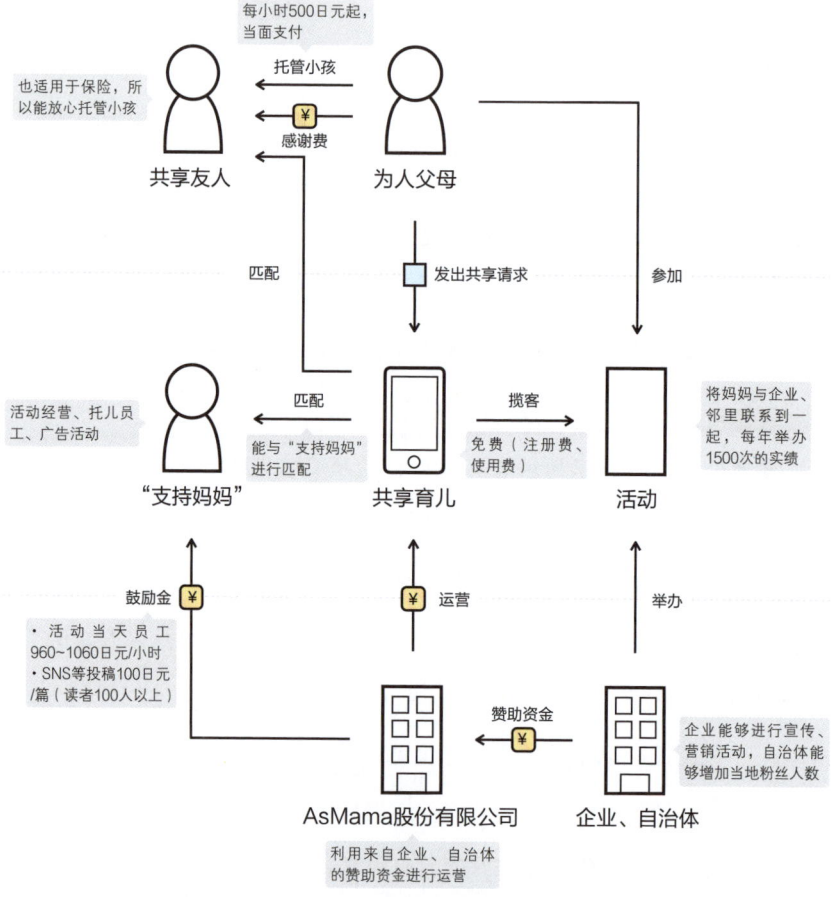

育儿 出发点 —— 定律 —— 父母做的事
　　　　　　　└ 反论 —— 可以委托当地他人的事

在当地互相帮助接送与托儿

"育儿必须要父母亲自抚养才行",在不久之前,这还完全是一种社会常识。然而随着不断有女性从事社会工作后,这样的固有思想却行不通了。实际上,苦于兼顾工作与育儿的有子一族有很多,"共享育儿"是为了这些奋斗在育儿一线的父母们所提供的一种减缓压力的服务。

负责运营"共享育儿"的AsMama股份有限公司,提出了"创造一个让有子一族相互扶持的社会"的志向,因此开启了这项育儿共享业务。致力于在有子一族所聚集的地区通过互相协助接送与托儿等安排,能够解决留守儿童和少子化问题,还能让父母在育儿和工作之间保持平衡。

双亲通过使用育儿共享APP,就能联系到所在地从未私下来往过的朋友、熟人、企业。除了实现接送和托儿的代理功能,因为提供了交流平台,因此能够让不安变为放心。孩子们也能接触到平时不会碰到的人或场所,对于其成长也不失为一件好事。

完全不会收取任何注册费、资源匹配手续费等也是该商业模式的一大特点。在委托育儿和接受育儿的用户之间设置有每小时500日元左右的感谢金规则,不过这也是为了减少使用者的顾虑出发,这之中所反映出的是该项服务希望实现使用者进入"让孩子去朋友家玩一会儿"的情境。此外,针对所有使用者还适用最高5000万日元的保险。这样做也正是将安心、安全放在第一位的一种理念,提供一个健全的市场也正是其企业愿景之所在。

在实际使用方面,需要先与地区所认可的育儿共享支持者"支持妈妈组织"完成面谈才能开始。通过前保育员占了四成比例的该组织还能交到朋友,在参加几次交流会等活动之后就可以开始使用APP了。截至2018年6月,已有近6万人进行注册,所解决的案例也已扩大至2万件左右。以这项服务为契机,希望能够慢慢拓展成一个利于有子一族生存的社会环境。

095
TABLE FOR TWO

仅靠20日元就能解决食物紧缺与肥胖问题的体制

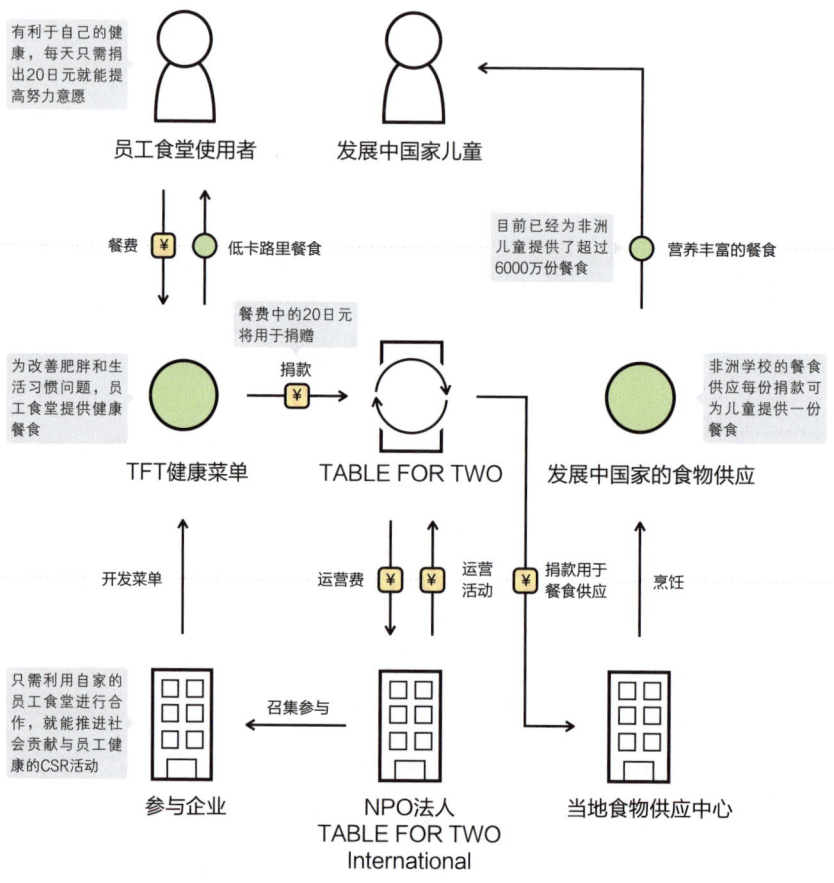

同时解决发展中国家和发达国家的问题

在世界上有10亿人因为贫困而处于营养失调、饥饿的状态，而另一方面有20亿人则面临过度饮食而导致肥胖或生活习惯病的困扰。

"TABLE FOR TWO（TFT）"是试图解决因饮食不均而引发的问题，同时从发展中国家和发达国家两边入手，从NPO的立场，通过各种丰富的项目来消除两边饥饿与肥胖问题的促进团体。

其最具代表性的举措之一，就是与企业员工食堂的合作。在员工食堂的常规菜单中提供"TFT健康菜单"，保持卡路里与营养成分的平衡，从餐食费中加入20日元的捐款作为定价。在发展中国家，一人份的餐费相当于发达国家一人份的捐款额，会被用于当地的学校饮食供应中。饮食过度的人所减少的份额被送至卡路里不足的人那里，同时又为解决饮食不平衡问题做出了贡献。

被支援的地区主要有乌干达共和国、埃塞俄比亚联邦民主共和国、肯尼亚共和国、坦桑尼亚联合共和国、卢旺达共和国、菲律宾共和国等，参与的企业与团体超过300家，还与从事菜单制作的企业和大学联盟等进行合作，不仅在日本，海外也在开展活动。

很多人都想对社会做出一点贡献，但是靠捐款得不到什么实际感受，而且也很难付出那么多的时间。TFT的体制能让人在平常的生活中仅用一点点的钱和行动就能提供一人份的饮食，对于做出了贡献的人也会感到很开心。这是一种很容易参与的模式，所以会有更多人愿意协助。在商业模式的体制方面，能让人们更多地为社会着想，也是一种很有用的参考案例。

096
nana
用户之间能够投稿歌曲或演奏来制作乐曲的APP

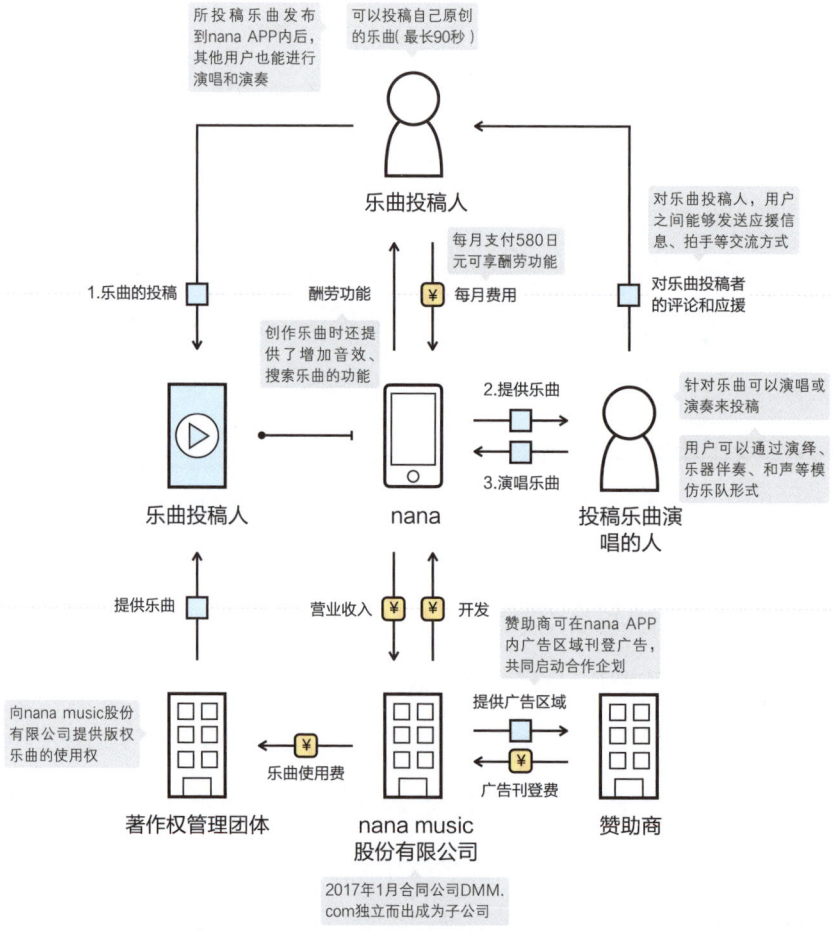

初学者也能无所顾忌进行投稿的制度

现在的音乐SNS，一般是由服务提供方指定歌曲进行演唱后进行投稿，就是所谓的在线卡拉OK形式为主流方向。"nana"虽然也可以同样对乐曲进行演唱后投稿，还可以由用户主动提供乐曲，或是针对自己所投稿的乐曲由其他用户来完成和声或乐器演奏后再投稿。

在nana的使用用户中，超过一半人数都是年轻女性，每天的乐曲投稿数有5.5万件。与其他SNS服务相比，它的活跃用户比例相当高。之所以高，在于其对交流方式的良好设计。音乐SNS通常使得会唱歌、会演奏的人与普通人之间拉开距离，随着投稿难度的增加，一般用户会逐渐不再投稿。因此，nana想尽办法缩短两者之间的差距。比如，将投稿时间最长设置在90秒，让投稿变得更加容易，而每首歌是以"renga"这种一句接一句的形式来演唱。为了促进用户之间的活跃交流，选择避免任何会激发用户相互竞争的策略，以及任何为获得礼物为目的的投稿活动。

作为年轻人的社区之一，nana的收益是一种"免费增值服务（基本功能免费、增值功能收费）+广告收入"的商业模式。参与收费服务的人数在2017年4月1日已经突破1万人，今后应该能够增加更多的会员人数。

该公司在2017年1月成为了DMM.com的子公司。身为董事长的文原明臣先生在提及之所以同意成为子公司，曾解释"我希望nana作为一种服务能够通过音乐将全世界的人们联系到一起。然而要做服务自然是需要耗费金钱的，为了服务需要筹集资金，但（公司重组）'完全没有涉及产品本身'，这才是本次做出决定的最重要理由之一"。

097 拼多多

在中国急速发展的娱乐感满满的团购服务

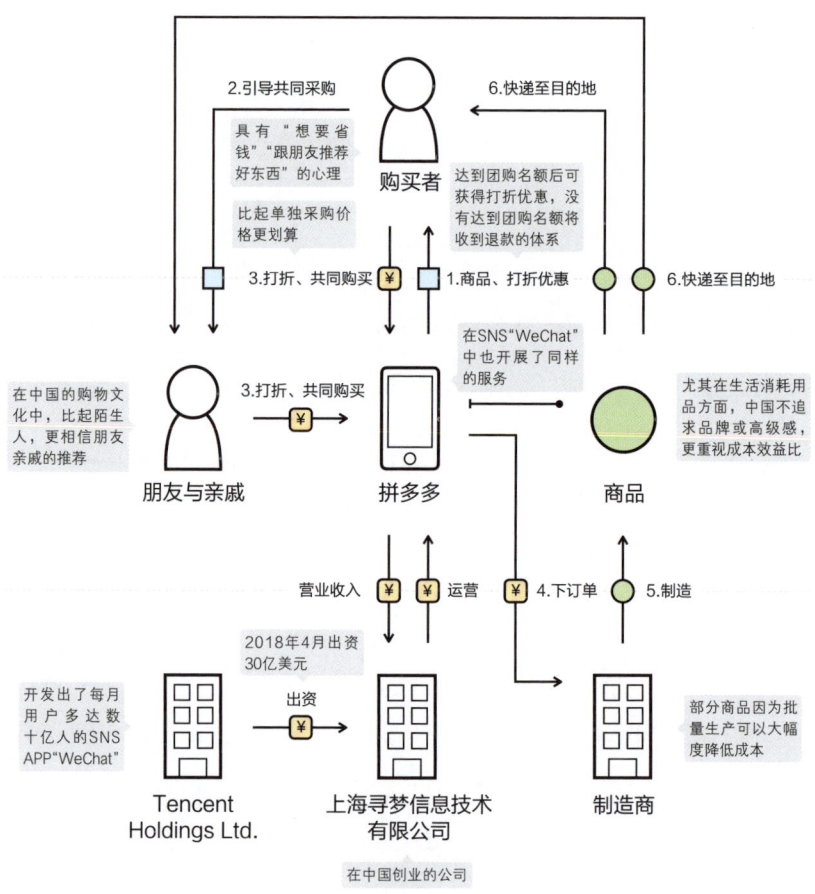

■ 拉入朋友和亲戚可以廉价采购的模式

作为电商领域的新星，大家是否知道这家正以惊人速度并很可能席卷中国的企业"拼多多"呢？目前已经有很多种团购服务了，但"拼多多"的定位却颇为独特。其他团购服务通常由商品销售企业发行购物券，再投入广告费后提高知名度，而拼多多却像是一种挑战游戏闯关的团购服务。比如，在达成团购份额后就能获得优惠价。购买者通过将亲戚、朋友们等带入SNS，就能起到团购的宣传作用，真是一种很特别的模式。

该服务之所以能够在中国得到关注，有其一定的理由。在中国，有着信赖朋友或亲戚而购买的强烈文化背景，所以能在中国实现急速地增长，并已有1700万人以上的下载量。

拼多多虽然是2015年9月才成立的新晋企业，但现在已成为仅次于淘宝（Taobao）、京东（JD.com）之后位列中国第三的电商平台，而这之中离不开与Tencent Holdings（腾讯）的关系。2017年该公司成为其主要股东，2018年4月又接受了30亿美元的出资，让拼多多的估值达到了150亿美元。并且，在创业后两年半时间里，就达到了3亿人的用户数，流通总额实现了740亿美元。在这样惊人的成长背景中，有腾讯所开发的"微信"的助力。微信是每月用户数10亿人之多的SNS APP，非常适合用户向朋友推销拼多多服务。对于影响力很高的号召型用户（意见领袖KOL），还能享受免费获得商品的好处。

因为能提前了解采购需求，也有助于生产线的改善。对于制造工厂，由于大量采购，大量生产能够大幅度削减成本，因此能够形成一种向用户以更实惠的价格实现商品供应的C2M（Customer to Manufacturers）商业模式。不得不说，这是一种将多个要素实现完美组合的商业模式。

098

YANKEE INTERN

针对初、高中毕业者的包住型就业支援项目

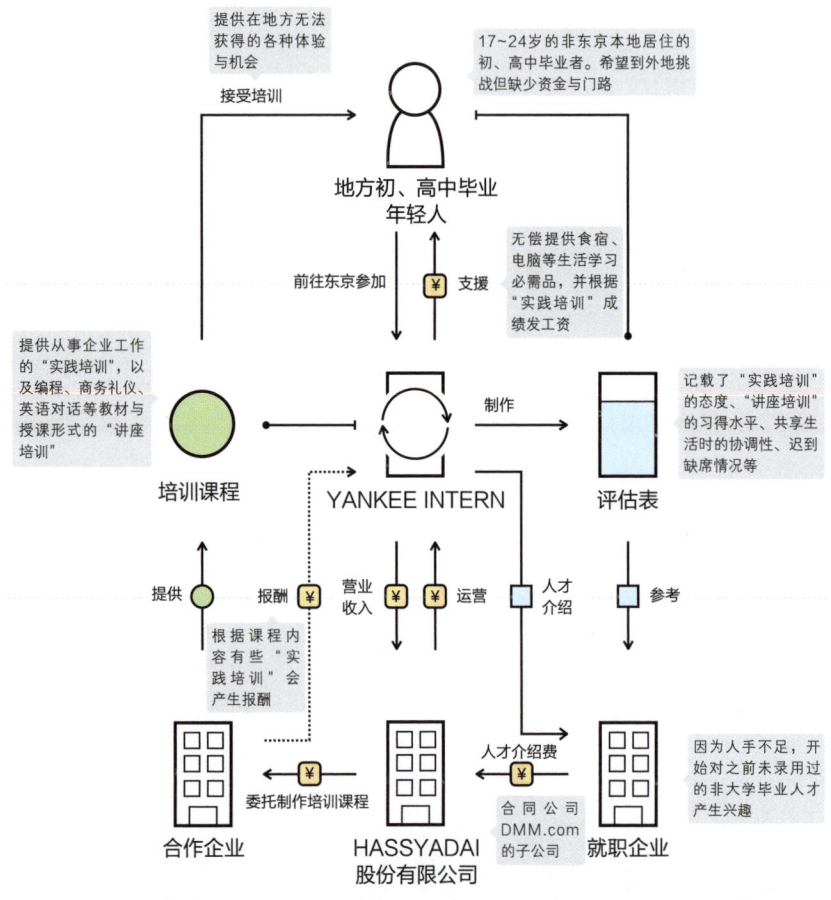

■ 为地方非大学毕业的年轻人无偿提供在东京的挑战机遇

在地方上的初、高中毕业的年轻人，往往因为学历或地区差异而面临着更少的人生选择。这些年轻人想去老家以外的地方发展，会因为没有钱或没有人际关系而"难以获得去东京谋生的机会"。"YANKEE INTERN"就是为了这些想要改变自己的迷茫年轻人提供社会就业、自我实现、自我发掘的支援型服务提供商。

HASSYADAI股份有限公司自2015年起，以地方上的17～24岁的初、高中毕业生为对象，负责运营包住宿的就业支援项目"YANKEE INTERN"。实际提供的全课程教学计划包含两大种类，一种是以在企业工作为主的"实践培训"，另一种是以教材形式讲授编程、商业礼仪、英语对话等的"培训讲座"，并且还会为参加者无偿提供转职协助、在东京的饮食与住宿、电脑等生活学习所必需的项目。这是一种不需要参加费，一旦通过YANKEE INTERN被企业雇用之后，企业会提供介绍费的商业模式。实习期间为3个月到半年左右，目前已有约200人参与到实习中，八成左右已经就职，还有促成升学、留学、创业的个案。

值得关注的是，参加者无须支付任何费用，就能受到英语、就业讲座等培训，还能经过职业体验进入社会工作。YANKEE INTERN利用全课程教学计划帮助参加者提高技能的同时，还会将对课程的投入度、熟练度、协调性等生活态度写入评价表中，提供给对非大学毕业人才感兴趣的企业，这是一种学历、工作履历之外的评估材料和信用资料。对于参加者，在实习毕业之后，不仅仅是就业，还能在东京或老家通过就业、升学、创业、留学等经历，培养出在当地得不到的价值观，在毕业时获得更多元化的人生。

到目前为止，由于收益基本都投入到参加者的培训环节中了，所以所得资金相当少，但在2018年4月与合资公司DMM.com达成合作，成为其100%的子公司，今后事业的进一步扩大指日可待。

099
Neighbors
依靠街坊四邻来实现的地区家园安全体系

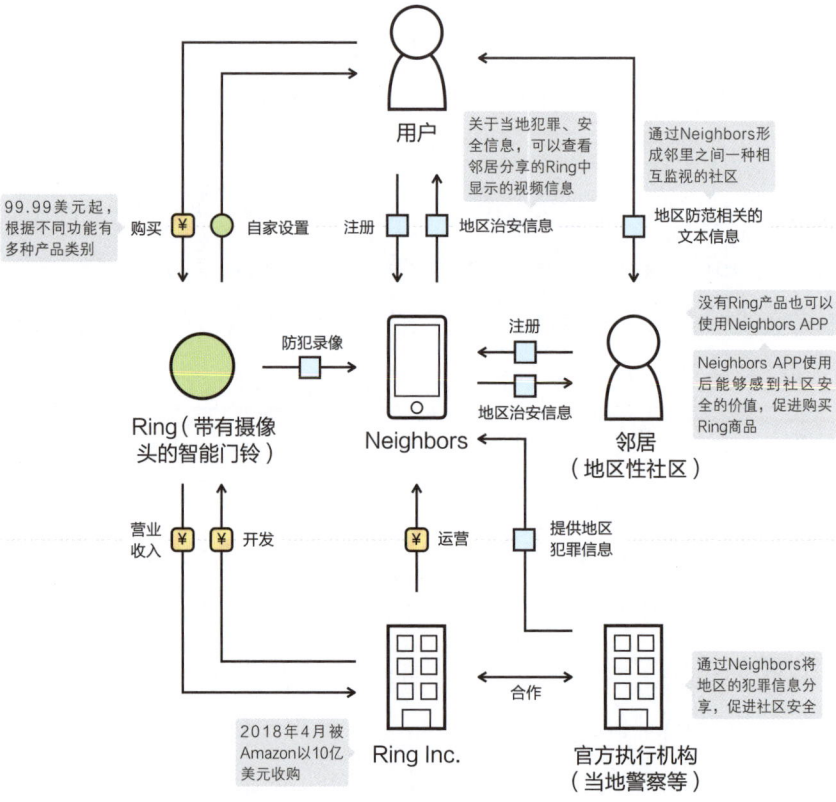

■ 依靠"邻里监督"来保卫社区安全

"Neighbors"是由负责销售附带摄像头的智能门铃"Ring"的Ring公司所公开的APP，这是为了在街坊四邻之间创建更贴近"邻里监督"的社区环境，以当地的安全为目的而将目光集中在犯罪上的监视策略。

用户购买带有摄像头的智能门铃"Ring"并安装在自家后，就能通过智能手机、平板、电脑对上门的拜访者进行确认，还能直接进行对话。这种功能本身不算稀奇，但Ring公司所公开的"Neighbors"APP却有一个独特之处，那就是将智能门铃摄像头所拍下的访问者样貌通过APP分享给Neighbors（邻居）。如果发觉有可疑人物出现在家前面，就能传达给邻居让当地所有人了解到该情况。

这款APP即使没有"Ring"也能进行下载，通过APP能够获得当地治安以及官方机构在安全方面的执行信息，显示"Ring"的持有者们所分享的视频影像，还能通过APP分享文本信息（截至2018年7月，由于不属于其服务对象国，所以日本国内还无法下载）。

此外，Ring公司在2016年与洛杉矶市民警察共同合作，将"Neighbors"的社区发展为深得信赖的社区。虽然家庭安防应当由每个家庭自行负责，但利用科技能够让街坊四邻创造出社区概念，并转变为共同关注地区犯罪"以当地社区一起来负责"。

"Neighbors"APP是根据"Ring"的移动APP功能为基础所开发而成，但在2018年4月被Amazon以超过10亿美元将Ring公司收购后才正式发布的。

100
PECO
为消除虐杀行为做出贡献的宠物信息网站

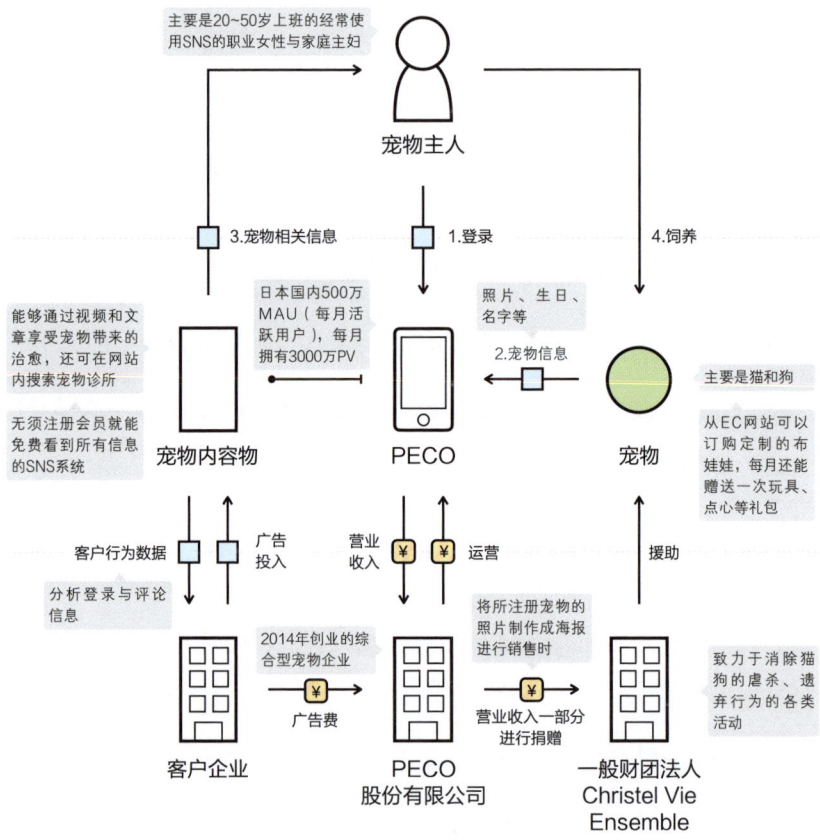

■ 将宠物的教养与饲养信息进行共享

近年来，据了解以猫狗为代表的宠物产业已达到1800万只的市场规模，收养者之中日本高龄者并不多，反而是未满15岁的孩子更多。

关于教养或饲养方式，宠物的主人基本是从杂志媒体、搜索引擎、SNS上通过朋友、主治医生等处获取信息资源，然后再在宠物身上去摸索是否合适。

但是，"其他的主人都是怎么教它们上厕所的呢？""一样是长毛血统的猫会喜欢什么风格的刷毛梳呢？"……诸如此类难以参与或很少有能分享同种类宠物相关状况的社区。究其原因，在于宠物的种类很多，而与宠物沟通也是非语言的，因此根据出生地、血统的不同，在饲养环境上也有很大不同，所以只能靠想象。

针对这样的问题，"PECO"将SNS的功能设计到APP当中，针对各类宠物品种，实现了随意分享图片和视频的形式来解决教养或饲养方法的问题，再加入专业的饲养师、创作者制作出专业的内容物。在服务开始后的一年半内，在日本国内已达到500万的活跃用户，3000万的页面浏览量。在海外，也有150万人左右在进行使用。

此外，从动物诊所的搜索服务到动物外衣的定制订购、玩具和点心等礼物套装的采购，也可以通过APP汇总出必要的电商网站信息。在为自家宠物制作艺术海报时，还会将营业收入的一部分捐赠到消除猫狗虐杀、遗弃、虐待行为的相关活动中，这是一种与非营利组织合作为保护猫狗做出新贡献的模式。

附录4："人"的商业模式汇总

在"人"的章节所介绍的案例是根据"谁如何被引入"而进一步细分为"资源系""社会问题系""匹配系"三种类别。

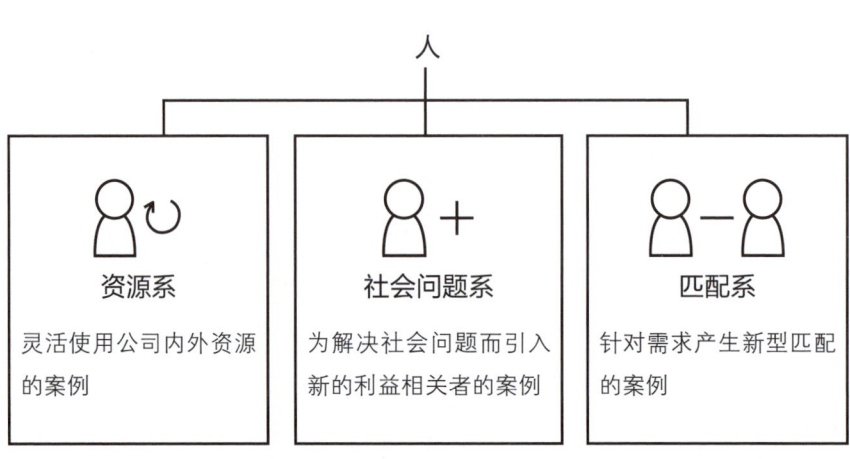

资源系

WeLive　Neighbors
POP TEAM EPIC　GO-JEK
Mikkeller　SCOUTER
PECO　留职项目
YANKEE INTERN

WeLive在居住空间中设置了社区经理的角色。Mikkerller在没有自己的制造设备前提下每年能制作约100种啤酒。SCOUTER创造出了利用副业也能从事跳槽猎头的工作机会

社会问题系

LifeStraw　TABLE FOR TWO
BIGISSUE　Humanium
Social Impact Bond
Dialog In The Dark
Good Job! Center KASHIBA

以NPO等的案例居多，因为要解决社会问题的案例，通常为了避免让受益者有所负担，需要精心考虑让哪些人来为他们买单，LifeStraw就是将碳素信用卖给了企业而获得资金

匹配系

彩　Studysapuri
minimo　KitchHike
共享育儿　nana　拼多多

围绕需求，找到两方相互进行匹配是一种做法，KitchHike就做到了让喜欢招待别人的人与喜欢品尝手工料理的人联系在一起，共享育儿则实现了在同一地区委托育儿的可能

附录5：亲自尝试商业模式的图解制作

■ 进行简单图解制作的工具包

至此，我们已经介绍了100个商业模式的图解，也许有读者希望自己也能制作商务模式图解。在此，我准备了自己在编辑商业模式图解时所用到的工具包。

"商业模式图解工具包"是针对那些想要亲自制作商业模式图解的人所准备的图解原件汇总、方便编辑的工具。

该工具包也能发布到各个SNS，可以在Google Slide进行制作，也可以下载PPT等后自己进行编辑。

相关网站：http://bit.ly/bizmodeltool

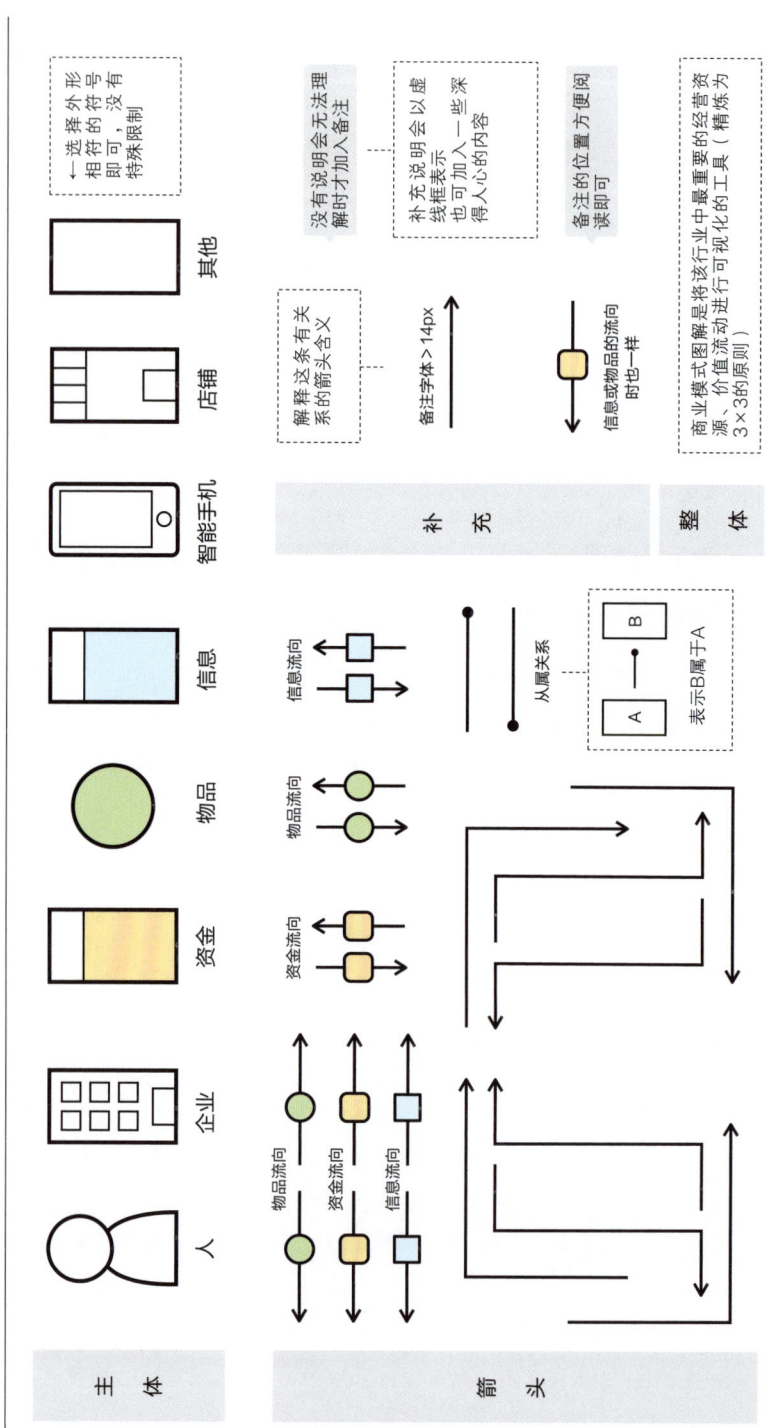

■ 再次介绍商业模式图解的特点

这里会有些重复开头的内容，但为了一些想亲自制作图解的读者，我会再次介绍一下本书主题的"商业模式图解"。商业模式图解是为了了解"这项事业与谁（什么）有关""是一种怎样的关系"而存在的工具。

商业模式图解的最大特点就是"3×3"构造，尤其上中下图层都有各自的含义。上方是"使用者（事业的对象是谁）"，中部是"事业本身（事业所不可或缺的主体是什么）"，下方则是"事业所属方（事业的所有方是谁）"。

"3×3"的限制设计理由，是将必要的图解信息进行限制。为了限制信息量就要有意地减少信息，要想减少信息，就要弄清"该事业最重要的是什么"。换言之，在收集3×3的信息过程中，是对该事业的重要部分进行优先顺序的确定，从而做出取舍抉择。

这是因为我们每次能够把握的信息是有限的，为了更简单地传达给对方，才会设计成3×3的形式。

因此，商业模式图解是想象着向某个人进行介绍的场景下，与人交流的一种工具。

"为了向交易方介绍""为了向上级或董事介绍""为了向投资者介绍""为了向使用我们服务或商品的人进行介绍"，等等，希望能在实际的商业场合，为了让对方更好理解我们的商业模式而使用。

另外，限制信息的另一个好处在于，可以同样"形式"反映不同的案例。图解变成3×3的"形式"后，只需一次掌握如何看懂图解后，便能轻易了解其他商业模式图解，这就是以"形式"来表现制约，再通过"形式"来促进自然学习的方法。

■ 商业模式图解的使用场景

发布"商业模式图解工具包"后，越来越多的企业开始实际使用起来。我所知的情况，主要有以下3种用途。

①自家公司的现有业务图解（广告、营业、经营企划等）

利于PR（用于PressRelease等）

加入针对投资者的资料中（筹资等）

加入针对顾客的资料（提高营销能力等）

加入公司内部资料（通过内部审核等）

对现有事业的整理与可视化

②自家公司新事业的图解（经营企划室、新事业开发室等）

公司内部探讨新商业模式

用于在对其他公司事业的商业模式进行行业、竞争分析时

③为了个人学习的图解

除此之外，应该还有很多使用用途。请多尝试使用，我也希望听到大家的感想，收到大家的反馈后，会随时进行更新。

■ 商业模式图解工具包的未来

目前，工具包已经发布到Google Slide，不过还在进一步探讨更直观、更简单的编辑工具，不但能在浏览器上编辑，也能画出图像，还能看到其他人所制作的商业模式图解。此外，利用标签、类别进行图解搜索后，还能在他人制作的图解基础上进行任意编辑。

本书只介绍了100个图解案例，但通过这样的工具，能够收集到1000个、10000个商业模式图解。随着数量的增加，将更易看到其中的共同点或倾向性，说不定还能作为新商业模式的参考材料。可以将它视为一种商业模式版的"GitHub"。

　最后，不仅在日本，它还能在全世界被广泛使用。作为一种非语言的交流形式，让商业模式图解的可能性得到无限延伸。若能成为一种享受商业乐趣的交流工具，我会非常开心。

后记

在2017年8月底,也是这本书在日本出版前的一年左右,我才刚开始制作商业模式图解。在Lemonade看到一篇介绍美国保险公司的文章后,因被其模式所触动,"真想跟别人分享这份感动",所以开始了图解制作。

在SNS公开该图解之后,得到了很多"好棒!"的反馈。大约十天以后,开始保持一天一张更新的频率持续发布新的图解。等到有了"希望看到汇总版"的声音,我便在2017年11月初通过note发布了图解内容的汇总介绍。这份汇总在日本推特(Twitter)排到了第4位,还在社会经济媒体"NewsPicks"获得了5000次以上的收藏量,第二天就收到了来自出版社的出版委托,那时我还完全没有想过要出书。

出于"想要分享自己的感动"而开始的商业模式图解,引来不少人的共鸣,正因为大家的支持与助力才会得以实现出版。

在这里,有一本书一定要推荐给大家的,那就是2010年出版的《商业模式可视化PICTO图鉴》。开始创作商业模式图解时,曾一度废寝忘食地投入,之后再回过头去看才意识到自己研究生时代在写论文时就曾读到过这本书。书中不仅写明了商业模式与绘本的联系,还利用特殊的规则进行了图示,从而启发了当时的我。虽然在规则上与商业模式图解会有所不同,但若没有这本书,估计也不会产生我的这本书,所以很想在此表达我的感激之情。

后记

本书其实一共有约50名执笔者参与其中，这50名成员几乎都是因商业模式图解才聚集到一起的。原本只有我一人开始着手的商业模式图解，因为有了出版的机会，便成立了"商业模式图解制作委员会"社团，还举办了四次说明会，吸引了各行各业的有志者参与进来，每个人的职业与角色遍布NPO、贸易商社、房地产、证券行业、经营咨询、IR咨询、广告代理商、政府机构、建筑师、IT、食品制造行业、初创企业、工程师、UI设计师、HR等。在需要兼顾各自主业的同时，大约用了半年的时间参与这本书的创作，想对这些委员会的成员们道一声"谢谢"！

以下名字恕我暂略敬称。

首先是各位小组长，感谢川野琢也、藤冈美佳、田所宪、古川慧一、姥原侑子、金井良辅。小组长们时常要为团队考虑而时刻跟进，每到紧急时总能立刻将成员们召集到一起，真的是非常值得信赖的伙伴。若是没有各位小组长，大概也做不成这本书，感谢各位！

第1期召集到的高桥寻美、杉山恭平、宫下巧大、浜田翔、三宅洋基、大嶋泰斗、指山和树、Branscombe文叶、大下文辅、林直幸、冲山诚、本山哲也、久野庆太、池田彩华、今村美奈子、森信一郎、广川优歌、橘千春、平野咲江、西堀友之、中岛亮太郎。在约半年的时间里，通过商业模式图解这个主题能够与他们在一起活动，非常开心。从没有任何确定性的初期阶段，慢慢地通过沟通让社团逐渐成形，深深地觉得这本书正是和他们一起做出来的成果，感谢各位！

1.5期召集到一起的松长卓志、北川和美、茅森刚、友部隆史、渡边纱兰、山胁豪介、栋方麻希、山岸有马、春田海人、葛西信太郎、山本隼希、牧内惠一郎、新井千裕、齐藤我空、神户美德。每天都要面对突如其来的各种繁忙日程，多亏各位的努力才能坚持到了最后，并为社团带来了新的元素，谢谢各位！

以上介绍的也只是一部分成员而已,其他还有非常多协助过委员会的成员们,在此一并谢过。由于文章篇幅所限,请恕我没能写上所有人的名字。

其次,我要感谢在初期成立委员会时亲自提供过协助的野村爱和木势翔太,有了你们两个人的帮忙,才能如此放心地启动项目。

如果没有在note写作,也不会有之后的一系列事情。因此感觉note真正改变了我的人生。对运营note的pieceofcake的各位员工,承蒙一直以来的关照,非常感谢。

感谢在看过note的文章之后,立即发来热情邀请的KADOKAWA(角川书店)的田中先生,给予我这么好的机会。

最后,也想对sorosoro股份有限公司的成员们——佐藤纯一、石畠吉一、长桥刚表达感谢。面对创业第五年仍然不着调的我,还会抽出时间支持我、协助我。从他们身上我收到了如家人般的支援,才能一路任性地走到现在。

"商业模式图解制作委员会"的活动扩展到了各个方面,《日经MJ》的连载、与企业合作等,开始了多领域的涉猎。将那些连当事人都难以理解的复杂"商业",以更简单易懂的抽象构造进行"图解",用来作为一种概念工具并成立了"商业模式图解研究所"。下一次出版的内容也已有所确定,希望各位继续期待今后的活动开展,在读完此书后,如有新的想法请一定反馈给我们。